Consumer Law: Present and Future

これからの
消費者法［第2版］

社会と未来をつなぐ消費者教育

谷本 圭子
坂東 俊矢
カライスコス アントニオス

法律文化社

目　　次

凡　例

割販法　　　　割賦販売法
金商法　　　　金融商品取引法
消費安全法　　消費者安全法
消費基法　　　消費者基本法
消費教育法　　消費者教育の推進に関する法律
消契法　　　　消費者契約法
特商法　　　　特定商取引に関する法律
民訴法　　　　民事訴訟法
薬機法　　　　医薬品、医療機器等の品質、有効性及び安全性の確保等に関する法律

＊本文中の（　）内における法律名には上記の略語を使用している。

はじめに──消費者法を学ぼうとする人にまず考えてほしいこと

1 「消費」と経済・法・政治・教育・自然環境・労働

　自分が生きている世界はどのような世界なのか。誰もが一度は考えたことの
ある問いであろう。では、私が生きる世界はどのような世界であるべきか、ど
のような世界であってほしいのか。

　私が生きる社会を見れば、経済と政治と法のみならず、教育も自然環境も労
働も、全てが互いに関連して動いている。その連環の中心に「消費」があると
言えば驚くだろうか。

　私たちの「消費」は経済を、そして世界を動かしている。「消費」がないと世
界は成り立たないかのように、「消費」は、日常生活の中にあまりにも当たり
前に組み込まれている。

　もちろん、「生産」や「製造」は消費の前に存在するが、消費がなければその
存在意味はない。「生産」者や「製造」者が経済力をもって世界を牽引していた
時代もあるが、現在では「消費」者は経済世界、ひいては世界の主人公として
尊重される存在となっている。私たちの知らない世界で投資家が資産を増やし
たり減らしたりしながら投機ゲームを繰り広げているとしても。巨大なデジタ
ル・プラットフォーム事業者（GAFAMなど）が世界中のデータという莫大な財
産を蓄え続けているとしても。

　しかし、私は、「消費」者として尊重され、消費しやすい環境を整えられ、
「どうぞ安心して思う存分消費してください」と言われて、はたして「思う存
分」消費をすべきなのか。

2　大量「消費」と世界で起きる悲惨な出来事

　先進国による先駆的な動植物の駆逐（＝環境破壊）、大量消費に伴う大量の廃棄物の排出、これに倣った途上国による環境破壊に対して先進国により繰り広げられる環境保護名目での牽制、経済大国による途上国の開発、世界中での消費促進行動や宣伝etc.、人間のいくつかの行動を一瞥しただけでも、そこには、人間による他の生物への支配とコントロール、自己利益の追求と、他者への尊重の欠如の歴史が見て取れよう。

　もちろん、人間は他の生物をコントロールすることにより生き延びてきたし、より良い生活のためには自己利益を追求する他ない、そうやって人類は現在まで物質的な繁栄を続けてきたと言う人もいるだろう。

　しかし、これ以上の物質的な繁栄は人類にとって必要なのか、意味があるのか。そもそも先進国での物質的な繁栄自体が、とっくの昔にピークを迎えているのではないのか。必要性はほとんど満たされ、利便性を追求しているが、どこまで便利にするのか。一体、人間は何を希求して生きていきたいのか、生きていくべきなのか。ついには不老不死を望むのか。

　確かなのは、「消費」の多少やその価額の多少は、人間の生きる道しるべとはなり得ないということである。人間であれば、そのことはすぐ理解できるはずである。にもかかわらず、日常的な広告、インターネットを通じた一方的な広告が、人間の自律的な選択や決定の場に便利さを隠れ蓑にして滑り込み、人間の判断能力や決定能力を麻痺させるという事態を生み出している。海外有名ブランドのバッグやジュエリーを「持つ」ことが「セレブ」の証であり、経済力があることや、膨大なデータを操作できることが「有能」の証であり、素晴らしい人間であることの証であるかのような広告や言説が世界にはあふれかえっている。

　そもそも人類全体を見れば、物質的な繁栄などは存在しない。食料不足で飢餓に苦しむ人々、内戦や紛争で、生き延びるのがやっとの人々、暴力や差別に怯えながら暮らす人々が、世界にどれだけ存在しているのか。先進国では地球の裏側で起こっている悲惨な出来事など滅多に表には出てこない。オンライン

でいくらでも情報を入手できるのに、自分の好きなゲームや動画、ファッションに夢中になるように「消費」が誘導されている。

　さらに確かなのは、大量消費に伴う動植物の駆逐と大量の廃棄物排出によって生じた環境破壊は、地球にとてつもない負担を強いており、人間とその他の生物の生存を脅かしているという事実である。しかも、過去には環境破壊は先進国での生産と消費によって生じていたが、現在では先進国での消費欲求を満たすために、途上国での農業や生産の現場で生じ続けている。にもかかわらず人間は、目の前の「整ったきれいな」生活に惑わされ、「不都合な真実」が見えなくなっている。あるいは、テクノロジーの進化によって「何とかなる」と楽観視して、便利な生活をやめることができない。

3　消費者法の存在意義

　従来、消費者法は、悪質事業者による不適切な行動によって被害を受けた消費者を救済するための法、悪質事業者による不適切な行動から消費者が被害を受けないように予防するための法、あるいは、消費者の自律的決定を支援するための法として、一般に認識されてきたと言える。もちろん、被害救済や予防、自律支援は消費者法の重要な役割である。

　他方において、消費者法には、大量生産・大量消費社会において円滑な消費活動を促進することにより経済発展に寄与するという役割も期待されていることは、消費者契約法や特定商取引に関する法律をはじめとする消費者法の目的規定（1条）において、明示されているところである。

　しかし、人類が環境破壊などの重大問題に直面する今、消費者による「消費」が現代世界に与える影響の甚大さに鑑みるとき、消費者としての「消費の仕方」についても再考すべき時期が来ている。典型的には、この考えは、「消費者教育の推進に関する法律（以下、消費者教育推進法）」の中に具体的な姿として現れるに至っている。

　もちろん、自己利益の追求に向かって進んでいく経済に対して、人間としてのあるべき姿を希求することは、個人個人が果たすべき役割であると共に、法

の果たすべき重要な役割でもあろう。いうまでもなく、法は経済活動上の利益のみを目指すものではなく、人間としての正義を目指すものである。個人個人は大きな経済の荒波の中にもまれて抗うこともできずに流されていかざるを得ないが、それでも、法やそれに基づく社会という船に乗って、個人が互いに協同してつながることで人間としてのあるべき姿を希求することができるようになるはずであると信じたい。

4 消費者・生活者・消費者市民社会──消費者としての自分

筆者自身は、法においては消費者という言葉ではなく、生活者という言葉を用いるべきだと考えている。なぜなら、法による支援の対象は、人間の「消費」ではなく、人間の「生活」であることを明らかにすることができるからである。先に述べた被害救済や被害予防などの支援が必要となる根拠は、相手方が不当な行動をするからであり、また、事業者ではないため取引経験が不足しているからである。つまり、「消費者」だから支援されるべきなのではない。

ただ、スローガンとして「消費者」という言葉を唱えるべき時代が存在したことは確かである。また、何十年も用いられてきた「消費者」という言葉には重みもあろう。

また他方で、現代世界において発生し続けている環境問題や社会問題と密接に関係する「消費」を見直し、「消費の質」について問うためには、「消費者」という言葉を用いることに特別な意義を見出すこともできる。つまり、自ら行う「消費」の「質」について自問し続けるべき「消費者」という人間を、消費者法の主人公として捉えることができる。人間は「消費者」と呼ばれることにより、自らの消費行動について考えざるを得ない。

つまり、「消費者」という言葉を使い続ける意味は、以前とは異なっていると言えよう。現代においては、「消費者」という言葉のもつ「消費の質をめぐる問題」を想起させる響きにこそ、この言葉を使い続ける意味が見出されるべきである。

注目すべきは、消費者教育推進法において、新たに「消費者市民社会（consumer

citizen society)」が定義され（2条2項）、これに伴い「消費者市民」という言葉が用いられていることである。この言葉は、ヨーロッパで誕生した「consumer citizen」という言葉の訳語である。実質的には「市民としての消費者」を意味するものであり、この言葉はこれまで「消費者」という言葉に込められていた意味合いを遙かに超える力を持つ。すなわち、ヨーロッパにおいて「市民（citizen）」とは、政治に参加することができる人、政治・経済・社会について自ら考えて行動する人を意味する言葉であることに鑑みれば、消費者が「市民」として、「世界のあらゆる出来事や未来の社会を考えて消費活動をすること」を目指す社会を「消費者市民社会」として理解することができる。そうであれば、「消費者市民社会」という言葉は、まさしく上で述べた「消費の質を問い続ける消費者」という「市民により構成される社会」を示す画期的な言葉と言えるであろう。

5　自分はどう生きるべきか？──デジタル社会・コロナ禍とウクライナ危機

　筆者自身の世界についての考え方は、既に述べたところから何となく理解できたかもしれない。それでも、「では自分は、自分を取り巻く消費社会をどのように生きるのか、生きるべきか」は、一人一人が自ら考えていかなければならない[1]。

　自ら考えることができるようにするためには、この世界で起こっている事実を、正確に知っていなければならない。とはいえ、事実を知ることはとても難しい。ただ、知ろうとするだけでも今まで見えていなかった事実が見えてくることにつながる。

　急速にデジタル化する社会において、GAFAMなどによるデジタル・プラットフォームを通じたデータ収集・分析・連携とAIの台頭は、人間の「生」を根本的に変革しそうな勢いにある。2022年からのオープンAIによるChatGPT

1）　吉野源三郎／羽賀翔一『漫画 君たちはどう生きるか』（マガジンハウス、2017年）として漫画化された1937年出版の同書が、2018年にベストセラーとなったのもこの「問い」の普遍性を物語っている。

サービスの開始は、世界に衝撃を与えた。イタリアでは一時利用が禁止されたが、日本ではAIへの対応は後手後手に回っている。人間が今まで重視してきた「自己決定」を不要としかねないことを、「幸福」と見るのか、「危機」と見るのか？

　2020年春からは、丸3年間「新型コロナウィルス（COVID-19）」の感染症によって世界は混迷を極めた。社会がグローバル化した現代だからこそこれまでに経験したことのない事態が生じた。外出制限のために現実の人間同士の触れ合いが減少し、代わりに食料デリバリー、オンライン消費、オンライン会議、オンラインゲーム時間が増大した。結果として、GAFAMなど富める者はさらに巨大な利益を得ることになり、貧しき者はより貧しくなるという格差の拡大が生じ続けている。同時に2022年2月からは、ロシアによるウクライナ攻撃によって、食料や電気代などの価格が上昇するにとどまらず、人間の殺傷が繰り返されている。環境への影響も甚だしい。世界の小麦生産大国ウクライナからの小麦輸出がままならず、国連による食糧支援にも多大な悪影響を及ぼし、貧しき者に追い打ちをかけている。このような状況は仕方ないのか、何かできないのか？

　この世界で起こっている事実を少しでも正確に知ることができれば、地球上で、人間の生存や人間社会の存立を脅かす事実がおびただしく存在することを知ることになる。また、なぜそのような事実が生じているのかという疑問が湧き起こるはずである。そのような疑問が湧き起これば、自分でそれに対する解決策を探ろうとして、自ら考えることにつながるであろう。自ら考えることができれば、自分がどのような行動をとるべきか見えてくる。

　消費で世界はつながっている。この本は、「消費者法」という側面から、この世界で起こっている事実の一端を示し、それら事実に対する考え方を示すものにすぎないが、読者の人生において、判断や決定の一助となるものと信じる。

Part 1

消費者法をどのように学ぶか？

I　自分の生活は「契約」によって成り立っている

　私たちが生きて生活を営むとき、私たちは他人と契約を結んでいる。言い換えれば、誰にも知られていない無人島で家族だけで生活をしているのでない限り、あるいは、ひっそりと自給自足の生活をしているのでない限り、私たちは他人と契約を結ぶことによって、食物を得て、衣服を得て、水道・電気・ガスの供給を得て、また、その他に多種多様な物やサービスの提供を得て、日々生活し、消費をしている。

　私たちの生活全体を見れば、その大部分が「契約」に基づいて成り立っている。働いている人は、「雇用契約」に基づいて働いているし、大学で学ぶ人も、「在学契約」に基づいて学んでいるのである。また、スーパーで買い物をしたり、美容院で髪を切ったり、医者にかかる場合にも、「契約」を結んで、他人から物を得たり、サービスを得ている。私たちの誰もが、物やサービスを消費しているが、その消費生活は「契約」によって成り立っている。

　では、契約とは何なのであろうか？　契約を結んだらどうなるのか？　「お店のレジへ雑誌やパンを持っていってお金を払う」という行為においては、「雑誌・パンの所有権がお店から私に移転する」ということと、「お金の所有権が私からお店に移転する」ということが起こっている。なぜこのようなことになるのかといえば、それは「私とお店」がこのことを望んだからである。なぜ望んだらこうなるのかと言えば、それは日本の民法は「契約をする人が望んだとおりに契約できる」ことを認めているからである。[1]

　多くの人々が何も考えることなく契約を結んでいる。何も考えることなく契約を結ぶことができるのは、法の後ろ盾があるためだとも言えるかもしれない。とはいえ、契約をするということは、自ら「お金を払ってその代わりに物の所有権を手に入れる」という①「自分の判断と決定」を行っているということであり、これを②「他人との合意」の上で行っているということであり、そ

1）「民法」の教科書で「契約」について説明している箇所を見てほしい。さしあたり、青野博之ほか『新プリメール民法4　債権各論〔第2版〕』（法律文化社、2020年）を挙げておく。

の結果として③「自ら望んだことを達成する（自らの意思を実現する）」ことを経験しているのである。これら①②③は、人間としてとても重要なことである。

　民法は、「自らの意思によって自らを治める」「契約を自らの意思によって自由に結ぶことができる」という意味を込めて、「意思自治（私的自治）」および「契約自由」という言葉で、①②③が守られるべき価値であることを表現している。

　この価値は、良く知られているように、資本主義に基づく経済活動を原理的に支える「個人主義」と「自由」を基礎として生まれてきたという側面もあるため、経済活動の歪みに対応して見直され、一定の修正が施されてきた。しかし、他方において、「意思」に基づき行動することは、自らが生きる社会の行く末を決める力をもつ。単純な経済発展を反省し、社会の未来に向けた重要な決定を行う力は、意思の力による他ない。むしろ、「意思」に基づく「契約」を通じて、社会の未来を決定することができる。このことは私たちの生活、そして私たちの未来の根幹となろう。

　ただ、現代の生活において、ネットで検索をするときには常に広告の波に呑まれ、自分の意思とは関係なく知らず知らずのうちに契約の締結へと見えざる手により誘われていくとき、果たして自分の「意思」に基づいて決定したと言えるかは、実に疑わしい。自分の「意思」を尊重し、自分の生活そして未来を決定するためには、自分の「意思」による決定を脅かす行為や状況がどこでどのようにして忍び寄って来るのかを、まず理解しなければならない。その上で、これにどのように対応すべきか、考えなければならない。さらに、今、「AIによる意思決定」が語られていて、これにも注意する必要がある。

　いずれにせよ、私たちが「契約」をすることを、この本では出発点とするこ

2）　もちろん、脳科学や社会心理学等により、「自由意志」に疑問が投げかけられてはいる。小坂井敏晶『増補 責任という虚構』（筑摩書房、2020年）は自由意志をめぐる多様な科学からの多様な見方を批判的に示してくれる。それでも人間社会は契約において「自由な意思」を基礎にすえるべきと考える。マイケル・S・ガザニガ／藤井留美訳『〈わたし〉はどこにあるのか―ガザニガ脳科学講義』（紀伊國屋書店、2014年）も書いているように、「科学が生命、脳、精神の本質をどれほど解き明かそうと、私たちが大切にしている人間としての価値は崩れない」。また、山田八千子「契約制度を支えるもの」論究ジュリスト22号（2017年）12頁以下も参考になる。

3）　河島茂生『未来社会の倫理－人工知能・ロボット・サイボーグ』（勁草書房、2020年）66頁以下は、人間と機械の異質性を生物の本質から説明する理論を紹介している。

とになる。「契約」をすればどうなるのか、「契約」がもつ社会的・法的意味を随所で検討しているので、注意しておいてほしい（→Part 3 I も見てほしい）。

II　この本の構成

1　自分の消費生活の近辺

　とにかく、自分の消費生活の近辺を知るために、いくつかのPartを見ていく。

　出発点として、自分の生活が意思に基づく「契約」によって成り立っていることについては、ついさっき I で見た。

　ところが、契約を通じてすべてを自分で決定して生活をしているように見えて、実はそうではないことを、Part 2 で学ぶ。まず、自分の消費生活が、自分の意思とは関係なく、法や国家や消費者団体などから「配慮」されて初めて成り立っているのだということを見ていく。つまり、知らないうちに「配慮」されて、安全性や公正な取引その他の利益がもたらされている。そして、現在では消費者は「配慮」されるだけではなく、消費者市民として自らが人や環境に「配慮」する側にあることも見ていく（I）。その一方で、自分の消費生活に望みもしない不必要な「介入」もされていること、すなわち、自分の好みに合った商品の広告が常に送りつけられるという現代の広告が孕む問題を見ていく（II）。

　Part 3 では、消費者法が自分にどのような権利を認めているのかを、つまり、私たちは消費生活の中で、自らの決心のみによって行使できるどのような権利をもつのかを自覚する。具体的には、民法、消費者契約法、特定商取引に関する法律、割賦販売法といった代表的な法律によって、私たちはどのような権利をもち、行使することができるのかを見ていくことになる（I・II・III・IV）。

2　土台となる消費社会と世界

　自分の消費生活の近辺を知った後、その土台となっている「消費社会」の状況について、少し視野を広げて考えてみる。その上で、自分の消費が「世界＝地球（厳密には宇宙まで含まれる）」の様々な物事や出来事とつながっていることを見ていく。

　Part 4 では、自分を取り巻く「消費社会」について考えていく。まず、私たち人間は何を「消費」しているのか、何を目的として消費しているのか、消費は私たちにどのような価値をもたらすのかという問いから、現代の消費社会を考えた上で（Ⅰ）、消費社会と密接につながる「データ社会」の一端を垣間見る（Ⅱ）。また、超高齢社会にあり、成年年齢が2022年 4 月に20歳から18歳へと引き下げられた日本という国において、高齢であることや若年であることといった「年齢」が消費生活とどのようにかかわってくるのかを見ていく（Ⅲ）。さらに、現代における消費者問題の中心であるオンライン取引について、その実態や法規制について知る（Ⅳ）。また、大量消費社会にあふれる情報の中で「真実」を見定めることが難しくなっている現在、消費者教育が果たすべき役割について考える（Ⅴ）。

　Part 5 では、自分の消費と「世界＝地球」とがつながっていることを見ていく。まず、自分が日々消費している食品や商品が世界中の国の労働力や生産物に負っていること、そこには多くの問題が隠れていることを見た上で（Ⅰ）、国連により設定された「SDGs（持続可能な開発目標）」が私たちの消費と密接に関わることを考えていく（Ⅱ）。次に、世界の国々から多くのことを学べることを知る。世界ではどのような消費者法が定められているのか、大量消費社会から脱却するためどのような政策が実行されているのか、そして、人間と「他の生物」との関係についてどのように考えられているのかを知ることによって、自らの消費をもう一度問い直す（Ⅲ）。

　最後に、Part 6 では、この本を貫く考えの基礎を、一番大切なこと、忘れてはならないこととしてまとめている。

なお、この本は消費者法を専門とする 3 人が執筆しているが、消費者法を構成する個々の法律の内容すべてを説明するものではない。消費者法に関する説明部分は簡単にして、消費者法と消費社会との関わりについて率直な考えを述べることに重点を置いている。これによって、読者の一人一人に「自分は消費者としてどのような社会の未来を描くべきか？」を考えてもらうことを目指している。

Part 2

自分の消費生活が誰かによって配慮され、
介入されているという事実

I 配慮？ 誰から？

自分の生活の多くが「契約」によって成り立っていることは既に述べた。この「契約」は自分の判断で好きなように結ぶことができる。かといって、自分の力だけで「契約」を適切に結べているわけではない。実際には「誰か」の「配慮」によって、そこそこ満足のいく「契約」を結べている。

もちろん、自分で契約を結べなかったとき、つまり、赤ん坊の時から幼児、小学生ぐらいまでは、親など保護者が契約をして得た物で私たちは生かされてきて今がある。また、「未成年」であったときには、契約について「取消権」が認められ、配慮されてきたことも忘れてはならない（→Part 4 Ⅲも参照）。

1 消費者の権利

(1) 消費にかかわる消費者の権利

私たち消費者の日々の暮らしは、誰かから何かを買ったり、サービスの提供を受けたりすることで成り立っている。その毎日の買物などの場面にこそ、消費者としての権利が保障されていると言ったら、不思議に思うだろうか[1]。もちろん、実際には、私たちは買物をする時に、**消費者の権利**を考えることなどまずない。でも、何かを買うためには、選ぶという作業が不可欠になる。選ぶ基準は、人それぞれだろう。でも、その選ぶことが消費者としての権利行使の最たる場面である。また、私たちが買う食品や製品は、安全で安心して使えるものでなければならない。消費者は製品が安全で、安心できると信頼して購入している。その消費者の信頼は、消費者の権利として保障されなければならない。それらは、一体、具体的にどういうことなのだろうか。

少し遠回りだが、消費者の権利の歴史を紐解いてみたい。まずは、1962年の

---

1) 消費者の権利を語る上で忘れてはならない書籍として、正田彬『消費者の権利〔新版〕』（岩波新書、2010年）がある。この書籍は1972年に正田彬先生によって執筆されたものを、舟田正之教授（立教大学）と岩本諭教授（佐賀大学）が改訂し、出版されたものである。

アメリカにさかのぼる。その年、アメリカのJ.F.ケネディ大統領が、消費者には4種類の権利があることを議会に対する「特別教書」(いわゆる**ケネディ教書**)で、世界で初めて宣言をした。そこには、消費者の権利として、安全である権利、知らされる権利、選択できる権利、意見を反映させる権利がうたわれている。1975年には、それに消費者教育を受ける権利が追加された。それから約20年後、1982年には、国際連合(United Nations)のNGO(非政府組織)である**国際消費者機構**(Consumer International, CIと略される)が、「消費者の8つの権利と5つの責任」を明らかにしていて、これが世界の消費者の権利の基準(スタンダード)になっている。日本でも、2004年に制定された**消費者基本法**で、国際消費者機構に倣って、消費者施策で行政が尊重すべき権利という不十分な形式ではあるが、8種類の消費者の権利が法律に規定された。そこで、消費者の権利として尊重されるべきとされているのは、基本的需要が満たされる権利と健全な生活環境が確保される権利という基盤となる2種類の権利に加えて、安全が確保される権利、選択の機会が確保される権利、必要な情報が提供される権利、教育の機会が提供される権利、意見が政策に反映される権利、適切かつ迅速に救済される権利、である。

　もっとも、消費者基本法の8種類の権利は、その規定だけでは抽象的なものにすぎない。消費者がそれらの権利を具体的に行使しなければ、それは「絵に描いた餅」になってしまう。権利は、行使されて初めて、権利としての意義を

消費者の権利の内容				
	1962年ケネディ教書	1982年CI	2004年消費者基本法	
安全確保の権利	○	○	行政が尊重すべき権利として規定	○
選択の権利	○	○		○
情報提供の権利	○（知らされる権利）	○		○
教育の権利	△（1975年に追加）	○		○
意見反映の権利	○	○		○
救済される権利		○		○
基本的需要の権利		○		○
生活環境確保の権利		○		○

国際消費者機構（CI）が定める消費者の5つの責任		
批判的意識	Critical awareness	商品やサービスの用途、価格、質に対し敏感で、問題意識をもつ消費者になるという責任
自己主張と行動	Action and involvement	自己主張し、公正な取引を得るように行動する責任
社会的関心	Social responsibility	自らの消費行動が他者、とりわけ弱者に及ぼす影響を自覚する責任
環境への自覚	Ecological responsibility	自らの消費行動が環境に及ぼす影響を理解する責任
連帯	Solidarity	消費者の利益を擁護し、促進するため、消費者として団結し、連帯する責任

有する。国際消費者機構が消費者の5つの責任として定める、批判的意識、自己主張と行動、社会的関心、環境への自覚、連帯は、適正な消費者による権利行使のための基盤でもある。

(2) 消費者の権利と消費者行政

　ところで、消費者基本法はそこに定める8種類の権利を、消費者施策の推進について尊重されるべきものとしている（消費基法2条1項）。消費者の権利行使に配慮した効果的な消費者政策の推進が、国や地方公共団体には求められている（消費基法3条・4条）。

　そうした消費者政策を担う国の行政機関が、2009年9月1日に設置された**消費者庁**である。消費者庁は、それまでは例えば経済産業省や農林水産省など様々な省庁で個別に行われていた消費者行政を統一的、一元的に推進する機関として設置された。現実には兼務の場合が多いが、内閣府特命担当大臣（消費者及び食品安全）も置かれた。消費者庁長官をトップに消費者政策課など9の課が設置され、職員定員は385名である（令和4年7月1日）。消費者庁には、国の消費者行政を牽引する司令塔としての役割が期待されている。一方、そうした消費者行政の監視役として、消費者庁と同時に内閣府に設置された独立した第三者委員会が**消費者委員会**である（消費基法29条）。消費者委員会は自ら調査、

　2）　消費者庁ウェブサイト（https://www.caa.go.jp/）。
　3）　消費者委員会ウェブサイト（https://www.cao.go.jp/consumer/）。

審議を行って、消費者庁を含む各省庁に対して、建議や勧告等による政策提言を行っている。2022年9月までに23件の建議を公表しており、そのいくつかは具体的な立法や法改正につながっている。

国の消費者施策の展開に関しては、**国民生活センター**[4)]も重要な役割を果たしている（消費基法25条）。国民生活センターは、各地方自治体に設置されている消費生活センター[5)]に寄せられる消費者からの相談を集約して、具体的な調査、研究を行い、その解決に向けた情報提供などを行っている。また、消費者紛争の解決のために、裁判外紛争解決機関（Alternative Dispute Resolution, ADR）である国民生活センター紛争解決委員会や国境を超えた消費者紛争の解決を図るために**国民生活センター越境消費者センター**（Cross-border Consumer center Japan, CCJ[6)]）などの運営を行っている。

もっとも、消費者が被害を受けて、その救済を求めるために、いちいち国の機関に相談をすることは現実的ではない。そこで、都道府県および市町村（地方公共団体）は、**消費者安全法**によって、**消費生活センター**の設置や消費者被害の発生および拡大の防止措置を講ずることとされている。消費者には、被害を適切かつ迅速に救済される権利がある。消費生活センターでの相談は、適切な権利行使の基盤となる。現在では、**消費者ホットライン**が開設され、**188**（いやや）という番号に電話をすると、近くの消費生活センターの相談窓口につながる仕組みも整備されている。

消費者行政には、それに携わる人や予算の限界という課題がある。もっとも、国や地方自治体による消費者施策の効果的な展開が、消費者の適切な権利行使にとって重要であることは明らかである。

---

4) 国民生活センターウェブサイト（http://www.kokusen.go.jp/）。
5) 消費生活センターでは、週に4日以上、消費生活相談員が相談を受けている。なお、国民生活センターウェブサイトで全国の消費生活センターの検索ができる（http://www.kokusen.go.jp/map/）。
6) 例えば、海外のサイトからネット通販で買った商品に不具合があった場合、個々の消費者がその救済を求めることは容易ではない。CCJは、海外27か国の15の消費者相談機関と連携して、問題の解決にあたっている（https://www.ccj.kokusen.go.jp/）。

(3) 安全を確保する権利と消費者

　では、権利は誰によって尊重され、誰によって主張されなければならないのか。それを具体的に考えるために、製品の安全性の問題を取り上げる。1962年のケネディ教書以来、安全は消費者にとって基本的で重要な権利の１つである。その権利はどのようにして実現されるのか。

　製品の安全性に関する問題や被害が消費者問題として認識されてから久しい。最近でも、例えば水で膨らむボール状の玩具や携帯用充電器からの発火事件などが起こっている。NITE（製品評価技術基盤機構。通称、ナイト）のウェブサイトには、車を除く製品事故情報やリコール情報が開示されているが、事故情報だけで１週間にだいたい40件程度の報告がなされている[7]。そのすべてが製品起因の事故かは断定できないにしても、製品を使用している最中に何らかの事故が起こっていることは間違いない。一方で、自動車のリコール情報は、国土交通省「自動車のリコール・不具合情報」に集約されている[8]。2021年度には、国産車で195件、輸入車で174件のリコールの届出があった。

　製品の安全性は、当初は行政機関による事前規制を通して、その実現が図られてきた。行政機関が製品の安全性などの基準を法律等で定めるとともに、それに基づく報告を求めるとともに、調査などを実施する。そして、事業者が安全基準を遵守していることを消費者が容易に認識できるように、一定のマークなどの表示を認めるというのが、基本的な仕組みであった（→p.27参照）。もっとも、さまざまな製品が製造、流通している現代では、行政の事前規制を多種多様なすべての製品に及ぼすことは困難である。また、行政による事前規制がなされたとしても、製品による事故のすべてを防止することはできない。そこで、安全な製品を求めることが消費者の権利であるとすることによって、消費者に製品の安全に直接に関与することができるように法律を変化させてきた。その典型が製造物責任法である。

7）　NITE「製品事故情報・リコール情報」（https://www.nite.go.jp/jiko/jikojohou/index.html）。
8）　国土交通省「自動車のリコール・不具合情報」（https://renrakuda.mlit.go.jp/renrakuda/top.html）。

⑷　安全に関する被害救済法としての製造物責任法と消費者の権利

　消費者には、被害の救済を受ける権利がある。しかし、被害者が製品事故による損害賠償を加害者（多くの場合、加害企業）に求めることは容易ではなかった。例えば、1955年の「**森永ヒ素ミルク中毒事件**」では、赤ちゃんの飲む粉ミルクに有毒なヒ素が混入していたため、岡山県などの中国地方を中心に多数の深刻な被害が発生した。もっとも、被害者が民法の不法行為（民法709条）に基づいて被害の賠償を求めるためには、ヒ素が製造業者の過失（落ち度）によって混入したことを証明しなければならなかった（過失責任主義）。粉ミルクの製造工程でなぜ有毒なヒ素が混入したのかを、消費者である被害者が立証することは、無理を強いることであって事実上不可能であった。立証の困難さや、社会の理解不足などもあって、ヒ素ミルク事件で被害者の救済が図られたのは、救済のための機関である「ひかり協会」が設立された1974年、被害発生から19年が経過してからであった。それほど、製品による被害を法的に救済することは難しかったのである。

　1995年7月1日に施行された製造物責任法（PL（Product Liability）法と略されることが多い）は、それまでの製品安全に関する法律的な考え方を大きく転換した。製造物責任法では、製造または加工された動産に関して、欠陥があれば、それによって被害を受けた者は損害賠償を請求することができる（同法3条。欠陥責任）。責任の根拠となる欠陥とは、通常有すべき安全性を欠いていることである（同法2条2項）。従来の過失責任ではなく、製品そのものの欠陥さえ立証できれば、被害者は製品事故による損害賠償を請求できることになった。例えば、粉ミルクにヒ素が混入していれば、それは通常有すべき安全性を欠いていることは明らかであり、健康を損ねた被害者は製造業者に対して損害賠償を請求することができる。森永ヒ素ミルク中毒事件でも、被害が顕在化した1955年8月には岡山大学医学部の調査で、粉ミルクにヒ素が混入している事実は明らかになっていた。製造物責任法が1955年にあれば、ヒ素ミルクの被害者救済

9）　事件の詳細と経緯は、森永ヒ素ミルク中毒の被害者を守る会ウェブサイト（https://www.mhhm.jp/index.html）。また、丸山博監修『私憤から公憤への軌跡に学ぶ』（せせらぎ出版、1993年）も貴重な文献である。130人の死者、1万2000人を超える被害者の多くに後遺症が残った。

に19年もの年月がかかることはなかった。

　製造物責任法による訴訟が、製品の安全基準に影響を与えた事件がある。「**カプセル玩具製造物責任事件**」（鹿児島地裁平成20年5月20日判決、判時2015号116頁）である。2歳10か月の男の子が、プラスチック製のカプセルに入った玩具（通称、ガチャポン。カプセル玩具とも言う）の容器であるカプセルで遊んでいたところ、それが口腔内に誤飲され、窒息し、四肢機能全廃という重度の障害が残った事故が起こった。被害児童とその両親が、カプセル玩具の製造業者を相手に、製造物責任法に基づいて1億円余りの損害賠償を請求した。裁判の論点は、カプセルを玩具として使うことが通常予見される使用形態であるかなど多数に及ぶ。その中でも主要な争点となったのが、カプセルの直径と安全基準の関係であった。事故が起こった2002年8月当時の玩具の安全基準であるST基準[10]によれば、3歳未満の幼児用玩具のカプセルの直径は31.8mm以上とされていた。また、ISO（国際標準化機構）の玩具の安全基準では、その当時は31.7mmであった。事故の起こったカプセルの直径は40mmあり、これらの安全基準を満たしていた。被害者側は、例えば㈶母子衛生研究会の文献に「3歳児の最大開口量に相当する39mm以下の物は子供の口に入り、誤飲や窒息の恐れがある」との指摘があるとして、ST基準には合理性がないと主張した。裁判所は、3歳未満の幼児が、玩具を取り出した後のカプセルで遊ぶことは通常予見される使用形態であるとした。そして、カプセルの直径がST基準を満たしているとしても、幼児の窒息防止のための十分な安全性を有していたとは言えないとして、欠陥があることを認め、2500万円強の損害賠償の支払を製造業者に命じた。[11]　もっとも、自宅内の事故であり、親の監督義務違反も大きいとして、7割の**過失相殺**をしている（つまりは、親の責任が

---

10)　㈳日本玩具協会が1971年に制定した安全基準。ISOなどの国際基準に則って運営されている。適合した玩具にはSTマークをつけることができる。

11)　最終的には、2009年7月3日に福岡高裁宮崎支部で和解による解決がなされている。和解の内容は分からないが、被害者側弁護士による「判決後にカプセルの通気孔の数を増やすなど再発防止策を講じており、誠意ある対応をしてもらったので和解に応じた」との談話が報道されている。

70％、販売業者の責任が30％という判断¹²⁾）。

　この訴訟での損害賠償とは、重度の障害をもちながらも生きていく被害児童のこれからを支える金銭に他ならない¹³⁾。もっとも、法的な争点はカプセル玩具の容器であるカプセルの安全性にあった。この訴訟が提起された翌年の2009年6月に制定されたEUの改正玩具安全指令2009/48/EC（→EU指令については、Part 5 Ⅲを参照）では、幼児の玩具は「口腔や咽頭に入り込み、または気道をふさぐことで窒息を起こす危険性のない寸法でなければならない」と改訂された。また、ST基準も、直径が44.5mm以上へと変更された。つまりは、被害児童とその両親による裁判が、カプセル玩具の安全性を向上させることにつながったのである。そして、そのことはそれ以降の同種の被害を防止することにつながる。

　製造物責任法に基づく被害者からの訴訟は、被害者たる消費者が救済を求める権利を行使することである。もっとも、その権利行使による判決が、被害者だけでなく、広く消費者の被害の未然防止や救済につながることがある。安全である権利を実現するためにも、消費者がより容易に裁判などで争うことができる仕組みが必要なのである。製品の安全性について、消費者に対して、製造物の欠陥責任に基づく訴権の行使を認めた背景には、こうした消費者の関与に対する積極的な評価がある。つまりは、個々の消費者の民事的な権利行使を通して、製品の安全性の向上を図ろうとする視点である。行政による事前規制をすべての商品に及ぼすことが困難なことはすでに指摘したとおりである。また、製品を消費者がどのように使うのかは、行政の机の上だけでは判断できない。玩具の容器にすぎないカプセルそれ自体が、子どもたちのボールとして遊び道具になることは、当たり前の生活感覚だと思う。しかし、それを見越した

---

12)　この訴訟をめぐっても、訴訟を提起した両親に対する非難や判決についての無理解に基づく批判が、特にネットを使ってなされた。要は、この被害は両親の監督不行き届きであって、何でも他人に責任を負わせるのは問題だとの指摘である。そうした見方では、この訴訟がもつ社会的意味を見失ってしまう。

13)　それまでの治療費等に関する約900万円の賠償請求は、時効を理由に否定されている。一方で、後遺症に関する慰謝料（約2800万円）や逸失利益（約4900万円）の請求については、時効の成立を認めず、製造物責任法に基づいて請求額の3割、約2500万円の賠償を認めた。

基準を行政だけで策定することは容易ではない。製品の安全性の向上に、個々の消費者が自らの権利を行使してかかわることが重要なのである。

(5) 選択の権利と消費者

　権利行使が消費者にとって大切だとしても、ほとんどの消費者は、裁判をしなければならないほどの消費者被害に遭うことはないかもしれない。それに、他の消費者のためにも権利行使をと言われても、それを被害にあった消費者が考えることは容易ではない。訴訟や権利行使の仕方によっては、世間から冷たい目で見られることがあるかもしれない。それに、自分が何かあると文句ばかり言ってくる「クレーマー」と言われることは本意ではない。どの程度、どのような方法で権利を主張すればいいのかについての判断は簡単ではない。例えば消費生活センターや消費者団体あるいは弁護士や司法書士などの法律専門家に相談することが大切なのだけど、それも日常生活では当たり前の話ではない。

　もっとも、だからこそ、そうした裁判沙汰を前提にするのではなく、まずは日頃の買物から考えることが大切なのだと思う。

　少し具体的に考えてみよう。例えば、スーパーに牛乳を買いに行ったとする。牛乳には「**賞味期限**」が書かれている。賞味期限とは、**消費期限**とは異なり、それをおいしく食べることができる期限を意味する。賞味期限が過ぎたからと言って、食べられないわけではもちろんない。賞味期限を多少過ぎていても、おいしく食べることができる。まずは、このことを理解していなければ、次のステップに進めない。さて、スーパーに賞味期限が2日後に切れるパックの牛乳と1週間後まで賞味期限があるものがあったとする。どっちを選ぶべきだろうか。もちろん、一人暮らしで1リットルの牛乳を飲むのに5日間はかかるという場合には、賞味期限が長い方の牛乳を選ぶべきだろう。でも、実は今晩のおかずのグラタンを作るために牛乳が必要で、そのための牛乳を買って、料理で使い切ってしまうのだとしたら、2日後に賞味期限を迎える牛乳で何の

---

14)　消費期限とは、安全に食べることができる期間のことを言う。弁当やサンドイッチ、精肉、ケーキなど、期間が経過すると品質の劣化が生ずる食品に表示されている。なお、低温殺菌牛乳には消費期限が、その他の牛乳には賞味期限が表示されている。

問題もない。いや、むしろその選択
は、広い意味で消費者としての権利
や責任を意識した適切な選択と言っ
ていいのではないだろうか。

「**食品ロス**」（→ p.210参照）という言葉を知っているだろうか。日本では、ま
だ食べられるのに廃棄される食品が年間に約523万トンもある（令和３年農林水
産省推計）。2020年にノーベル平和賞を受賞した**国連世界食糧計画**（WFP）によ
れば、世界では全人口の９人に１人、８億2100万人が、飢えに苦しんでいる。
そして、WFPによる2019年の途上国への年間の食料援助の量は、約420万トン
である。日本では、その食料援助量の約1.5倍の食品を捨てて、ごみにしてい
ることになる。一方で、わが国の食品自給率はカロリーベースで38％、食料国
産率は47％に過ぎない（令和３年度農林水産省推計）。私たちは、多くの食品を外
国からの輸入に頼っている。WFPでは、毎年10月16日の世界食料デーを中心
に様々なキャンペーンを行っている。国連も「持続可能な開発目標（SDGs）」
（→ p.174参照）で2030年までに食品ロスを半減させることを目標として掲げてい
る。その目標の達成に国や事業者の責任が重大であることは言うまでもない。
もっとも、食品ロスを減らし、輸入にできるだけ頼らない食生活を実現するた
めの責任と役割を消費者が担っていることも事実である。

賞味期限の意味を理解して、可能な限り無駄のない商品の選択をする。それ
は商品ロスを少なくするために、毎日の商品選択で消費者ができる小さな貢献
に過ぎないかもしれない。でも、こうした選択を多くの消費者が意識すること
で、社会は確実に変わっていく。一人の消費者の行動は小さくても、多くの

---

15) 消費者庁「商品ロスについて知る・学ぶ」（https://www.caa.go.jp/policies/policy/consumer_
policy/information/food_loss/education/）。

16) 例えば、2018年は、８月に第７回アフリカ開発会議（TICAD 7）が開催されることを契機に、
アフリカにおける学校給食支援を行うこととしている。その１つとして、廃棄される食品を使っ
たレシピをSNSにアップすることで、１投稿につき120円が協賛企業から寄附され、アフリカの
子どもたちに４食分の給食が提供されるという「#ゼロハンガーチャレンジ」が行われている。

17) 市民的抵抗に関して「ある国の人口の3.5%が、非暴力で立ち上がれば社会は変わる」とする
研究がある（エリカ・チェノウェス（小林綾子訳）『市民的抵抗−非暴力が社会を変える』白水
社（2023年））。模して表現すれば、意識的な消費者の行動が顧客のある範囲に広がれば、消費

消費者が同じ想いをもって商品の選択を行えば、それは間違いなく社会や世界に影響を与える。それは、国際消費者機構のいう「消費者が連帯する責任」を緩やかにではあるが、確実に果たすことでもある。

　買物をする際の選択のための物差し（基準）を多様にすること。そして、毎日の買物で、その多様な基準を意識することが、消費者として選択権を行使することにつながる。そうした個々の消費者の選択権の行使が積み重なることで、社会のあり方に影響を与える。そんな消費社会が実現できれば、消費者の権利行使を通して解決できる問題が、この社会と世界にはたくさんある。

2　契約に入る前の規制

(1)　予め配慮されている

　まず、ある特定のタイプの契約を結ぼうとするとき、その前に法による規制によって、販売される物が「適切な」物のみに選別されていることがある。つまり、「適切な」物に仕立て上げられているとも言える。また、商品を販売したりサービスを提供する人が、法規制によって、「適切な」人のみに選別されていることがある。つまり、「適切な」人に仕立て上げられているとも言える。

(2)　「商品」への規制

1　危険にかこまれた生活

　そもそも私たちが何かを契約によって手に入れようとしても、製造や販売が法によって規制される物もある。これは、私たちの安全すなわち身体への影響にまさしく「配慮」した上での規制である。誰が「配慮」しているのか？　国が法を通じて「配慮」しているのである。

　私たちは当たり前のように、日々、物を食べたり、化粧をしたり、洗剤を使ったり、電気製品を使っているが、この日常生活の裏側で、法による土台作りがせっせと進められている。便利な生活を求めて、多様な合成物・人工物を

　　生活のあり方は確実に変化する。

作り出した結果、人間は、安全に向けて「配慮」されることなしには、危険のない生活を営むことができなくなっている。「安心・安全な」生活、という言葉が何気なしに用いられるが、菓子パン１つとってみても、数種類の添加物が入っていて、それらを口に入れている時点で、こんな添加物だらけのパンを食べるという、危うい食生活が日常化していることが分かる。パンの製造方法は本来シンプルなはずである。小麦粉に水と天然酵母だけでパンが作れるのに、「保存がきく」「見た目が良くなる」「食感が良くなる」ことを目的に、数種類の添加物が入れられるという危うさに囲まれた中での、「安心・安全」が目指されている。

　消費者の「安全」を目指して、**消費者基本法**は２条で消費者の権利として「安全が確保される権利」を定めているし、「**消費者安全法**」や「**食品安全基本法**」をはじめとして、多くの法律によって消費者の安全が守られている（→Part 2 I 1も参照）。

2　医薬品・医薬部外品・化粧品

　特に、私たちが日常的に使っている「医薬品、医薬部外品、化粧品」については、口から摂り込んだり、身体に直に塗ったりするため、身体への影響が非常に大きいことは明らかである。そのため、医薬品・医薬部外品・化粧品などについては**薬機法**（2013年までの「薬事法」から名称が変更）によって厳しく規制されている。その製造・販売については、そもそも厚生労働大臣によって許可された業者だけが行うことができ、さらに品目ごとに厚生労働大臣の承認が必要となる（薬機法12条・13条・14条）。アメリカで販売されているがんの治療薬について、日本での「承認」には時間がかかっていて、がん患者が承認を待っているという話も耳にする[18]。ただ、緊急の場合など通常より簡単に承認を得ることができる場合もある（14条の２の２・14条の３）。また、人の健康のために定められた特定の基準に適合しない医薬品等の製造・販売は、禁止されている（56条など）。

　これらの規制に違反した場合には、「３年以下の懲役」と「300万円以下の罰

---

18)　かつては「ドラッグ・ラグ」が問題視されたが、現在は大幅に解消されているとされる。医薬品医療機器総合機構「ドラッグ・ラグの試算（平成26～30年度）」（http://www.pmda.go.jp/files/000233084.pdf）参照。

金」のどちらかまたは両方に処せられるなど罰則が適用される（84条など）。

3　食　品

「食品」についても、身体に口から摂り込むものであるため、身体への影響は計り知れない。そのため、人の健康を損なうおそれのある食品を販売することは、**食品衛生法**によって禁止されている（6条など）。食品添加物については、厚生労働大臣が健康を損なうおそれがないものとして定めた品目以外は、販売・製造などが禁止されている（12条）。また、食品や添加物については、厚生労働大臣は、公衆衛生のために基準・規格を定めている（13条）。これにより食品における残留農薬の限度量も定められている[19]。

4　電気用品・ガス用品・自動車

電気やガスを使用する製品については、一般消費者の生命や身体に危害を及ぼすおそれがあるため、安全基準に適合している必要がある。そのために、複数の法律が規制をしている。**電気用品安全法**は、特定電気用品116品目とそれ以外の電気用品341品目（電気コードからテレビなど日常的に使う電気用品）を指定し、国が定める安全基準に適合して「PSEマーク」を付けないと販売できないと定める。**ガス事業法**は、特定ガス用品4品目とそれ以外のガス用品4品目（ガス瞬間湯沸器、ガスストーブ、ガスコンロなど）を指定し、国が定めた技術上の基準に適合して「PS-TGマーク」を付けないと販売できないと定める。例えば、ガスコンロについては、煮こぼれなどで火が消えた場合に自動消火する「立ち消え安全装置」を義務づけている。ガスコンロについては、家庭用ガスコンロが原因で年間約5000件もの建物火災が発生していたところ、ようやく2008年の法改正で指定品目に追加され、その安全性への取り組みが実を結んだ。また、プロパンガス（液化石油ガス）についてもこれを規制する法律

〈特定電気用品〉

〈特定電気用品以外の電気用品〉

〈特定ガス用品〉

〈特定ガス用品以外のガス用品〉

19)　「食品・添加物等の規格基準（昭和34年厚生省告示第370号）」を見てみよう。自分が食べている食品の危うさを知ることができる。

が存在する。なお、特定◇◇用品は、危険度が高いため国に登録した検査機関による検査を受ける必要がある。

　また、自動車は最も危険な商品である。そのため、**道路運送車両法**により規制されており、構造や装置等が保安上・公害防止上必要な基準に適合している必要がある。なお、2019年5月に自動車の「自動運転」に対応するため、**道路運送車両法**と道路交通法が改正された。

5　家庭用品

　その他の家庭用品であっても、危険を伴うおそれが高いものもある。1973年制定の**消費生活用製品安全法**は、危険が生じるおそれのある特定製品（圧力なべ、乳幼児用ベッド、石油ストーブなど）10品目を指定し、経済産業大臣の定める技術基準に適合して「PSCマーク」を付けないと販売できないと定める。

〈特別特定製品〉

〈特別特定製品以外の特定製品〉

その中でも生命・身体への危険発生のおそれが高い4品目は特別特定製品として指定され、国に登録した検査機関による検査を受ける必要がある。

6　契約対象とならない商品

　また、すべての物が契約対象となりうるかというと、そうではないことは明らかであろう。例えば、麻薬や銃刀など、法律で取引（所持も）が禁止されており（麻薬取締法12条、銃刀法3条の7等）、想像しただけで分かる。

(3) 「貸金」への規制

　お金を借りようとして、クレジットカードのローン機能、銀行カードローンや消費者金融を利用するときも、もちろん私たちはお金を借りる契約を行っている。お金を借りる契約は、金銭消費貸借契約と言われるが、返済のめども立たないのに気軽に借りることもあり、借金返済のために借金を繰り返すことにもなりかねない。その結果、「多重債務者」となり。生活が破綻しかねない。実際、自己破産申し立てや自殺者の増大という悲惨な状態が社会問題となり、2006年には法律が抜本的に改正された。現在では、借金をしても生活破綻とならないように、**貸金業法**は貸金業者に、借りる人の借金「返済能力」審査を義

務づけ、「返済能力」を超える貸金を禁止していて（13条）、その基準として、「年収の1/3を超える貸金」を禁止している（13条の2）。しかし、この貸金業法は、なぜか銀行による貸金には適用がない。銀行は銀行法による規制に服するため、貸金業法を適用する必要がないと言えるのだろうか？　ここ数年は貸金業者よりも銀行による貸付金額が上回っていて、貸金業法による厳しい審査を免れて規制の緩い銀行から借金する人が増えたとも言える。同じ貸付であれば同じ規制をして多重債務者が生まれる危険を防止する必要があろう。なお、商品を購入する時に利用するクレジットカードによる後払いも、貸金とよく似た働きをする。どちらも利用者の後の支払を信用して取引をしているので「信用取引」と呼ばれるが、クレジットカードによる後払いについては**割賦販売法**が規制をしているので、後で述べる（→Part 3 Ⅳ参照）。

　ところで、利息については**利息制限法**が規制をしていて、借金額が10万円未満では年20％、10万〜100万円未満では年18％、100万円以上では年15％を上限と定めている（1条）。例えば、200万円借りるときに「利息は年18％で」と合意しても、15％を超える合意部分は無効となり、1年後の返済において30万円しか利息をとれない。また、**出資取締法**は高い金利での契約を規制していて、20％を超える利率を定めた場合には貸金業者には刑事罰が科される（5条）。

⑷　「製造する者」「販売する者」「サービス提供者」への規制

　また、販売する商品や提供されるサービスの、身体に及ぼす影響、財産としての価値の重大性、商品の投機的性格等を理由として、「販売する者」や「サービス提供者」が専門家であることが、必要となる場合がある。

　その典型例は、「医師」である。**医師法**17条は、「医師でなければ、医業をなしてはならない」と定めている。つまり、厚生労働大臣の免許を得た「医師」だけが、医療サービスの提供を行うことができる。医学部に通っていたけれども、医師国家試験に合格せず医師免許をもたない人が医療サービスの提供を行えば、「3年以下の懲役」と「100万円以下の罰金」のどちらかまたは両方に処せられる（医師法31条1項1号）。

　さらに上記のように、「医薬品、医薬部外品、化粧品」の販売業・製造業に

ついては、厚生労働大臣の許可が必要となる（薬機法12条・13条）。「薬局の開設」については知事等の許可が必要である（薬機法 4 条）。

　財産としての価値が重大である「不動産」の販売等については、宅地建物取引業について国土交通大臣などの許可が必要となる。その投機的性格から「金融商品取引」業は登録が必要であり、「商品先物取引」業は金融庁の許可が必要となっている。また、貸金業及びクレジット業については、登録が必要となる（貸金業法 3 条・割販法31条等）。お金の貸し借りや商品の後払いという「信用取引」が利用者や社会に与える影響の大きさを考慮している。

　これらの規制に違反した場合には、「 3 年以下の懲役」と「300万円以下の罰金」のどちらか又は両方に処せられるなど罰則が適用される（薬機法84条など）。

3　取引条件規制——約款規制

(1)　小さな文字の規約・約款

　私たちが契約をするとき、小さな文字で書かれた「規約」や「約款」が用意されていて、「詳しくは規約をよくお読みください」と言われたり、インターネット上の契約では画面上に表示されていることが多い。この「規約」というのは何なのだろうか。これを知るためには、まず、契約をするとき、自分に何が起こっているのかを理解する必要がある（→p.60以下も参照）。

(2)　契約とは？

　例えば、セーターを 1 着購入する場合に2980円を支払い、セーターを手に入れる。これは、店がセーターを2980円で「売りたい」と思って店頭に並べ、私が2980円の値札を見てセーターを吟味して「買いたい」と思ったからであり、私がセーターをレジに持っていってお金を払うことで、契約を結ぶことになる。このとき、店と私は自分たちで決めた内容で納得して、売買契約を結んでいる。このように、契約を結ぶとき、当事者である店と私が好きなように「合意」によって「自由に」契約の中身を決めることができる（「契約自由の原則」→Part 1 I・Part 3 I も参照）。

(3) 契約の中身は「合意」に基づく

　しかし、既に気がついているかもしれないが、本当に店と私が好きなように「自由に」契約の中身を決めているのだろうか。店がセーターを2980円の値札をつけて店頭に並べている時点で、私には値段を交渉したり決定する自由はもはやない。「まけてくれ」と言う人はいるかもしれないが、まず無理である。現代において値段は店が決定するが、私たちには他のセーターを買うこともできるため、契約の中身を選択できるという意味で契約の中身を決めることができる。もっと複雑な契約においても、例えば、2万9800円のパック旅行の申込みを行った場合にも、同じように契約の中身を決めていると言える。

　しかし、パック旅行の申込みの場合には、契約を結んでから契約内容が実現するまでに時間があくので、旅行契約の取消しが発生することもよくある。そのため、契約の取消しができるのか、できるとしてどれだけ違約金としての取消料を支払わなければならないのか、など契約にかかわる細かいことを、企業は事前に決めていることが多い。これが書かれているのが上記の「規約」であり、旅行契約の場合には「旅行業約款」と言われている。例えば、旅行業約款では、「客は旅行契約をいつでも取り消すことができる」、「取り消す場合には、旅行開始の20日前までは取消料はかからない」が、それを過ぎると、「14日前までは代金の20％」、「7日前までは代金の30％」などの取消料がかかることが書かれている。これによって企業が「こういう取引条件で契約をすることになります」と示しており、契約を申し込むとき、私たちもそれに文句を言わないことが多いため、その取引条件についても、私と企業は「合意」していることになる。その合意という約束をした結果として、私が旅行に行く1週間前にインフルエンザにかかりキャンセルをせざるを得なくなったとき、旅行契約を取り消すことができるが、代金の30％を取消料として支払わなければならないのである。

(4) 取引条件が「不当」な場合

　私と企業は取引条件について「合意」しているといっても、取引条件が自分にとってどうも「不公平だ」「不当だ」という場合もある。その場合でも、企業が「そういうことになっていますので」「規約にはそう書かれていますので」と

言えば、私たちは「仕方なく」契約を結ぶ。すなわち、「仕方なく」契約を結ぶだけで、自由に納得して「合意」しているとは言えない。

　そのような場合があることを想定して、法は「配慮」している。つまり、取引条件が「不当な」内容とならないように、複数のタイプの配慮を行っている。

　第1に、行政は、特定の業種に対しては、取引条件の内容を不当なものとならないように誘導する方法をとる。特定の業種というのは、旅行、運送、保険などであり、それぞれが定める取引条件は、旅行業約款、運送約款、保険約款などと呼ばれる。例えば、上記の「旅行業約款」の内容は、観光庁長官と消費者庁長官が妥当な取引条件を予め示しており、旅行代理店はそれと同じ内容を「旅行業約款」として定める（**旅行業法**12条の3参照）。

　第2に、法は、不当な契約内容は「無効」であるという規定を置いている。**民法**は、「公序良俗違反」の契約は無効と定めているし（90条）、定型約款の不当な条項は契約内容とならないと定めている（548条の2第2項）。また、**消費者契約法**も不当な契約条項は無効と定めている（8条〜10条。→Part 3 Ⅱも参照）。

　第1のタイプの配慮は、まさしく行政が配慮してくれている。これに対して、第2のタイプの配慮は、少し性格が異なる。すなわち、「契約をしても効力はありません」、「約款や契約条項には効力はありません」というのは、契約、約款、取引条件には拘束されないということ、裁判所にもそれを強制されないということであり、誰かが何かをするというものではない。不当な内容に法は助力をしないというだけのことである。

⑸　個人情報の提供──同意の強制

　現在、特にオンライン取引では「個人情報の提供と利用」について「同意する」にチェックしないと契約そのものができない。この事態は、事業者が取引条件として「個人情報の提供と利用」を消費者に強制しているに等しい。消費者には「契約をしない自由」はあるのだから問題ないと言えるのだろうか。個人の判断や意思決定を尊重する社会を目指すためには、このような強制状態への対応は不可欠である。

4　表示規制

(1)　書面・表示の必要性

　上記の「規約」や「約款」は契約の中身、取引条件について企業と私たちの「合意」を書いたものであるが、そもそも「合意」については書くこと＝書面は必要ではない。言い換えれば、契約を結ぶために「書面」は必要ではない。口約束でも契約を結んだことになる。

　確かに、100年前の日本であれば都心を除くほとんどの地域において、人間の生活は隣近所内で成り立っていたし、契約をするとしても、自分が理解できる範囲に限られていた。契約内容は単純で、また、生活圏で生産された物、食物を買うのだから、その「正体」は明白であった。

　しかし、現代社会においては、口約束では、一体どのような内容の契約を結んだのか、私たちには分からないことだらけである。また、契約のタイプによっては、契約内容が複雑であったり、例えばスマートフォンを購入して契約を結んだり、英会話教室で受講する契約を結ぶことによってどのような場合にどうなるのかは分かるはずもない。その上、契約により手に入れる物の「正体」、例えばスーパーで買うアイスクリームや冷凍ハンバーグの材料などは、私たちには皆目見当がつかない。

　これらのことを想定して、法は「配慮」している。つまり、私たちが契約内容にかかわる事柄を明確に認識することができるように、複数のタイプの配慮を行っている。

(2)　書面の要求

　第1に、特定の契約については、契約内容を「書いた」もの、書面でも電子文書でもよい、を私たちに交付するように企業を義務づけている法律が多く存在する。特定の契約というのは、例えば、**特定商取引に関する法律**（以下、特商法）が規制している訪問販売、電話勧誘販売など、**割賦販売法**が規制しているクレジット契約など、問題がよく起こる契約や、複雑な契約など、書面で契

約内容をはっきりと認識する必要がある契約である。企業が書面を交付しないときは、行政が表示をするように指示することになるし、その指示に従わないときは、刑罰に処せられることにもなる（詳しくは→Part 3 Ⅲ・Ⅳ参照）。

　契約書面の交付を企業に義務づけるのは、私たち客に、契約の内容を明確に認識させるためである。口約束だけだとどうしても契約の内容について曖昧な認識のままに契約を結ぶことになり、そもそも問題が発生しやすい契約類型であることと相まって、後に「こんなはずじゃなかった」とトラブルが発生してしまうので、これを未然に防止するためである。

(3)　表示の要求と人間能力の限界

　第2に、私たちが口に入れるなど身体の安全にかかわる商品については、契約をする前に、その商品の原材料等の表示を義務づけている法律もある。

　医薬品等については、薬機法によって、直接の容器や袋への成分等についての記載および添付文書への記載が義務づけられている（44条、50条、52条、53条、59条、61条など）。ただ、その身体への影響の大きさから、また、成分についての専門性の高さから、表示をする以前の、製造の段階からの規制が重要である。これについては既に述べた（→p.25参照）。

　食品については、2015年から**食品表示法**が施行され、それまでの分かりにくい表示制度からようやく抜け出した。ただ、新制度への移行は事業者への負担を伴うため、その準備期間が設けられ、完全に新しい表示制度が施行されたのは、2022年4月1日からである。食品に関する表示は、身体の安全にかかわるだけでなく、食品という身体に取り込む商品を自らの意思によって選択するために、非常に重要な役割を果たすべきことは、食品表示法1条[20]もその目的の中で定めている。4条に基づき内閣総理大臣は「食品表示基準」を定めていて、加工食品については、原材料、原材料の産地、賞味期限または消費期限、個別

---

20)　食品表示法1条は「…食品に関する表示が食品を摂取する際の安全性の確保及び自主的かつ合理的な食品の選択の機会の確保に関し重要な役割を果たしていることに鑑み、販売…の用に供する食品に関する表示について、基準の策定その他の必要な事項を定める…」と明示している。

の原材料へのアレルゲンの表示、栄養成分の表示原材料名と添加物を明確に区分した表示が原則として義務づけられている。また、生鮮食品については、名称と産地の表示が義務づけられている。消費者と事業者の双方にとって、自らが買う・売る食品の「正体」を誠実に知る・知らせる基盤が整い始めたと言える。一方で、食品表示法は「機能性表示食品」という「食品」群を生み出している。この問題を含めて食品表示法については、p.55以下およびp.174以下を読んでほしい。

　また、「商品」そのものの内容表示だけでなく、どのような過程を経てここにあるのか、「サプライ・チェーン」の表示も現在の社会において重要となっている（→p.115も見てほしい）。

　とはいえ、人間の能力には限界があるので、あまりに多くの情報が表示されても、「とても読めない」「読むのが苦痛」というのが現状である。「読めて理解することができる」表示の仕方が必要となろう。この点については、消費者契約法3条1項1号が手がかりとなる（→Part 3 II 3参照）。

(4)　広告について

　広告が虚偽であったり、誇大広告であったりすると、結局、商品についての不当な表示が行われることになる。したがって、適正な表示を求めるのであれば、真実の表示を要求するわけであるから、虚偽広告や誇大広告を禁止する必要がある。これについては、Part 2 II で見ていくことになる。

5　行為規制——禁止・命令・民事規制

(1)　行為規制の必要性

　人間や企業の行為は基本的には自由である。これはとても重要な原則である。しかし、自分の行為が他人の利益と衝突する場合には法的に調整されることになる。

　事業者は当然、販売している商品を私たちに買わせたい。買わせるためには、「買う」と意思表示させなければならない。そのために事業者は商品が素

晴らしく価格に見合った価値があることを手間や費用をかけて消費者に示して
いくことになる。しかし、悪質な事業者は、手間や費用をかけることなく、
「買う」と意思表示させるために、嘘を言ったり、おどしたり、断れない状況
を作ったりする。また、私たちが契約内容を理解できないうちにできるだけ早
く契約を締結させようとする。このような行為が不当な行為であることは誰で
も分かるであろう。

　いずれにせよ、私たちは、契約内容を認識した上で、自らの意思に基づいて
自由に契約をしたとは言えない状況に置かれる。そうならないように、法は多
様な方法によって事業者の行為を規制している。つまり、事業者には法律に
よって特定の行為が禁止されているし、特定の行為をするよう命令されている
し、さらに、私たち消費者に権利を認めることによって実質的に事業者の行為
を抑制している。

(2)　契約締結に向けた販売攻勢の禁止

　第1に、私たちに「買う」と言わせるために、嘘を言ったり、おどしたり、
断れない状況を作る行為は、法律によって禁止されている。もちろん買わせる
ためのセールストークは許されるとしても、これにも限度があり、やり過ぎは
不当なものとなる。法はそのような不当な行為を禁止している（**特商法**。
→Part 3 Ⅲ）。この禁止に違反すれば、国や都道府県などの行政が業務停止命
令などの処分をしてくれたり、刑事罰が科されることになる。

(3)　一定行為の命令

　第2に、上記のように、契約によってはその内容が複雑な場合も多い。ま
た、訪問販売や電話で勧誘してくる販売方法など販売攻勢が激しい契約や、エ
ステ、英会話教室や塾など契約の目的が達成されるか不明確な場合もある。そ
れらの場合には、私たちに契約内容をしっかりと認識させ、理解させるため
に、書面交付を事業者に義務づける法規定も存在する（**特商法、割賦販売法**。
→Part 3 Ⅲ・Ⅳ参照）。上で述べた書面の要求は、行為規制の一種なのである。

(4) 権利の認容

　事業者に不当な行為をさせないようにするため、消費者に権利を認容するという方法もある。すなわち、契約締結に際して事業者が消費者に嘘を言った場合には、消費者に取消権を認めるという方法や、不公正な内容の契約条項を用いた場合にはその条項を無効としてこれに基づく権利を認めるという方法である（**消費者契約法、特商法**など。→Part 3 Ⅱ・Ⅲ。2(3)で見た利息制限法も）。このように、消費者にいざというときには権利を認めれば、事業者は不当な行為をして契約を結んでも、利益を得られないことになる。そのため、事業者が不当な行為をしないように抑制されるという効果が期待できるのである。

　また、**製造物責任法**は「製造物の欠陥」による被害について製造業者に損害賠償責任を負担させるが、製造業者が「欠陥ある製造物」を製造・流通させるという行為をしないように抑制されるという効果が期待される（→上記Part 2 Ⅰも参照）。

6　消費者団体訴訟制度──被害救済と拡大防止への支援

(1) 取引被害について消費者が一人でできること

　消費者が取引で被害を受けたとき、消費者にはその救済を求める権利がある。**消費者基本法**には、「適切かつ迅速に救済を受けること」が権利として尊重されると規定されている（消費基法2条）。もっとも、事業者との交渉で問題を解決することは、実際には簡単ではない。地方自治体に設置されている**消費生活センター**も助言やあっせんによる解決の努力をしてくれる。「188」（いやや）に電話をすれば、身近にある消費生活センターにつながって、相談をすることができる。消費生活センターに勤務する**消費生活専門相談員**は、消費者紛争の解決に向けて、消費者問題に関する知識と経験を基礎に努力をしてくれる。もっとも、事業者が消費生活センターのあっせんに乗ってこない場合には、センターでの解決も困難になる。

　また、仮に自分の被害の救済に資する解決ができたとしても、それはその被害が救済されたにすぎない。消費者被害は、多数の消費者に同様の被害が生じ

うる社会問題である。そこで実現した解決方法を他の同じ被害の救済に使おうとしても、個人の消費者がそれに関与することは困難である。個々の被害解決が、必ずしも、広く消費者の被害を救済することやその未然防止にはつながらない。

⑵　消費者団体の役割

　国際消費者機構が提唱する消費者の「8つの権利と5つの責任」では、「連帯（Solidarity）」が消費者の責任であるとされている。その責任には、消費者が消費者団体を作って活動することやその活動に協力し、支援することが含まれている。実際には、消費者団体の活動は幅広く、多様で、その目的も担い手も様々である。もっとも、消費者団体は、消費者の取引被害の救済と予防に関しても、役割を果たすことができる。その典型的なものが、**適格消費者団体**による不当な勧誘行為や契約条項等の差止請求、それに**特定適格消費者団体**による集団的な消費者被害回復制度である。

1　適格消費者団体による差止請求

　2006（平成18）年に消費者契約法が改正されて、**消費者団体訴訟制度**が導入された。この改正は翌2007年6月に施行されている。

　その結果、適格消費者団体の認定を受けた消費者団体が、消費者契約法に反する勧誘行為や契約条項について、その行為や条項の使用差止めを裁判によって請求することができることとなった（消契法12条）。適格消費者団体とは、内閣総理大臣によって、訴訟を行う資格があると認定された消費者団体のことを指す（同法13条）。現在（2023年8月現在）までに、消費者機構日本（COJ）や消費者支援機構関西（KC's）など全国で25の適格消費者団体が活動している[21]。なお、適格消費者団体の差止めの権限は、2008年に**不当景品類及び不当表示法**（以下、景品表示法）と特商法に、2013年に**食品表示法**に拡大している。

　適格消費者団体による差止訴訟を考える具体例として、最高裁判所による**前納授業料不返還特約無効判決**（最高裁平成18年11月27日判決、民集60巻9号3597頁）を取り上げる。この判決までは、大学に合格すると、一定の期間内までに入学

---

21)　消費者庁ウェブサイト「全国の適格消費者団体一覧」（https://www.caa.go.jp/policies/policy/consumer_system/collective_litigation_system/about_qualified_consumer_organization/list/）。

金と所定の授業料（前納納付金）を支払う必要があった。期限までに前納納付金を納めなければ、その大学の入学資格が取り消される。そして、前納納付金はどのような理由があっても返還しないとする不返還特約が、入学契約等に定められていた。最高裁は、前納納付金のうち前納授業料に関する不返還特約を、消費者契約法9条に反するとして無効であると判示し、入学辞退をした受験生に前納授業料を返還すべきと判示した。画期的な判決ではあるが、厳密に言えば、この判決はあくまで、訴訟の当事者にのみ、その既判力（判決の効力）が及ぶにすぎない。前納授業料の不返還特約は、当時は広くほとんどの私立大学に定められていた。被害の回復にはそれぞれの大学に対して入学辞退をした個々の受験生が返還の請求をする必要がある。また、今後の被害防止のためにも入学契約等から不返還特約を削除することが必要であるが、そうした訴訟を被害回復の請求だけにとどまらずに、個々の消費者に委ねることは法理論としても、実際にも困難であった。自らの被害回復のために訴訟をするだけでも大変な消費者が、そうした社会的役割を担うことは、簡単なことではない。万が一敗訴すれば、その結果は自分の不利益だけにとどまらない。その責任を1人の消費者が負担するのは無理である。実際には、この最高裁判決を受けて、文部科学省による指導がなされたこともあって、判決当事者の大学はもちろん、それ以外の大学も同様の規定を入学契約等から削除する対応をした。しかし、同じような条項は、予備校とか高校とか、他の教育機関にも規定されている。そのすべてについて個々の消費者による差止訴訟の提起を期待することは、大変な時間と労力がかかり、現実的ではない。そこで、適格消費者団体が「前納授業料不返還特約」の使用を差止める訴訟を提起することで、そこから生ずる利益を広く消費者全体のものとすることが意図されたのである。実際に、適格消費者団体「ひょうご消費者ネット」が、資格試験予備校に対して解約制限条項の使用差止を求めた事例がある。その結果、裁判提訴後の和解事案を含めて、阪神地区にある11の学校からそうした条項が削除され、契約内容の改善が図られている。[22]

---

22) ひょうご消費者ネットウェブサイト（http://hyogo-c-net.sakura.ne.jp/overture.html）。

　確かに契約は消費者がひとりひとり別々に締結する。しかし、仮に不当と思われる条項が契約に含まれているとしても、個々の消費者が契約締結時に、それを契約の相手方に問うことは不可能である。文句を言えば、「では、契約していただかなくて結構です」と言われるだけだからである。交渉の余地など実際にはない。ネットでの契約では、契約条項を承諾した旨のクリックが求められる場合があるが、それに「NO」をすれば、契約を締結できなくなるだけである。適格消費者団体の差止請求では、不当条項の使用差止を正面から問題にすることができる。そして差止めが認められ、契約の条項が公正なものに改善されれば、それはその事業者と契約をする消費者みんなの利益につながる。実際に、これまでに、100件を超える差止訴訟が適格消費者団体によって提起されている。それに加えて、裁判外の交渉によって、消費者にとって不利益な内容を含む消費者契約の多くの条項が改善されている[23]。

2　特定適格消費者団体による集団的消費者被害の回復

　適格消費者団体による差止めは、なるほど消費者契約による被害の未然防止にはとって、とても有力な手段である。もっとも、消費者の受けた被害の救済を「差止め」によって図ることはできない。被害回復はあくまで被害を受けた消費者が個人で請求するしか術はなかった。

　2013年に制定された「**消費者の財産的被害の集団的な回復のための民事手続の特例に関する法律**（以下、**消費者裁判特例法**）」が、2016年10月１日に施行されている。この法律の施行によって、特定適格消費者団体には、消費者の損害賠償請求等を集団的に請求する訴訟上の権利が認められた。**特定適格消費者団体**としての内閣総理大臣の認定は、全国で４団体（消費者機構日本、消費者支援機構関西、埼玉消費者被害をなくす会、消費者支援ネット北海道）が受けている。

　先ほどの大学の前納納付金を例に、具体的に集団的消費者被害回復制度を考えてみよう。既述のように、実際には入学しなかった受験生は入学前に支払った前納授業料が返還されるべきであることは、最高裁平成18年判決で明確になった。もっとも、何もしなくても大学が自ら前納授業料を返還してくれるわけでは

---

23)　消費者庁「消費者団体訴訟制度差止請求事例集」（https://www.caa.go.jp/policies/policy/consumer_system/collective_litigation_system/about_system/case_examples_of_injunction/）。

ない。受験生としては、支払い済みの前納授業料の返還を大学に請求しなければ
ならない。返還の交渉が面倒だったり、改めて大学にもの申すことがおっくうに
感じたりして、返還を求めなかった受験生は少なくなかったと思われる。いやむ
しろ、こうした判決を知らず、そもそも前納授業料の返還を求めることができる
ことを知らなかった受験生も少なくないと推測される。あの当時に消費者裁判
特例法が施行されていたら、特定適格消費者団体が大学を相手に集団的被害の
回復を求めて裁判をし、被害回復ができるとされた受験生にその旨の通知がな
されることになる。受験生がなすべきことは、特定適格消費者団体からの通知を
読んで、被害回復をその団体に委ねるか否かを判断して、文書による意思表示を
することだけである。集団的消費者被害回復制度の最初の事案として、消費者機
構日本による合格基準に性別等で差を設けていた東京医科大学および順天堂大
学医学部に対する被害回復の訴訟がある[24]。東京地裁令和2年3月6日判決（判
時2520号39頁）は、東京医科大学が性別等を理由に行っていた入学試験での点数
調整は憲法14条1項などに反しており、それが事前に告知されていない場合に
は、受験生に対する不法行為として損害賠償責任が生ずるとして、平成29年度お
よび30年度の受験生に対して入学検定料等の受験費用を損害と認定した。入学
検定料は4万円または6万円で、該当する受験生は約2800人ほどであると推定
されていた。共通義務確認訴訟の確定を受けて、消費者機構日本と東京医科大
学との間で、消費者機構日本に授権をした560名の受験生に対して、総額で約
6760万円の返還を同大学がすることを内容とする和解が成立している。順天堂
大学についても、2023年3月の和解によって、1184名の受験生に対して約1億
6680万円が返還される。

　集団的被害回復に関する権限を背景に、消費者への返金を求める事案もあ
る。痩せることをうたって販売されたイソフラボンという成分を含む健康食品
について、消費者庁は2017年11月7日に、各社が広告で表示したほどの痩身効
果がないことを理由に景品表示法の優良誤認に該当するとして、16社に対して
措置命令を出した。また、2018年1月19日には、売上額が5000万円を超える9

24）　消費者機構日本のウェブサイト（http://www.coj.gr.jp/）を参照。

社に対して、その売上額の３％にあたる課徴金の納付命令を出している。それを受けて、消費者支援機構関西はイソフラボンを含む機能性表示食品を販売していた事業者で自主返金をしていた１社を除く15社に対して、当該商品の購入代金を、購入者たる消費者に返金するように求めた申し入れを行った。その結果、14社から返金の対応をする旨の回答があり、2018年６月末までに合計１万6495名の消費者に返金がなされた。²⁵⁾これは裁判による集団的被害回復ではない。ただ、その制度を背景に消費者に実際に返金がなされた事例として注目される。

(3)　消費者団体の活動と消費者

　こうした消費者団体の活動が消費者の利益を守ることを目的として、効果的、継続的に実施されるためには何が必要なのであろうか。消費者団体は、そのほとんどが会員によるボランティアによって運営されている。その活動の内容と意義とを理解して、会員として協力することは何よりの消費者団体への支援になる。そのためにも、まずは、消費者団体がどのような活動をしていて、それによって消費者の権利や利益がどのように守られていることを知ることが重要になろう。

　さらに、差止めも集団的消費者被害回復も、消費者団体による検討と対応には、被害にあった消費者からの情報提供が不可欠である。その意味では、自分が経験した被害が他の消費者にも起こりうると考えるなら、その情報を（特定）適格消費者団体に提供することが何よりの活動支援になる。それは、自分が経験した消費者としての被害を消費者全体の問題として考えることであり、そのために消費者と消費者団体は連携することができる。

　消費者団体による「配慮」が効果的に機能するためには、多数の消費者がその活動を理解し、それを支えて支援することが不可欠である。もちろん、その活動に参加することが何よりの支援になることは言うまでもない。

---

25)　消費者支援機構関西の「被害回復」ウェブサイト（http://www.kc-s.or.jp/category.php?cat_id＝6 ）を参照。

7　消費者教育——消費者市民の育成・消費者市民社会の生成

(1)　はじめに

　この本は消費者法を対象とするものであるが、「消費者法」という名の法律
は日本には存在しない。つまり、消費者法という言葉で描かれているのは、消
費者に関する様々な法令の総体なのである。これらの法令に共通するのは、消
費者を市場（マーケット）における弱者として位置づけ、消費者と事業者との間
の取引（BtoC取引あるいはB2C取引とも表記される、Business to Consumer取引）に
ついて、消費者と消費者との間の取引（CtoC取引あるいはC2C取引とも表記され
る、Consumer to Consumer取引）や事業者と事業者との間の取引（BtoB取引あるい
はB2B取引とも表記される、Business to Business取引）の場合と比べて、消費者に
特別の保護を提供しているということである。このような特別の保護は、諸外
国でも、そして日本でも、消費者の保護や権利を確立するための長い運動の成
果である。取引については、本来、対等な当事者が自由に交渉して契約締結に
至ることが民法の建前となっていること（契約自由の原則）を考えると、消費者
法では、消費者に対して特別の「配慮」がされていることが分かる。

　他方で、近年、主に2つの新たな流れが見られる。1つ目は、**消費者の「自
立」**を促す動きである。そして、2つ目は、**「消費者市民社会」**という、従来の
社会とは異なる性質をもつ新しい社会を目的とするものである。これら2つの
動きに特に共通する要素としては、いずれも消費者の教育を通じて実現される
部分が大きいということが挙げられる。以下では、**消費者教育**が果たす役割は
どのようなものなのか、消費者教育を通じて目指されている消費者市民社会と
はどのような社会なのか、そして消費者教育推進法の概要と役割を見ていきたい。

(2)　消費者教育を通じて目指される社会——消費者市民社会

　消費者教育の推進に関する法律（以下、消費者教育推進法）は、2012年に制定
された。同法は、それまで必要性が指摘されてきた消費者教育について、目的
と理念を明文化し、その対象、内容や主体等について定める非常に重要なもの

で、消費者教育を大きく前進させるものとして高く評価できる。また、内閣が法律案を作成して国会に提出するいわゆる「内閣立法」が主流となっている中、議員による発議で成立したいわゆる「議員立法」であることも注目に値する。

1 消費者教育推進法における「消費者教育」および「自立」とは？

消費者教育推進法1条では、「消費者教育が、消費者と事業者との間の情報の質及び量並びに交渉力の格差等に起因する消費者被害を防止するとともに、消費者が自らの利益の擁護及び増進のため自主的かつ合理的に行動することができるようその自立を支援する上で重要である」ことと、「消費者教育の機会が提供されることが消費者の権利である」ことが定められている。つまり、消費者教育が、消費者被害の防止と消費者の自立のためのいずれについても重要であることと、消費者教育を受けることが消費者の権利であることが明記されているのである。同法によると、国と地方公共団体は消費者教育について責務を負うが、併せて、消費者団体、事業者および事業者団体も「努力義務」を負う。努力義務というのは、違反した場合についての制裁が設けられていない義務である。そのため、このような義務を遵守するかどうかは、義務を課された者の良心に委ねられている部分が大きい。**消費者の「自立」**の内容については、「消費者が自らの利益の擁護及び増進のために自主的かつ合理的に行動すること」であるとされている。このように、消費者教育では、国、地方公共団体、消費者団体、事業者そして事業者団体から、消費者被害の防止と消費者の自立のために、消費者に対して「配慮」される仕組みがとられているのである。

同法2条によると、「『消費者教育』とは、消費者の自立を支援するために行われる消費生活に関する教育（消費者が主体的に消費者市民社会の形成に参画することの重要性について理解及び関心を深めるための教育を含む。）及びこれに準ずる啓発活動をいう」。この定義で特徴的なのは、自立支援のために行われる消費生活に関する教育に、消費者市民社会の形成に関する教育が含まれることが明記されている点である。

2 消費者教育推進法における「消費者市民社会」とは？

それでは、消費者教育推進法に定められている**消費者市民社会**とは、どのよ

うなものなのだろうか。2条2項の定義によると、「『消費者市民社会』とは、消費者が、個々の消費者の特性及び消費生活の多様性を相互に尊重しつつ、自らの消費生活に関する行動が現在及び将来の世代にわたって内外の社会経済情勢及び地球環境に影響を及ぼし得るものであることを自覚して、公正かつ持続可能な社会の形成に積極的に参画する社会をいう」。つまり、消費者市民社会の消費者（いわゆる「消費者市民」）は、①他の消費者が自分とは異なることを尊重することができ、②自分の消費行動が、自分だけではなく、世界全体、そして将来の世代にも影響を与える可能性があることを自覚して、③公正であり、持続可能である社会の形成に参画する、消費者なのである。言い換えれば、消費者市民は、日常生活の中で消費するという場面でも、他者に「配慮」して行動するのである。おそらく、消費者市民の上記のような特徴のいずれについても、一般的に望ましいものであると賛同が得られるところであろうが、果たして、このような概念が導入されるに至った背景にはどのような事情があったのだろうか。

3 「消費者市民」概念の誕生──投票としての消費

　高度経済成長と大量生産は、世界中で多くの消費者被害を生じさせ、消費者保護の必要性を認識するきっかけをもたらした。しかし、これらによって発生した害悪は消費者被害だけではなかった。人は、大量生産を行うことで、環境を汚染し、地球の資源を無計画に浪費した。そして、そのことによって環境が破壊され始め、環境破壊を原因とする自然災害や健康被害が発生し始めた。また、大量生産が苦しめたのは、環境だけではない。安価な商品を求める消費者の志向に応えるために、企業は労働者を過酷な条件で酷使することが増え、時には子どもの労働等という形で特に途上国（「途上国」という用語は、西洋的な観点からの基準を用いるものであり、必ずしも適切ではない。「開発途上国」、「発展途上国」という用語についても同様である）で問題となった。つまり、人を「満足」させ、あるいは「幸せ」にするはずであった消費が、人自身を苦しめるという矛盾が生まれたのである。人に対しても、人が住む大切な環境である地球に対しても、「配慮」が欠ける状況となり、そのような状況が今もなお続いている。

　やがて、この問題に関する認識が強まり、特にヨーロッパ（中でも特に北欧諸国）を中心として、「consumer citizen」という概念が注目を集め始めた。この

概念は、日本では、一般的に、英語を直訳した「消費者市民」として紹介されている。前述した消費者教育推進法の規定も、諸外国での動向を参照したものでありその流れを汲んでいる。しかし、「消費者市民」によって構成される「消費者市民社会」という概念が用いられ、消費者市民社会の形成が目的として掲げられていることはむしろ日本固有の先進的な、世界でもまれな取り組みである。「消費者市民社会」という概念は、法務省の外国法令英訳サイト（非公式の英訳を提供するもの）では、以前は「consumer citizen society」、現在は「society with consumer citizenship」と英訳されている。諸外国、特にヨーロッパ諸国では、「市民」が一丸となって国家権力と対立する市民革命等の過去があることが多い。そして、消費者市民概念にも、「市民」概念のそのような文脈が受け継がれている。つまり、市民が政治、経済や社会のことを考えて行動するのが本来の姿であるように、消費者も、単に無秩序に消費するだけであってはならず、消費活動においてそのような意識をもつべきだという思いがそこには込められているのである。[26]

　このように、消費者市民は、世界のことや後の世代のことを考えて消費するという、いわば「市民的な」特徴を持ち合わせる消費者なのである。消費者として「配慮」されるのみならず、市民として「配慮」する側にも回るということである。消費者市民概念との関係では、市場の中で行われる消費行為が、市民的な活動である投票に例えられることが多い。この例えは、消費者が、子どもの労働を用いた商品や環境に悪影響を与える商品を購入するときに、そのような商品が象徴する方向性に一票を投じているのと同じだということを認識させようとするものである。この「一票」は、まさに人や地球への「配慮」を実現させるためのものとなりうる。地球資源に限りがあることや、本来、消費行動のために人が犠牲になってはいけないことを考えると、望ましい方向性である。

　他方で、経済的や社会的な理由等により、「消費者市民」として行動することができない者もかなりの割合で存在する。例えば、経済的な余裕がないために、商品が低価格であることを最優先し、環境への影響等について考慮するこ

---

26)　消費者市民社会について様々な観点から詳細に分析する文献としては、岩本諭、谷村賢治編著『消費者市民社会の構築と消費者教育』（晃洋書房、2013年）がある。

とが必然的に後回しになるような場合である。消費者市民社会は、高齢者や貧困に悩まされている人に消費者市民としての行動を強いるものではないことが、日本の公式の文書でも明記されている。しかし、それに加えて、消費者市民として行動できない者が軽蔑されたり、孤立したりすることがないよう、工夫をする必要があろう。また、消費者市民社会という考え方を広く共有すること自体にも大きな意義があるが、消費者市民社会の実現を消費者教育に委ねるにとどまらず、消費者市民社会を実現するために国家が主導して社会的弱者等への手当てを行うことも求められる。

4 エシカル消費とは

消費者市民の行動パターンの代表例としては、「エシカル消費（倫理的消費）(ethical consumption)」というものがある。これは、消費者が前述したような理念に従った消費をするべきだという考え方であり、同じく望ましいものである[27]。ここでは、特に注意を要する3つの点について述べたい。

第1は、「エシカル」なものが何なのかが、不明確な場合もそれなりに存在するということである。エシカル消費の例としては、**フェアトレード商品**（いわゆる途上国で作られた商品を適正な価格で取引したもの）を購入することや地産地消することが挙げられる。エシカル消費の観点から同じく重要である**カーボンフットプリント**（取引活動の中で排出される二酸化炭素（CO_2）の把握）の観点から考えた場合、これらのうち、地産地消の方が望ましいことになる。しかし、世界規模で考えた場合、途上国等の商品を購入することの重要性も否めず、判断が難しくなる。このように、特定の消費行動がエシカルなのかどうかは、どのような基準でこれを判断するのかや、対象となる商品によって結論が異なる可能性があり、このことを常に意識する必要がある。第2は、エシカル消費を学校等で教育する際に、特定の企業や商品に偏った方向性の価値観が生徒等に植えつけられないよう配慮しなければならないということである。エシカル消費を実現している企業活動や商品を例として用いることは望ましいかもしれな

---

27) 個々人の消費行動が社会に与えることのできる影響については、日本弁護士連合会消費者問題対策委員会『お買いもので世界を変える』（岩波書店、2016年）がコンパクトにかつ分かりやすく解説している。

い。しかし、心身が成長途上にある生徒に特定の企業や商品を購入する志向を
（無意識に）植えつけてしまう結果となっていないのか、注意を払うことが求め
られる。第3に、エシカルであると言える商品は少なくとも現時点では価格が
相対的に高い傾向にあり、エシカル消費ができない消費者もかなりの割合い
る。消費者市民の場合と同様、そのような消費者が軽蔑され、あるいは孤立す
るような事態は避けなければならない。

5　世界への発信──日本風のエシカル消費

　エシカル消費という考え方は、必ずしも諸外国で新たに作られて日本に「輸
入」されたものではない。少し考えると、エシカル消費の要素は、そもそも日
本社会に存在していたことが分かる。日本の文化や伝統の中には、「もったい
ない」「（動植物の命を感謝しながら）いただく」「情けは人のためならず」など、エ
シカル消費や消費者市民という考え方の中核となる要素がたくさん見られる。
また、華道をはじめとする伝統芸能にもそのような要素がちりばめられてい
る。エシカル消費や消費者市民は、諸外国である意味「ブランド化」されて日
本に輸入されるような流れとなった。本来は、日本が世界に誇り、発信するこ
とのできる「**日本風のエシカル消費（ジャパニーズ・エシカル消費）**」が存在する
のではないだろうか。日本で長年蓄積されてきた生活の知恵や工夫を改めて自
覚し、広く世界と共有するべき時が来ている。

⑶　消費者教育推進法にはどんな役割があるのか？

　デジタル化やオンライン化がますます進んでいる今日の社会では、消費者に
対して「真実」とは異なる「事実」が示される状態が作られやすくなっている。
消費者としては、疑う力、気づく力、「真実」に近づくための情報収集をする
力など、様々なスキルが過去よりも強く求められている。そのための重要な役
割を担うのが、消費者教育である。以下では、消費者教育推進法を中心とし
て、日本における消費者教育を概観する。[28]

28）　消費者教育について様々な観点から解説する文献としては、例えば、西村隆男編著『消費者
　　教育学の地平』（慶應義塾大学出版、2017年）がある。

1 目的と基本理念

（i）目　　　的　　消費者教育推進法は、消費者教育が、㋑消費者と事業者との間の情報の質や量、そして交渉力の格差に起因する消費者被害を防止すること、および、㋺消費者が自らの利益の擁護や増進のため自主的かつ合理的に行動することができるようその自立を支援すること、について重要であると述べている。また、消費者教育の機会が提供されることが消費者の権利であることを踏まえている。そして、これらを前提として、消費者教育に関し、①基本理念を定め、②国や地方公共団体の責務を明らかにするとともに、③基本方針の策定その他の消費者教育の推進に関し必要な事項を定めることにより、消費者教育を総合的かつ一体的に推進し、国民の消費生活の安定や向上に寄与することを目的とするものである（1条）。

（ii）基本理念　　消費者教育推進法によると、消費者教育は、消費生活に関する知識を修得し、これを適切な行動に結びつけることができる実践的な能力が育まれること（3条1項）、および、消費者が消費者市民社会を構成する一員として主体的に消費者市民社会の形成に参画し、その発展に寄与することができるよう、その育成を積極的に支援すること（3条2項）を旨として行われなければならない。

そのために、消費者教育は、幼児期から高齢期までの各段階に応じて体系的に行われるとともに、年齢、障害の有無その他の消費者の特性に配慮した適切な方法で行われなければならない（3条3項。消費者教育の体系的な推進）。生涯学習やリカレント教育の実現が重視される中、消費者教育が年齢に応じて行われるものとして想定されていることは、非常に重要である。また、消費者教育は、学校、地域、家庭、職域その他の様々な場の特性に応じた適切な方法により、かつ、それぞれの場における消費者教育を推進する多様な主体の連携や他の消費者政策との有機的な連携を確保しつつ、効果的に行われなければならない（3条4項。消費者教育の効果的な推進）。ほかにも、消費者教育は、消費者市民社会の形成に関する情報を多角的な視点から提供し、災害その他非常時における合理的行動のための知識や理解を深め、環境教育、食育、国際理解教育との有機的な連携を図るものでなければならない（3条5項から7項）。

2　学校教育の場ではどのように実現されるのか？

　学校教育の場における消費者教育の実現については、2017年・2018年改訂の**学習指導要領**が大きく貢献している。この学習指導要領は、2020年度から実施されている。

　文部科学省作成の「幼稚園教育要領、小・中学校学習指導要領等の改訂のポイント」によると、消費者教育に特に関連する事項としては次のようなものがある。

　・売買契約の基礎（小学校：家庭）、計画的な金銭管理や消費者被害への対応（中学校：技術・家庭）

　また、同じく文部科学省作成の「高等学校学習指導要領等の改訂のポイント」によると、消費者教育に特に関連する事項としては次のようなものがある。

　・多様な契約、消費者の権利と責任、消費者保護の仕組み（公民、家庭）

　ほかにもプログラミング教育、道徳教育、伝統や文化に関する教育や主権者教育などを通じて、消費者市民を育み、消費者市民社会を実現することが目指される。

　改訂後の学習指導要領では、金融教育の内容の一部が必修化されており、その充実が図られている。その一環として、資産運用（自己責任での金融商品の選択）に関する教育も行われ、その専門的性質が故に、外部の専門家や団体・企業との連携も推奨されている。将来、公的年金制度等がどのような変容を遂げていくのかに対する不安が高まる中、消費者が、既に学校教育の段階から金融リテラシーを身に付けるよう工夫することは、基本的には望ましい。他方で、本来であれば公的年金制度等で支援されるべき老後の生活保障等が、余剰資金を用いたものではない投資等による自己責任での対応にシフトされるようなことは、容易に認容されるべきことではなかろう。また、金融教育が、消費者目線のものから、金融業界の利益を推進させる業界目線のものとなるような事態は、消費者被害を誘発する可能性もあり、本末転倒であろう。

⑷　まとめ──忘れてはならない大切なこと

　まとめると、消費者市民社会やエシカル消費は、いずれも素晴らしい考え方

であり、これらを適切に実現するためには、教育が非常に重要となる。ただし、ここで忘れてはならないことがいくつかある。消費者市民概念が発展した諸外国、中でも特にヨーロッパでは、消費者の「自立」については言及されておらず、消費者の「エンパワーメント（empowerment）」という概念が使われている。エンパワーメントは、主に消費者への権利付与と教育や情報提供による消費者の支援を意味するものである。そこでは、消費者保護が基本とされ、これを教育や情報提供等が支える形がとられているのである。消費者市民という考え方が特に発展しているとされる北欧は、ヨーロッパでも高水準の消費者保護を誇っている。このことは、EU（欧州連合）が主導するEU法の平準化（EU加盟諸国の法の接近。→Part 5 Ⅲ 1(1)参照）の際に、北欧諸国が、EU法の定める水準に合わせるために消費者保護の水準を引き下げざるを得ない場合がそれなりに見られることからも示されている。このように、消費者市民社会やエシカル消費という考え方には、安心して消費行動ができる健全な市場が最大限確保された中で、その次のステップとして出現した側面がある。消費者教育だけでは十分ではなく、それを支える消費者保護法制があってこそ、消費者教育が本質的な意味をもつことになるのである。

　消費者が生身の人間としての弱さをもっていること、事業者と比べた場合に弱い立場にあること、消費を活性化するために消費者の安全や利益が損なわれてはならないことを再認識し、消費者保護法制を強化し続けつつ、消費者教育によってこれを補充しながら消費者市民社会を実現することが必要となろう。本来であればまずは法規制によって防止されるべき消費者被害を、消費者教育に丸投げする形で防ごうとすることは、避けなければならない。

Ⅱ　介入？　誰から？

1　便利な広告の課題──「便利さ」の名の下の広告

(1)　消費者の選択と情報提供としての広告

　私たち消費者は「王様」であると言われることがある。消費者が何を買うかによって事業者が作るものが決まる。消費者に選択されなければ事業者はその存続が危うくなることもある。それほど、消費者の選択には重い意味がある。もっとも、本当に私たち消費者は自らの主体的な判断で、自由に商品を選択し、買っているのだろうか。

　消費者が商品を選択するにあたっては、その商品の情報が不可欠になる。その情報は、契約を締結する際に提供されるものもあるが、契約締結の前に広告として事業者から提供されるものもある。事業者からすれば、自らの商品を知ってもらえなければ選択の対象にすらならない。その意味では、商品を効果的に広告することは、事業活動の基本だとも言える。消費者にとっても、広告で商品情報が適切に提供されれば、それは商品の選択に資するものとなる。その意味では、広告は便利な情報提供の手段になりうる。もっとも、事業者は消費者の購入意欲を刺激し、購入についての意思決定過程に関与することを目的に広告を行う。そのため、例えば「誇大広告」や、過度にイメージが強調された情緒的な広告など、必ずしも商品の実態を反映していない広告がなされることがある。こうした広告は、消費者の選択を歪めるものである。ところが、そうした広告に影響を受けていることすら意識できずに、商品を選択している消費者も少なくない。

　フードファディズム（food faddism）という言葉を知っているだろうか。特定の食べ物の効果あるいは弊害を、十分な科学的根拠もなく過大評価することを言う。例えば、テレビの番組がある食品にダイエット効果があると報道すると、翌日、その情報が口コミで広がって、過大評価される。口コミによる情報

の拡散によってプラセボ効果[29]が生じ、店舗からその商品がなくなってしまうほど売れるという社会現象が起こる。そこでは客観的で科学的な情報が軽んじられ、主観的な一部の体験があたかもすべてにあてはまる真実であるかのように扱われる。多くの消費者は主観的な経験談を科学的な根拠がある客観的な情報と考えてしまう。こうした情報提供が適切であるはずがない。しかし、私たちの周りには、これと同じような体験談や「（著名な）誰々は○○と言っている」といった類いの怪しげな広告や情報があふれている。ネットでは、インフルエンサーと呼ばれるネット社会での著名人が、自らの生活で使っている商品についてコメントを書き込んでいたりする。その中には、**ステルスマーケティング**（stealth marketing、以下、ステマと略する）と言って、インフルエンサーが事業者等に依頼されて、商品の宣伝のためにあたかも自ら普段から使っていて、それが素晴らしいとの情報をアップする場合がある。ここでは口コミによる評判と意図された広告との境目を判断することが著しく困難になる。

　例えば、イギリスではEU指令を受けた2008年の「不公正取引からの消費者保護に関する規則（Consumer Protection from Unfair Trading Regulations 2008）」で、アメリカでは2009年の連邦取引委員会（FTC）による「広告における推薦及び証言の使用に関するガイドライン（Guideline Concerning the Use of Endorsements and Testimonials in Advertising 2009）」で、広告であることを隠したステマそのものが規制されている。

(2)　日本の広告を規制する法律の考え方

　不当な広告を規制する日本の法律は、**景品表示法**である。特定商取引法の通信販売での商品等の表示が広告とされていることから分かるように、広告は表示の枠組みで規制されている。景品表示法は、事業者が商品・サービスの内容、取引条件について行う広告等の表示が、**優良誤認**あるいは**有利誤認**に該当する場合を不当表示として禁止している（同法5条）。優良誤認とは、実際のものよりも著しく優良であると誤認させる表示のことをいう。商品・サービスの

---

29)　偽薬効果とも言われる。偽物の薬でも、良薬であると信じ込んで服用すると効果が生ずることがあるとする心理学用語。

品質、規格、その他の内容についての不当表示が該当し、例えば単なる国産牛をブランド牛であるかのような表示を行っていた場合が該当する。有利誤認とは、商品、サービスの取引条件について著しく有利であると誤認させる表示のことをいう。例えば、通常の価格を表示しないで、「今なら半額」といかにもお買得であるかのように記載している場合が該当する。

　また、優良誤認や有利誤認とは別に内閣総理大臣が指定する不当表示として、「商品の原産国に関する不当な表示（昭和48年公正取引委員会告示第34号）」など７種類の告示が出されている（同条３号）。とりわけ、「一般消費者が事業者の表示であることを判別することが困難である表示（令和５年３月28日内閣府告示第19号）」により、2023年10月１日からは、例えばステマのように広告と判別が困難である表示について、「広告」「PR」などと表示することが義務付けられることとなった。その具体的な「運用基準」も消費者庁によって明らかにされている（https://www.caa.go.jp/notice/entry/032672/）。インフルエンサー等によって提供される口コミのような情報が、広告であるか否かが明確になることで、消費者のその情報に対する受け止めや意識に変化が生じ、そこから冷静な判断をすることなく消費者が安易に契約をすることを防止することにつながることが期待されている。

　不当表示だと消費者庁によって判断された場合には、**措置命令**の対象となる（同法７条）。また、場合によっては**課徴金納付命令**が課される場合でもある[30]（同法８条）。広告に関する景表法による消費者庁による行政処分は2022年度には、措置命令が21件、課徴金納付命令が14件、出されている。最近では、楽天市場に開設した自社ウェブサイトで「認知症リスクを軽減する」という表示をして食品を販売していた事業者に対して、課徴金納付命令が出されている（消費者庁Web「景品表示法関連報道発表資料 2022年度」）。また、東京都が2023年３月28日に、食品に関する不当表示をアフィリエイト広告等により行っていた事業者２社に対して景表法に基づく措置命令を出している。事業者がアフィリエイ

---

30)　消費者庁による景品表示法に基づく措置命令や課徴金納付命令については、消費者庁ウェブサイト（https://www.caa.go.jp/policies/policy/representation/fair_labeling/release/2019/）を参照。

ターの作成した広告について、その内容などに関知していない場合でも、行政処分の対象となることを明確にしており、重要な意義を有している。

　また、誇大広告の禁止規定は、対象となる商品や取引方法に対応したいくつかの個別法に規定されている。例えば、医薬品に関する薬機法66条、健康食品に関する健康増進法31条、ネット通販を含む通信販売に関する特商法12条である。もっとも、これらの規定は禁止規定（条文としては「○○をしてはならない」と規定されている）であって、違反した場合には行政処分の対象となるものの、それを理由として直ちにその広告をきっかけに締結した契約の効力が否定されるわけではない。

　広告と消費者契約の効力に関する注目される判例がある。最高裁平成29年1月24日判決（民集71巻1号1頁）である。これは、適格消費者団体「京都消費者契約ネットワーク（KCCN）」が健康食品のチラシの記載が景品表示法の優良誤認に該当するとして、その配布の差止めを求めた事件である。最高裁は、差止めは既に事業者が配布をしていないことを理由に認めなかったが、チラシの記載も「勧誘」行為となる場合があって、消費者契約法4条1項1号の不実告知の適用があることを認めた。そして、不特定多数に対する広告であっても、個別の消費者の意思形成に直接影響を与える場合には勧誘に該当すると判示している。不適切な広告が契約締結の理由になった場合には、消費者契約法の不実告知を理由として、その契約を取り消すことができる可能性が認められた。今後、インターネットでのターゲット広告など、個々の消費者の選択に直接影響を与える広告が行われることを考えると、この判決のもつ意味は大きい。

2　行き過ぎた販売促進活動としての広告の問題

(1)　ネットでの広告とその問題点

　広告そのものも変化し続けている。

---

31)　訴訟の経過については、京都消費者契約ネットワークのウェブサイト（http://kccn.jp/mousiir-kenkoushokuhin.html#mousiir-laver-sankurorera）。

　日本で1年間に企業が支出する広告費は、6兆円を超えている。広告の媒³²⁾体別の金額を見ると、テレビが堅調であるのに対して、新聞や雑誌などは減少している。そして、2000年頃からインターネットを使った広告費用が急速に増えている。インターネットの中の巨大企業として「GAMAM（ガーマム）」という表現が使われるが、そのうち、Googleは収入の86%が、Metaでは収入のほ³³⁾とんどが広告費である。ネット事業者の収益の基本は広告なのである。

　ネットでは、「**ターゲティング広告**」が個々の消費者に対して行われている。例えば、一度、GoogleやAmazonで商品の検索を行うと、それ以降、検索した商品に関する情報がネットを立ち上げる度に表示されるようになる。³⁴⁾あるいは、FacebookやInstagramなどのSNSでは、そこに掲載している個人プロフィールや「いいね！」をした履歴、ビジネスにかかわる他のウェブサイトの参照履歴、位置情報などが総合され、その人に関わりがあると判断された広告が表示される。この広告は、広告という表示がなされてはいるが、形式的には、友達などからの書き込みと同じ形式で表示される。Facebookでは、なぜその広告が表示されているのかを確認するとともに、今後、その広告を表示させないようにすることができる。ただ、それは一方で、より精緻なターゲッティング広告を可能にすることに消費者が協力していることにもなる。より根本的には、こうしたターゲティング広告は消費者にとって便利なのか、それとも煩わしい余計なおせっかいなのかが問われる。いずれにしても、消費者がかかわることができるためのルールが必要であろう。

⑵　健康食品をめぐる広告と消費者

　広告をめぐるもう1つの深刻な問題が、健康食品に関する広告である。いわゆる健康食品には、法的には、**特定保健用食品（トクホ）**、**栄養機能食品**、**機能**

---

32)　㈱電通のウェブサイト（http://www.dentsu.co.jp/knowledge/ad_cost/）。

33)　Google、Apple、Meta、Amazon、Microsoftの各社のことを指す。いずれもアメリカの企業であるが、ITの発達による市場と情報の寡占化が問題となっている。

34)　例えば、Googleの広告の仕組みとユーザーによる管理の方法については、Googleのウェブサイト（https://safety.google/privacy/ads-and-data/）参照。なお、ユーザーがGoogleやYahooなどの検索エンジンで検索した言葉に対応してする広告を「リスティング広告」とも言う。

性表示食品の３種類がある³⁵⁾。そのうち、機能性表示食品³⁶⁾とは、事業者が自らの責任で、一定の科学的根拠に基づいて、特定の保健の目的が期待できるという機能性を表示した食品のことをいう。2015年４月１日に施行された食品表示法に基づく、比較的新しい制度である。1991年に始まったトクホは、消費者庁による許可が必要であって、期間と費用それに客観的な科学的根拠が必要とされる。一方で、機能性表示食品は消費者庁への届出だけで足りる。機能性を示す根拠資料も、文献やデータを挙げることで足りる。コンビニに行けば、例えば「脂肪の吸収を抑える……」とか「血圧が高めの方に適した……」とかといった機能性をうたった多数の食品を目にする。そのうちのあるものはトクホで、あるものは機能性表示食品である。

　制度が厳格で、それなりの運用期間の蓄積があるトクホでも、その表示や広告が消費者の誤解につながることがある。例えば、糖や脂肪の吸収を抑える効果があるとされる成分に難消化性デキストリンがある。現在（2019年８月）までに消費者庁が許可した1000種類余りのトクホのうち、コーラやお茶などの飲料を中心に779の商品にこの物質が含まれている。例えば、「脂肪の吸収を抑えて排出を増加させる」と表示されているコーラには、共通して5gの難消化性デキストリンが含まれている。この量の難消化性デキストリンをとると、１日の食事で55gの脂質をとったとして、排出される脂質の量が0.22g増加するとの研究結果がある³⁷⁾。確かに、脂質の排出が増加していることは事実だが、この数値が生活実感に即した意味のある機能と評価できるものであるのかは、誰でも疑問に感ずるだろう。しかし、広告では、脂質の多い食事をとってもこのコーラを飲めば太ることはないかのような印象を与える内容であった。私たちが広告などからもつ印象と実際の機能との間には大きな違いがある。

　厳格な科学的根拠を必要としない機能性表示食品の表示や広告には、より大

---

35)　高橋久仁子『「健康食品」ウソ・ホント「効能・効果」の科学的根拠を検証する』（講談社、2016年）には、健康食品の問題点とその科学的な解説が分かりやすく記載されており、参考になる。

36)　消費者庁ウェブサイト「機能性表示食品に関する情報」（https://www.caa.go.jp/policies/policy/food_labeling/about_foods_with_function_claims/）。

37)　高橋・前掲注（35）109頁以下。

きな問題がある。例えば、ヒアルロン酸やコラーゲンはトク
ホでの届出はなされていない。一方で、それらの成分を含む
飲料が、きれいな女優を使うなどして、広告されている。そ
こでは、あたかもヒアルロン酸やコラーゲンが、美容成分あ
るいは肌に潤いをもたらす成分であるかのような印象を与え

ている。なるほど、ヒアルロン酸を注射することで肌の再生を促すことや、関
節炎を治療することは可能で、それは保険対象医療としても認められている。
もっとも、これらの成分を経口摂取することで効果が期待できるかについて
は、懐疑的な見解がほとんどである。[38] ヒアルロン酸やコラーゲンで「うるお
う」という言葉の対象が実は肌ではなくて、毎日の生活や喉の渇きであると言
われたら、そのギャップ感は大きい。これらの商品の広告は、意図的に消費者
が陥るギャップを利用していると言ったら、言い過ぎであろうか。

⑶　消費者と広告

　消費者は意識するしないにかかわらず、たくさんの広告の中で生活してい
る。それは新聞広告やテレビコマーシャルという伝統的な手段にとどまらな
い。そして、その広告に影響を受けて商品などの選択を行っている現実がある。
　ネットやSNSなど新しいメディアを使った広告は、そもそも消費者がその
情報を広告だと意識することが難しい。SNSを使った広告が、その商品に関す
る口コミサイトやYoutubeなどの動画サイトにつながり、全体として商品の
宣伝となっている例も増えている。そして、それらの広告や広告的手法による
情報が、いつの間にか消費者の商品選択に影響を与える。一方で、商品のイ
メージだけが強調される結果、消費者にすり込まれたある種の常識が、慎重に
考えるきっかけを奪う。消費者は、無意識のうちに広告の行間を読む。広告で
は断定されていないその商品の特性を利点としてイメージする。

---

38)　例えば、日本整形外科学会は、ヒアルロン酸やコラーゲンの飲むサプリについての考え方を
　　示している（https://www.joa.or.jp/public/about/supplement.html）。また、明治大学科学コ
　　ミュニケーション研究所「疑似科学とされるものの科学性評価サイト」でも科学的観点からの
　　評価がなされている（http://www.sciencecomlabo.jp/index.html）。

消費者が適切に広告と付き合うためには、まずは広告を広告であると認識できる環境が整備されねばならない。そのためには、商品の選択につながる情報を提供することを広く広告と定めて、それを明確に消費者に伝える必要がある。これはネットでの様々な広告的手法を含めて対応がなされねばならない。一方、消費者としても、広告には「誘惑」に満ちた情報が含まれていることを認識する必要がある。その意味では、例えばそうした誘惑に負けないだけの知識と経験を備えていない子どもたちや若者等に対する広告を制限することも必要だろう。そして、広告に対する適度な距離感を保つとともに、それぞれの生活実感に照らして広告を見る視点が私たち消費者には求められる。

　広告を事業者からの「介入」ではなく、自らの商品などの選択の判断を「支援」するための資料とするためには、そうした対応が不可欠である。もちろん、だからこそ、広告に関する法的な規制やガイドラインなどのルールの整備が重要であることは言うまでもない。

Part 3

消費者としての自分の権利を知る

I　契約を学ぶ

1　買い物と契約

　コンビニでお弁当を買う。それは当たり前の日常の一場面である。とり立てて法律的なことを考えることなどない。でも、それは、売買という契約を締結していることに他ならない。その売買契約は、**民法**という法律に規定されている（民法555条）。条文に沿って、売買契約を法律的に考えてみたいと思う。

　民法555条には、「売買は、当事者の一方がある財産権を相手方に移転することを約し、相手方がこれに対してその代金を支払うことを約することによって、その効力を生ずる」と書いてある。

　さて、売買には必ず「売主」と「買主」がいる。もっとも、条文には当事者の一方と相手方と表現されていて、売主や買主とは書いていない。まずは、当事者の一方と相手方が誰のことを指すのかを分かることから、この条文の理解が始まる。

　当事者の一方は相手方に「ある財産権を移転する」ことを約して、相手方はこれに対して「代金を支払う」ことを約することで、売買契約は成立すると条文には規定されている。代金を支払うのは買主だから、条文で言う相手方が買主で、だとすると、当事者の一方が売主になることが分かる。そして、売主には「財産権を移転する」ことが求められている。コンビニでお弁当を買うということは、それまではコンビニのものであった、つまりはコンビニが所有権を有していたお弁当を、買主に移転することである。売主にはその義務がある。コンビニで買ったお弁当を食べることができるのは、売買契約によって、お弁当の所有権が買主のものになったからである。要は、売買契約とは、売主が買主に「財産権を移転する」義務を負い、買主が売主に「代金を支払う」義務を負うことを内容とする契約である。この形は、お弁当を買うだけでなく、スマホや自動車を買う場合だって全く同じで、変わりはない。

　買主である消費者からすれば、売買契約を締結することで、買ったものの権利を移転してもらう権利（財産権移転請求権。実際にはものを引き渡すことが内容になるので、目的物引渡請求権と表現されることが多い）を得る。一方で、消費者は代金を支払う義務を負う。

（例：コンビニでお弁当を買うこと（売買契約）を法律的に分析すると…）

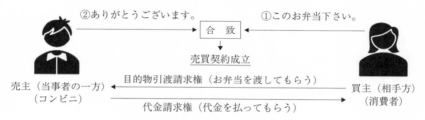

2　売買契約と契約書

　売買契約は当事者の合意（意思表示の合致）だけで成立する（諾成の原則。民法522条1項、同555条）。契約書の作成は成立のための条件ではない（民法522条2項）。コンビニで何かを買う際に契約書を書いた経験は誰にもないだろうと思う。でも、コンビニでお弁当を買うことは売買契約を締結することである。書面があろうがなかろうが、契約は契約なのである。

　もっとも、例えば高額な取引や複雑な内容の契約では、契約書が作成されることがある（実務では「契約書を巻く」と表現されることがある）。これは、契約書に署名や押印がなされていれば、当事者の合意内容を示す法律的な証拠（書証と言う）になるからである（民訴法228条4項）。スマホの契約をした時のことを思い起こしてほしい。たくさんの書面（もっとも実際にはタブレット画面であるが）で説明がなされて、その説明がおわるごとにそれぞれに署名をしたと思う。その契約書らしき画面には契約内容がびっしりと書かれていたはずである。その全部を読んで理解することは決して簡単なことではない。でも、契約での合意内容が争いになった場合には、署名または押印をした契約書に書かれている内

容を合意したと推定される。「知らなかった」では、少なくとも裁判所ではほとんど通用しない。その意味で、契約書への署名、押印には慎重であるべきだろう。もっとも、現実には、すべての契約書の内容を理解、納得して署名、押印することが簡単なことではないのも事実である。

　なお、例えば贈与契約（いわゆるプレゼントの約束）などの無償の契約では、契約書などの書面による契約かそうでないかで、契約を解除できるか否かが異なる（例えば、贈与だと民法550条）。書面による贈与契約は、契約の解除ができない。一方で、口約束だけのプレゼントは、既に渡したものを返してくれとは言えないが、将来に向かっていつでもその契約を解除できる。その意味では、書面があるかないかは未履行の契約の拘束力に大きな違いを生じさせることになる。また、保証契約は、民法で規定されている契約の中で唯一、書面でしなければその効力が生じない（民法446条2項）。

3　契約と約款

　電車やバスに乗るときに、契約書に署名することはない。でも、電車やバスに乗ることは運送契約（旅客運送契約については商法589条以下）を締結することに他ならない。その契約の具体的内容は運送約款に定められている。例えば、JRだと、2時間以上遅れなければ特急料金を払い戻してはもらえない。これはJRの「旅客営業規則」282条（列車の運行不能・遅延等の場合の取扱方）にその旨が規定されている。JRに乗った経験はあっても、「旅客営業規則」を読んだ経験がある人はほとんどいないかもしれない。でも、それが契約の内容となっている。あるいは保険契約を締結したり、クレジットカードを申し込んだりしたときにも、申込書面や重要事項説明書だけでなく、それぞれ「約款」が送付されたはずである。ホテルに泊まる条件も、宿泊約款で定められている。このように、多数の者と同じ内容で締結する契約のほとんどで、約款が使われている。でも、読んだこともない約款がなぜ、私たちの契約の内容になるのだろうか（→p.29参照）。

　2020年4月1日から施行の民法には、**定型約款**に関する規定が定められた。

　まず、定型約款とは、①定型取引のために、②契約内容とすることを目的として、③契約当事者の一方（通常は事業者）によって準備された、条項の総体をいう（民法548条の2）。個別に交渉がなされた契約や契約内容とすることが予定されていない契約のひな形などを除く約款が対象になる。運送約款、保険約款、宿泊約款、旅行業約款など、消費者取引は、そのほとんどが定型約款による契約である。

　定型約款に規定されたおびただしい数の契約条項については、それを読まないと内容は分からない。けれども、民法は、①契約当事者が定型約款を契約内容とする合意をしたか（民法548条の2第1項1号）、②定型約款を作成した者（条文では定型約款準備者。実際には事業者）が定型約款を契約内容とすることを表示していること（民法548条の2第1項2号）だけで、契約条項全てについて合意がなされたとみなす。実際には、契約書などに「この契約は○○約款に基づいて締結されます」と表示される。そして、そうした表示がなされた契約書や申込書に消費者が署名、押印すると、約款の個別条項についても合意をしたものとみなされることになる。[1]

　もちろん、定型約款の開示を求めることはできる（民法548条の3）。ただ、約款準備者が開示をしなければならないのは、相手方から請求をされた場合である。開示の方法も、書面によるだけでなく、電磁的記録を提供することでも足りる。具体的には、定型約款が記載されたファイルのメールへの添付や約款が掲載されたウェブサイトのアドレス提示などが考えられる。法的には、定型約款は自動的に渡されるものではない。消費者が請求しなければ、定型約款の内容を知ることができないかもしれない。

　その他にも、民法は定型約款に規定された不当条項の無効（民法548条の2第2項）や定型約款の変更が個別の同意を得ることなく有効となるルール（民法548条の4）について定めている。例えば、買物で1ポイントが付与される金額が500円から1000円にあがることは消費者にとっては不利益であるが、変更が

---

1)　なお、例えば運送契約は、約款が契約を補充することが公表されている場合にも、その公共性の故に約款の条項が契約内容になる旨が特別法で規定されている（鉄道営業法18条の2、道路運送法87条、航空法134条の3など）。

ありうることが約款に定められていて、その変更内容が合理的であると評価される場合には、変更は個々の消費者の同意を得なくても有効であると解されることになる。

　自分の締結する契約の条件はひょっとすると約款に記載されているかもしれない。そして、約款は自分から請求しないと手にすることができないかもしれない。自らの生活にとって重要な契約をする際には、そのことを忘れないでほしい。

4　売買契約と消費者の権利

　例えば、カラー印刷ができるプリンターを購入したのに、モノクロでしか印刷ができないとしたら、買主である消費者は売主に対してどのような主張ができるのだろうか。

　売主には、目的物を買主に引き渡す義務（目的物引渡義務）がある。その義務には、契約の目的に沿った品質の物を渡すことが含まれている。カラー印刷ができないプリンターを引き渡したとしても、それではこの売買契約による義務を果たしたことにはならない。

　この場合、消費者は売主に対して、目的物の修補あるいは代替物の引渡しを求めることができる（民法562条）。修理をしてもらうか、新品に交換してもらうかを請求することができるのである。これらを買主の**追完請求権**と言う。修理か交換かを決めることができるのは、法律的には買主（消費者）だとされている。もっとも、売主は、買主に不相当な負担（過大な迷惑とでも言い換えられるかもしれない）をかけないのであれば、消費者が選択した方法とは異なる方法によって、履行の追完ができることになっている。新品に交換してほしいと消費者が主張しても、修理をしますと事業者に言われる場合がありうる。実際にどのような対応がなされるのかは、購入した製品や新品あるいは中古といったことでも異なってくる。具体的な修理での対応や新品交換の基準などについては、契約書や保証書などに記載されることになる。契約書等にどのように規定されているかを確認して、誠実に交渉することが必要になる。

　なお、購入したプリンターが中古品で取り替えてもらうことができず、修理しても直らない場合などには、購入代金を減額請求をすることもできる（民法563条）。追完請求権と**代金減額請求権**は、民法では売買契約に関する権利として規定されている。もっとも、売買契約に関する民法の条文は、売買以外の**有償契約**にも準用される（民法559条）。例えば、賃貸借契約や請負契約などでも同様の対応がなされることになる。

　また、債務不履行であるとして、契約を**解除**することももちろん可能である（民法541条・542条）。この場合に、既に消費者が支払った代金があれば、その返還を事業者に求めることができるのは言うまでもない。こうした請求のことを**原状回復**（民法545条）という。

5　消費者の権利と契約の自由

　消費者は、売買契約を通して何をどのような条件で買うのかを自由に決めることができる。**契約自由の原則**と言われるもので、それは「法の下の平等」などと並んで、近代法の基本原則の1つでもある。具体的に契約の自由は、締結の自由、相手方選択の自由、内容の自由それに方式の自由からなる。消費者基本法に定められた消費者の8つの権利には、「選択の機会が確保される権利」が含まれている。消費者が自由に契約を締結できることは、まさしくその選択の権利が保障されることでもある。

　確かに、スーパーやコンビニには多くの商品が並んでいて、私たちには「選択の機会が確保」されている。都市部ではお店もたくさんあって、どこで購入するかを自由に選ぶことができる。でも、商店街の衰退によって、商品を購入するために遠くまで出かけなければいけない地域も出てきている。「何を買うか」は自由に選択できても、どれだけ買うか、いくらで買うかについては交渉の余地がない場合も多い。例えば、スーパーでトマトを1個だけ買おうと思うと、ほとんどが数個のパック詰めで、頼んでばらしてもらわないと難しい。もちろん、値段の交渉はほとんど現実的には考えられない。例えば、トマト3個を「265円だから260円でいいね」と八百屋のご主人には言えても、スーパーの

レジではそれは不可能である。スーパーやコンビニが悪いと言っているのではない。要は、取引が便利になることで、本来なら売買契約を締結するに際して、主張することができた消費者の権利を手放してしまっている場合もあることを忘れないでほしいのである。それは、商品が豊富に並んでいるだけで解決できる問題ではない。

　消費者が自由に契約を締結するために前提となる条件もある。確かに、消費者が商品を選択するに際しては、値段とブランドとがその主要な要素となる場合が多いだろうと思う。もっとも、商品に関する値段以外の様々な情報が提供されなければ、適切な選択ができない場面も少なくない。例えば、今や誰でも持っているスマホも、誰でもが締結するであろう保険契約も、きちんと説明を受けないと自分に適した商品を選択することはできない。2001年4月に施行された消費者契約法は、事業者に対して消費者契約の条項を明確かつ平易なものになるよう配慮するとともに、消費者の権利義務その他の消費者契約の内容についての必要な情報を提供するよう努めなければならないと規定している（消契法3条）。消費者が主体的に商品を選択して、納得のいく選択をするためには、事業者から商品や契約に関する情報が分かりやすく提供される必要がある。

　消費者が、商品を選択して契約をし、購入することは、選択の機会が確保される権利を具体的に行使することである。お店に行けば、たくさんの種類の商品が並んでいる。その中から、消費者が主体的に商品を選択して購入することは、市場で「選択権の行使」を通して商品や事業者を選ぶ投票行動としての意味がある。消費者が買い物をする際に、なぜその商品を購入するのかを考えて選択することが、優良な事業者や製品を育てることにつながるのである。

6　選択の権利と消費者

　ここまで読んで、「これは困った、話が難しい」と思わないでほしい。適切な選択のためには、情報の提供や説明が重要であるとしても、それは選択をする際の1つの基準にすぎないとも言えるからである。商品を選ぶ際により大切なことは、「なぜ、その商品を買うのか」を買った後に説明できることなので

はないだろうか。

　例えば、スーパーに並んでいるたくさんの種類のチョコレートから何を選ぶのかを考えてみる。チョコを売っているお店も多様になっていて、量販店だけでなくて、最近は専門店も身近になってきた。どこで、何を買うか、選択の幅は限りなく広い。チョコは値段に幅があるので、価格も選択

〈FAIRTRADE　JAPAN の認証マーク
〈http://www.fairtrade-jp.org/about_fairtrade/〉〉

に際して重要だろう。もちろん、味も大切である。実際、ほとんどの消費者にとって、そのチョコを選んだ理由は価格と味それにブランドなのかもしれない。ただ、チョコの包装にある表示を気にしてほしい。中にはフェアトレード（Fair Trade）という標記やマークを見つけることができるかもしれない。これは、原料であるカカオ豆について、その生産者の生活が成り立つ公正な価格で取引されたものを使って、チョコが作られたことを意味する。カカオ豆の生産国は世界各国に広がっているが、主たる生産国はコートジボワールやガーナ、インドネシアなどで、どちらかと言えば途上国で生産されている。公正な価格での取引は、途上国や地域の発展や生産の現場での児童労働を防ぐことにもつながる。カカオの産地を確認して、フェアトレードのチョコを選ぶことが、そうした商品を生産している業者を応援することになる。それは、SDGs時代の消費者としての素敵な買物スタイルかもしれない（→p.174参照）。

II　消費者契約法を学ぶ

1　どのようにしてこの法律はできたのか？

　法律が制定されるときには、誰かが「こういう法律が必要だ」と考えないと制定されるはずはない。誰かが法律制定に向けて力を尽くすことになる。

消費者契約法の場合には、どうだったのか。制定に向けては、1994年11月に「国民生活審議会消費者政策部会消費者行政問題検討委員会報告」により立法化に向けた基本的な方向が示されてから、同消費者政策部会での審議を経て、2000年4月に成立している。多くの時間と労力をかけて検討された結果、「小さな法律」が出来上がった[2]。

　制定に向けた各種報告書等では、規制緩和への対応としての民事ルールの必要性、取引環境の複雑化や消費者と事業者間での格差の存在に基づくトラブルの増加、が主たる理由として挙げられた[3]。

　「小さな法律」となったのには理由がある。利益代表者も消費者政策部会の構成メンバーとなり、事業者代表は事業者の利益を擁護し、消費者代表は消費者の利益を追求する。両者をつなぐのが学識経験者であるが、学識経験者は研究に基づく自らの意見を主張することになる。実際にはその意見が利益代表者の意見を変えること、理論が「利益」に勝ることは難しい。消費者の利益のために新しい法律を作ろうとするとき[4]、事業者は自らの利益を守ろうとすることは想像に難くない。新しい法律の制定については、限定的な内容でしか賛同しないことがよく見られる。そのため、法律制定に向けた合意を得るため、規定内容については妥協の産物として、消費者代表や学識経験者から見れば、「小さな法律」となってしまった。

　それでも、「小さな法律」であっても、成立することによって、その後に改正して大きく育てていく可能性か生まれる。実際、消費者契約法も成立後、何度かの改正を経て、少し成長してきている。

2）　消費者契約法の逐条解説が消費者庁のウェブサイトで閲覧できる（https://www.caa.go.jp/policies/policy/consumer_system/consumer_contract_act/annotations/）。これを書物としたものとして、消費者庁消費者制度課編『逐条解説 消費者契約法〔第4版〕』（商事法務、2019年）がある。また、日本弁護士連合会消費者問題対策委員会編『コンメンタール消費者契約法〔第2版増補版〕』（商事法務、2015年）および同『コンメンタール消費者契約法－2016年・2018年改正〔第2版増補版〕補巻』（商事法務、2019年）も、消契法を真摯に検討する解説書として参照してほしい。

3）　落合誠一『消費者契約法』（有斐閣、2001年）は、国民生活審議会消費者政策部会長であった著者が法制定に至る状況を説明し、関連する報告書等も掲載している文献として参考になる。

4）　「消費者利益の擁護」は、消費者契約法1条も消費者基本法1条も定める、法の目的である。

2　なぜこの法律は存在するのか？

(1)　法の目的と「消費者基本法」

　重要なのは、現に存在する法律が「なぜ存在するのか」である。法の目的については1条に定められているので、これを見てみよう。まず、「消費者と事業者との間に、情報の質及び量並びに交渉力の格差があること」を前提とする。その上で、法の規定によって、「消費者の利益を擁護」し、「国民生活の安定向上と国民経済の健全な発展に寄与すること」を目的とすると定める。

　同じようなことを定めている法律が他にもある。**消費者基本法**である。1条は、「消費者と事業者との間に、情報の質及び量並びに交渉力の格差があること」を前提とした上で「消費者の利益の擁護及び増進に関する総合的な施策の推進を図り」、「国民の消費生活の安定及び向上を確保すること」を目的とすると定める。

　消費者基本法は消費者法の憲法とも言われる法律だから、消費者契約法の規定も、消費者基本法を基礎とするため、当然だろう、と思うかもしれない。

　ところが、消費者基本法が消費者保護基本法から現在の名称に変わり、1条の規定を定めたのは、消費者契約法ができた後の2004年である。むしろ、消費者契約法の理念や考え方に影響されて、消費者基本法の土台ができた。つまり、国が消費者を「保護する」のではなく、消費者のもつ「基本的権利」（→Part 2 Ⅰ参照）に基づいて国が「支援する」、支援の結果として「具体的な権利」が認められ、これを行使して消費者は契約関係については自らの判断と決定に基づいて行動するという考え方へと変貌を遂げた。それほど、消費者契約法は、消費者法の中でも重要な意味をもつ。

(2)　「国民生活の安定向上」「国民経済の健全な発展」とは？

　生活が安定して向上することは、もちろん、人の多くが望むところである。「安定した」生活向上のためには、「安定した」消費行動、「安定した」契約締結をできなければならない。これの邪魔をする典型例が、契約相手の不公正な行

動である。事実と違うことを言ったり、儲かるか分からないことを儲かると断言したり、大量に物を買わせたり、不安な心理につけ込んだり、不利な契約条項を入れられていたり、そんなことをされたら、「安定した」生活の向上などできるはずがない。生活だけでなく、経済も、そのような不公正な行動を見逃していたのでは、「健全に」発展することなどできるはずもない。

　このような意味では、消費者契約法は「国民生活の安定向上」や「国民経済の健全な発展」のために役立つことは間違いない。もっとも、「国民」生活とする理由があるかは疑わしいところである。

(3)　それだけを目的とするのか？

　しかし、消費者契約法は、「国民生活の安定向上」や「国民経済の健全な発展」のためだけに存在するのであろうか？

　消費者契約法の規定内容を見ると、4条は「人の意思形成への不当な関与を、意思表示の取消しという方法で排除することを、人に権利として認める」というものである。「取引経験が豊富な事業者が、取引をしたいがために、取引経験が乏しい人の意思に不当に働きかけて、取引を決心させた場合には、その取引をやめる権利が人には存在する」ことを認めるものとも言えよう。例えば、「家にシロアリが巣くっています」と言われてシロアリ駆除の契約を20万円で結んだが、シロアリは巣くっていなかったという場合に、契約をそのままにしておいてよいのか？　よくないであろう。なぜそう思うのか？　20万円を支払うのはおかしいから。なぜおかしいのか？　「相手は嘘を言った」から。嘘を言わなかったらそんな契約をしていなかったから。「契約を自らの意思で自由に決定したのだから契約に拘束される、約束に縛られる」なんて、もはや言えないからである。

　つまり、1条が定めるような「生活向上・経済発展」を目的とするだけではなく、消費者契約法は、Part 1で述べた民法の基本原則「契約をする人が望んだとおりに契約できる」ことをも実現する法だと言えよう。「意思自治（私的自治）」および「契約自由」実現をも目指しているのである（→p.61以下も参照）。

⑷　「生活向上・経済発展」と「意思自治の実現」は別物か？

　ところで、「生活向上・経済発展」と「意思自治」や「契約自由」の実現とは別物なのか、考えてみる必要がある。

　「意思」に基礎を置いた社会は、「意思」に基づいた行為にのみ責任を負担させる社会と言える。つまり、起こった結果に対して責任を負担させるわけではないため、自分が意思によって注意していれば、何か結果が起こったとしても責められはしない。そのため、安心して経済活動ができるので、経済活動が促進される。予測できなかった公害に対して企業が責任を問われないとの主張を想起して欲しい。つまり、「意思自治」や「契約自由」を実現することは、「経済発展」を促進することにつながり、これと密接に連動するものと言える。

　しかし、他方において、「意思」に基づき行動することは、自らが生きていく社会の方向性を決める力をもつ。この力は、何よりも大切な人の力である。消費者契約法は、「意思」に基づき判断し、決定して行動することの大切さを教えてくれる（→Part 1 Ⅰも参照）。

3　消費者契約法が定めていることは？

⑴　事業者と消費者の間には「格差」がある

　1条が法の目的を定めていることは既に述べたとおりである。そもそも1条は、「消費者と事業者との間の情報の質及び量並びに交渉力の格差に鑑み」、「取消しや無効、差止請求をできるとすることにより」「消費者の利益擁護を図り」「国民生活の安定向上と国民経済の健全な発展に寄与する」ことが、法律の目的だとしている。

　ここから、消費者契約法は「消費者と事業者との間の情報の質及び量並びに交渉力の格差」に着目していることが分かる。だからこそ、この法律は、「事業者」と「消費者」との契約＝「消費者契約」にしか適用されない。事業者間での契約にも、消費者間での契約にも、適用されないのである。

　ところで、「消費者」、そして「事業者」とは誰なのか？　消費者契約法2条によれば、「消費者」＝「個人（事業として又は事業のために契約の当事者となる場合

におけるものを除く。)」、また、「事業者」＝「法人その他の団体」及び「事業として又は事業のために契約の当事者となる場合における個人」とされる。

1　だから？

　それでは、なぜ、「情報の質及び量並びに交渉力に格差」があれば、消費者にとって利益となる消費者契約法が適用されるのか。情報を多くもっているとか交渉力があるということは、事業者が努力して得た力だということであれば、そのために不利益な取り扱いを受けるのはおかしいとも言える。しかし、それでも、格差があることは以下のような問題の発生源となっている。

2　消費者──契約内容の認識に問題

　物やサービスの中身が複雑化し、契約内容が複雑化している現代にあっては、消費者は契約内容を認識できないことが多い。契約内容の認識も曖昧なまま契約を締結して、自分が認識していない契約内容に拘束されるというのはおかしいだろう。そのため、物やサービスの中身などの情報に通じた事業者が、消費者に契約内容をしっかりと認識させる義務を負うことは当然とも言える。

3　事業者──相手の情報不足につけ込むという問題

　また、情報が乏しい消費者にとっては、相手の言うことを信じ込みやすく、その契約が自分にとってどのような意味をもつのか熟慮できないこともある。そのような者に対して、契約を締結させるという目的のためだけに、ウソをついたり信じやすい心理状態につけ込んで、不必要な契約を締結させることは不当以外のなにものでもない。

4　事業者──自分に有利な契約内容とするという問題

　さらに、交渉力があるからといって、事業者が自分にとって有利な契約内容とすることができるというのは、問題であろう。消費者からすれば、自分にとって不利な契約内容を強制されることを意味するからである。そのため、契約内容や契約締結過程を「公正」の観点から審査して、公正なものとする必要がある。

5　格差があるのは事業者と消費者の間だけか？

　より根本的な問題は、格差は「事業者と消費者」の間でのみ見られるものではなく、「事業者間」でも見られるという点である。例えば、美容室の経営者

は、パーマや髪染めの材料など自分の営業に直接かかわることであれば情報をもっているが、営業にかかわることといっても、店の賃貸借契約や、店で使うための多機能電話機のリース契約を結ぶ際に、契約内容について十分認識しているわけではない。そう考えると、なぜ、事業者と消費者間での格差のみに注目するのか、疑問が生じてくる。実際、悪質な事業者は、中小事業者との契約であれば消費者契約法の適用がないことに「つけ込んで」あるいはこれを「狙って」、中小事業者を標的に不当な行為をするのである。

(2)　事業者は明確で平易な契約内容を定め、情報提供に努めなければならない

　上記のように、情報に通じた事業者が、消費者に契約内容をしっかりと認識させる義務を負うことは当然とも言える。3条は、事業者は明確で平易な契約内容とすること及び消費者に契約内容についての必要な情報を提供することに「努めなければならない」と定める。

　ここで注意しなければならないのは、「情報を提供しなければならない」とは定めていない点である。同じじゃないか、と思うかもしれない。しかし、法律は異なる言葉を用いるとき、たいていは異なる内容を予定するものである。

　その違いは、情報提供をしなかったときに現れる。「努めなければならない」との規定では、「努力が足りなかったね」で終わりそうだ。これを「努力義務」と呼ぶ。これに対して、「情報提供しなければならない」との規定であれば、義務に違反したことになり、事業者は損害賠償義務を負ったり、契約を解除されたりすることになる。

　では、なぜ現実の法規定では、「努めなければならない」としか定めていないのか。その理由の1つとして、義務を課されることに対する事業者側の反対が挙げられよう。立法が利害関係者間での妥協の産物となってしまうことを示す1つの例と言える。利害関係者の合意がなければ立法ができないのであれば、理想的な立法は不可能となる。

　なお、2022年5月に成立した改正法により、3条1項には3号と4号が追加された。これらの規定は、事業者が情報提供する対象を「権利行使のために必要な情報」にまで拡げることにより、消費者が権利を行使しやすくしている。

また、9条2項も追加され、事業者が消費者に損害賠償額を要求する条項については、その算定根拠を説明するよう「努めなければならない」と定める。

(3) 事業者がしてはいけない不公正なこと

上で述べたように、事業者は情報を大量にもっているのに対して消費者はもっていないので、消費者よりも交渉力に長けた事業者が、契約を締結させるために、消費者から見れば不公正なことを行うことは容易に予想できる。では、不公正なこととはどのようなものか。様々なものがありうるであろう。

1 不当な勧誘行為

まず、4条は、事業者が不当な勧誘をして、消費者が契約をすることを決意したのであれば、これを取り消すことができると定める。なぜなら、不当な勧誘行為がなければ、消費者は契約をしようとは決心していなかったからである。これは、「消費者の自由な意思決定」を尊重する考えを基礎としている。

では、不当な勧誘行為とはどういうものなのか。様々なものがありえようが、消費者契約法は、計13タイプの不当な勧誘行為を列挙している（4条1項～4項）。例えば、「事実と異なることを告げること」、「帰りたいと言っているのに帰さないこと」、「大量の商品の販売」が、不当な勧誘行為として列挙されている。これらはまだシンプルな規定であるが、2018年改正によって導入された規定は、とても複雑な内容となっていて、その意味を理解するのが困難なほどである（4条3項5号～10号の規定を見てみよう）。

なぜこれほど複雑な規定となったのか、これにも理由がある。当初の検討段階では、「消費者の弱みにつけ込む行為」全般が、不当な勧誘行為とされていた。しかし、やはり事業者側の反対により実現することはなく[5]、4つの「消費者の弱みにつけ込む行為」、すなわち、「社会生活上の経験の乏しさ」による進学等の不安や恋愛感情、「加齢又は心身の故障による判断力の著しい低下」による生活維持の不安及び霊感商法による不安という弱みに付け込む行為と他に

5）　2018年改正をめぐる状況については、消費者委員会「答申」（2018年8月8日）での「付言」と、当時の消費者委員会委員長であった河上正二「前内閣府消費者委員会委員長としての所感」現代消費者法37号（2017年）34頁以下を、是非あわせて読んでみてほしい。

２つの行為だけが、不当な勧誘行為に追加された。その理由としては、不当な勧誘行為を文言上明確にするためだと説明されるが、複雑すぎてかえって理解しにくい内容となってしまった。

2　不公正な契約条項の使用

また、8条〜10条は、契約で用いられている契約条項の内容が不公正であれば、この契約条項は無効であると定める。事業者が消費者よりも交渉力に長けているため、消費者は自分にとって不利な内容の契約を強制されている、言い換えれば、「消費者の自由な意思が圧迫されている」可能性がある。これも、「消費者の自由な意思決定」を尊重する考えを基礎としていると言えよう。

では、不公正な契約条項とはどういうものなのか。様々なものがありえようが、消費者契約法は、計9タイプの不公正な契約条項を列挙し（8条〜9条）、かつその他の条項も不公正となる場合を定めている（10条）。例えば、「いかなる理由があろうとも損害の賠償は10万円を限度とします」という契約条項や、「契約をキャンセルされる際には10万円を申し受けます」という契約条項は、不公正とされる場合がある。不公正とされる基準については法が定めているが、その基準が妥当であるか、是非、自分の頭で判断してみてほしい（→Part 3 Ⅰ 3も参照）。

(4)　消費者は不公正なことをしている事業者に権利を行使できる

上で述べたように、消費者契約法は事業者がしてはいけない不公正なことを定めているが、不公正なことを行った場合には、消費者には一定の権利が認められる。この権利は、不公正なことがなかった状態に戻す権利でもある。

不当な勧誘行為が行われて契約をしてしまった場合には、これを取り消すことができる（4条）。そのため、既に支払っていた代金の返還を請求することができる。

また、不公正な契約条項が使用されていた場合には、その条項を無効なものとして扱うことができる（8条〜10条）。そのため、その条項に基づき既に支払っていた金銭の返還を請求することができる。

⑸ 不公正なことをしている事業者がいれば、消費者団体が見つけて正してく
　　れる

　また、消費者契約法は、事業者が不公正なことをしていた場合に、消費者個
人が権利を行使できることを定めるだけではない。適格消費者団体も、消費者
集団の利益のために、事業者に対して不公正なことをやめるよう要求する権
利、すなわち、行為の差止めを要求する権利をもつことを、定めている。

　その内容については、Part 2 Ⅰ 6 で述べたように、消費者団体という他者
が、消費者の利益のために権利をもち、権利を行使するというものである。

⑹ 事業者間での契約には？

　⑴5 で既に述べたように、事業者が不公正なことをしても、契約の相手方
が事業者であるときは消費者契約法の適用がないというのは、例えば、契約締
結に際して不実告知があっても取消しはできず、あるいは、契約に不公正な契
約条項があっても無効とならないというのは、何ともおかしな話である。特に
相手方が個人商店主など中小事業者であり、1 条にいう「格差」も見られる場
合にはなお一層、その問題性は明らかである。

4　消費者契約法から学べることは？

　法律だって、万能ではない。人間が作るものだから、欠点だってある。欠点
があったら、どうするのか？　改正すればいい。また、解釈によって法律を適
切に運用していけばいい。実際、消費者契約法は何回も改正されてきた。ま
た、法律の解釈論も盛んに行われている。

⑴　消費者契約法の改正

　消費者契約法は、重要な改正を何度か経てきた。その中でも特に重要なの
は、2006年の消費者団体による差止請求権を定めるための改正であった。この

6）　消費者庁ウェブサイトで「消費者契約法」の改正経緯を見てみよう。

改正により、「**適格消費者団体**」が消費者個人の利益を守るために、多大な時間・労力・費用をかけて、活動し、事業者の不公正な行為をやめさせるために、その行為を差し止めるよう裁判所に請求してくれる（→Part 2 I 6参照）。

　また、2016年には、過量販売を事業者の不当な行為としてこれに基づく取消権を定めるなどの改正があった。2018年には、新たに事業者のいくつかの不当な行為を、細かい要件を定めた上で付け加えて、これに基づく取消権を定めるなどの改正があった。2022年5月にも、2つの不当行為を付け加え、さらに、上で述べたように、事業者の「努力義務」としての情報提供義務を拡張する改正法が成立した。2022年12月には、旧統一教会の信者による多額の寄付が本人や子に与える重大な影響がきっかけとなり、消費者契約法の改正法が審議から3か月半で成立した。[7] その20日後の2023年1月に施行という異例のスピード感で、4条8号の霊感商法による契約の取消権を認めやすくし、取消権の行使期間をより長く認める改正が行われた。社会問題としての世間の関心が大きければ容易に法改正が実現するという実態を垣間見ることができる。

　法改正によって、消費者契約法の目的は達成しやすくなっているはずではある。しかし、現在の消費者契約法は、あまりに要件を細かく厳格に定め過ぎているため、一般の人が読んでも分からないであろう。

(2)　消費者契約法の解釈

　さらに言えば、法の改正というのはそんなにしょっちゅうできるものではないし、時間もかかる。そこで、欠点のように見える箇所も、「**法の解釈**」をすることで、欠点をカバーすることになる。「法の解釈」というものには、曖昧さがつきまとうが、だからこそ現実に生じる事実に対応できる柔軟性が備わっているとも言えよう。消費者契約法についても、裁判所や学者、実務家による様々な「解釈」の集積がある。

　中でも裁判所の判決は影響が大きい。特に最高裁判決ともなれば、その影響は計り知れない。大学等の「前納授業料不返還特約」が9条1号（現1項1号）

7）　消費者庁ウェブサイト「霊感商法等の悪質商法への対策検討会」参照。

により無効と判断した2006年最高裁判決[8]のインパクトは大きかった（→P.37参照）。一方、賃貸借契約のいわゆる「敷引特約」や「更新料条項」が10条により無効ではなく原則として有効と判断した2011年の3つの最高裁判決[9]や、生命保険契約の無催告失効条項も10条により無効とはならない可能性を認めた2012年の最高裁判決[10]のインパクトも大きかった。加えて強調すべきなのは、適格消費者団体が途方もない努力の末に、重要な判決を得て、社会に利益をもたらしているという事実である。最高裁判決だけでも、4条に関わる2017年「クロレラ判決」[11]や、家賃債務保証契約のいわゆる「追い出し条項」と「無催告解除権認容条項」について10条該当性を認容し差止めを認めた2022年判決[12]がある。

ただ「裁判所が法解釈によって問題に対応していけばよい」として、事柄の明確化や立法を避ける方便となることには、注意しなければならない。法改正により法規定で明確に定めるべきことはまだ多く残されている。

(3)　消費者契約法が問いかけること

人間は法律を制定することで、人生をより良いものにしようとしてきたはずである。消費者契約法も、不公正なことをして契約を結ばせることで利益を得ることを戒め、また、そのようなことがあったときは、消費者が権利をもつことで元の状態に戻れるようにしている。これによって、人間の人生をより良いものにしようとしている。

ただ、消費者が使える権利は、小さく、どのような権利かを理解することさえできないくらい、権利を使うための条件が厳しすぎる。このような権利になった原因が、利害関係者たる事業者代表が自らの利益を守るために「経済活動の阻害とならないようにするため」抵抗した結果だとすれば、なんともやりきれない。健全な多くの事業者は不公正な行為はしないため、経済活動の阻害

8）　最判平成18年11月27日民集60巻9号3597頁等。

9）　最判平成23年3月24日民集65巻2号903頁、最判平成23年7月12日集民237号215頁、最判平成23年7月15日民集65巻5号2269頁。

10）　最判平成24年3月16日民集66巻5号2216頁。

11）　最判平成29年1月24日民集71巻1号1頁。

12）　最判令和4年12月12日裁判所ウェブサイト。

になどなるはずがなく、単に悪質事業者を排除するにすぎないのに。

5　新しい考え方へ

(1)　対立構造からの脱却

　消費者契約法は、事業者が不公正なことをするときに、消費者や消費者団体に権利を認める法律であり、事業者と消費者の対立が前提となっている。確かに、事業者の不公正な行動は現に行われており、これに対抗する措置が必要となってくる。

　しかし、それだけでは根本的な解決とはならない。そのことを分かっているからこそ、政策においては、消費者と事業者の「協力・協働」は、常に高い目標として掲げられてきた。実際、契約に際して多くの場合、事業者と消費者は互いの利益・願望を実現できているはずであり、「協力・協働」に苦労はないはずである。したがって、政策だけではなく、権利を消費者に認める際にも、事業者の不公正な行為を前提としない枠組みがありうるのではないかと思う。

(2)　新たな視点

　そこで、「事業者と消費者の協力・協働」を前提として、消費者に権利を認める枠組みを考えてみたい。1つ考えられるのは、いわゆる「**クーリング・オフ権**」を認めるという道である。これを認めるべき理由は、経済社会が急速に複雑になり、情報であふれかえり、スピードアップする一方で、日本で日常生活を送る消費者については高齢化が進行し続けている、つまり、「技術発展と人間の対応能力のギャップ」はますます拡大し続けている点にある。このような社会の状況にあっては、生じた個別問題に対応するという従来のやり方では、とても間に合わなくなっている。そのため、通信販売で事業者により自主的に取り入れられてきた返品権のように、いったん契約を結んでも、「クーリング・オフ権」により一定期間はじっくり考え直すことを認めることなどによって、社会の変化によって生じた「技術発展と人間の対応能力のギャップ」を埋めることが必要となろう。これによって、事業者の不公正な行為を前提と

することなく、つまり、事業者と消費者が対立することなく、納得のいく契約関係を結ぶことができよう。そこでは、事業者と消費者が協働する姿が現れることになる。

　なお、ここで提案しているクーリング・オフ権は、従来のクーリング・オフ権が特定の契約類型や取引方法の問題性に着目して特別に認められる権利であったのと異なり、むしろ社会と人間の変化をも根拠として、すべての契約類型について認められるべき権利である。

　きっと、法が定めるまでもなく、健全な事業者は消費者の高齢化に対応して、クーリング・オフ権を自主的に認めていくことが予想される。あるいは、力のある企業は消費者に特別な権利を認めることによって市場を独占することになろう。そうなったときに初めて、法は後追い的にクーリング・オフ権を認めるのかもしれないが、法が先導的に権利を認める例があってもよいはずである。法の世界は日常生活からかけ離れてはいないか。法もより良い人生を実現するための社会システムの1つにすぎないことを忘れてはならない。

Ⅲ　特定商取引法を学ぶ

1　いつ、なぜ制定されたのか？

　特定商取引に関する法律（以下、特商法）は、1976年に制定された。制定当時の名称は「訪問販売等に関する法律」であり、訪問販売、通信販売と連鎖販売取引（これらの内容については、後に説明する）を規制するものであった。同法が制定されるに至った背景には、店舗外での販売手法が盛んに用いられるようになり、関連する紛争が増加し、社会問題化しつつあったという事情が存在する。制定当初のこの法律では、訪問販売と通信販売については、政令（内閣が

---

13)　Amazon.co.jpのウェブサイト「ヘルプ＆カスタマーサービス」によれば商品到着から30日間の返品が認められている。

制定する命令）によって指定された商品だけが対象とされていた（いわゆる「指定商品制」）。その後、同法は度々改正されて今日に至っているが、その名称が現在のものに変わったのは2001年の改正においてである。[14]

　最近の重要な改正内容として、通信販売の詐欺的な定期購入商法への対策に関するものが挙げられる。これによって、定期購入ではないと誤認させる表示に対する直罰化が行われ、そのような表示によって申込みをした場合にその取消しを認める制度が創設され、通信販売契約の解除の妨害に当たる行為が禁止され、前記のような誤認を生じさせる表示や解除の妨害等が適格消費者団体の差止請求の対象に追加された（p.157以下も参照）。

(1)　「後追い型」の立法という問題

　前記のように、特商法は、被害を多発させる商取引を規制するものとして誕生し、その後の改正でも、その時々の具体的な消費者問題に対応するために商取引が追加されたり、既に規制対象とされていた商取引について新たな規制が加えられたりしてきた。例えばこの本で紹介している消費者契約法が消費者契約に関する基本法として位置づけられるのに対し、特商法は、いわば、悪質商法に対処するための法律としての位置づけを有するのであり、いわゆる「後追い型」の立法の代表例である。

　現行の特商法の規制対象となっている商取引の類型については後述するが、このような立法の仕方には、様々な問題がある。悪質事業者は規制されていない隙間を狙って新たな商取引を展開し、消費者の不利益において収益を上げる。そして、消費者被害が顕在化すると立法者が動いてその商取引を規制し、このようなことがさらに続いていく。消費者被害を事前に防ぐことが可能である場合が多いにもかかわらず、それが発生してからの後追いが、消費者の負担において続く。立法をする際には、立法過程においてそれなりのコスト、時間

---

14)　特商法を詳細に解説する文献としては、齋藤雅弘ほか『特定商取引法ハンドブック〔第6版〕』（日本評論社、2019年）、圓山茂夫『詳解　特定商取引法の理論と実務〔第4版〕』（民事法研究会、2018年）、消費者庁取引対策課、経済産業省商務・サービスグループ消費経済企画室編『平成28年版　特定商取引に関する法律の解説』（商事法務、2018年）などがある。

と労力がかかるため、本来であれば、適切な限度で可能な限り広範に規制することが望ましいとも考えられる。そうした場合には、事業者の活動を過度に、不適切に制約することになるのではないかとの懸念も生じうる。しかし、例えばEU不公正取引方法指令2005/29/ECで行われているように、「不公正な」取引方法を包括的に禁止することによって過度の制約を受ける適切な（＝公正な）取引方法があるとは考えにくい（不公正取引方法指令による規制については、→p.204以下参照）。

(2) 「消費者」という言葉が使われていない

　特商法は、消費者を保護する立法の中でも重要なものとして位置づけられる。しかし、消費者契約法とは異なり、保護の対象となる者について「消費者」という言葉ではなく、「顧客」や「購入者」という言葉が使われている。もっとも、訪問販売、電話勧誘販売、通信販売、特定継続的役務提供および訪問購入については「営業のために」または「営業として」締結される契約が除外されている。「営業として」が意味するのは、営利の意思をもって、反復継続して行為が行われる場合のことであり、客観的に判断される。このように、「営業として」行われる取引の大部分が除外されていることや、特商法によって提供されている保護の内容から、特商法が基本的に消費者保護法としての性格をもつことが分かる。

2　「特定の商取引」とは何だろう？

　Part 3のⅡで紹介したように、消費者契約法は、事業者と消費者との契約を規律対象とするものであり、契約の主体に重点をおいて適用対象を定めている。これに対し、特商法は、その名称が示しているように、いくつか「特定の商取引」を規制するという方法をとっている。特商法の「特定の商取引」に含まれるのは、次の7つ、すなわち訪問販売、通信販売、電話勧誘販売、連鎖販売取引、特定継続的役務提供、業務提供誘引販売取引、訪問購入である。また、「特定の商取引」に含まれていないものの、いわゆる「ネガティブ・オプ

ション」についても規定が置かれている。以下では、これらの内容を見ていきたい。

(1) 訪問販売

　訪問販売とは、事業者が、商品や役務（サービス）について、営業所以外の場所で売買契約を締結するものをいう。申込みを受けた場所や契約締結をした場所が営業所の中であっても、相手方を営業所以外の場所で呼び止めて営業所に同行させた場合も含まれる。そのため、訪問販売の典型例として一般的に思い浮かぶ、セールスマンが自宅を訪れて販売をする場合のほか、キャッチセールスやアポイントメント商法も訪問販売として取り扱われる。キャッチセールスは、路上で人を呼び止めて、営業所に同行させて契約締結の勧誘を行うものである。また、アポイントメント商法は、電話等で人を営業所に呼び出して、そこで勧誘を行うものである。これらの場合には、一般的に思い浮かぶ自宅訪問型の訪問販売とは異なり、勧誘行為は営業所で行われるが、勧誘を受ける者が事業者によってそこに同行させられたり、呼び出されたりしているため同じ保護を必要とするものとして位置づけられている。

(2) 通信販売

　通信販売は、事業者が郵便、インターネット、電話その他の方法によって売買契約を締結するもののうち、後述する電話勧誘販売に該当しないものをいう。例えば、テレビショッピング、郵便ポストに届けられたカタログやチラシを見た者がインターネットや電話等で行う購入、アマゾンや楽天市場等のいわゆるオンライン・プラットフォーム（→p.155以下参照）を通じた購入等である。

(3) 電話勧誘販売

　電話勧誘販売は、事業者が相手方に電話をかけ、または、電話、郵便やインターネット等により、契約締結について勧誘するためのものであることを告げないで相手方に電話をかけさせることで、売買契約等の締結について勧誘し、相手方と売買契約を郵便等によって締結するものである。

(4) 連鎖販売取引

連鎖販売取引では、事業者は、物品の販売や有償で行う役務の提供の事業において、販売する物品の再販売、受託販売や販売のあっせんをする者、または同種の役務の提供やその役務の提供のあっせんをする者を、特定の利益を収受できるとして誘引する。そして、その者と特定の負担を伴うその商品の販売やあっせん、または同種の役務の提供やあっせんに関する取引をする。一般的に、「マルチ商法」や「ネットワークビジネス」などと呼ばれている。例えば、特定の会に入会すれば割引で商品が買える上に、他の人に商品を売れば儲かるとか、入会させると紹介料がもらえるなどと言って勧誘して、そのような取引をするための条件として金銭的な負担（入会金、商品代金等）をさせる場合である。あっせんする者の人脈や人間関係を利用する仕組みとなっているため、勧誘された者が断りにくいような人間関係が構築されやすい大学等で広げようとすることが多い。

(5) 特定継続的役務提供

特定継続的役務とは、日常生活に関する取引において有償で継続的に提供される役務であって、(イ)役務の提供を受ける者の身体の美化、または知識や技能の向上など心身や身上に関する目的を実現させることをもって誘引が行われるもの、(ロ)役務の性質上、そのような目的が実現するかどうかが確実でないもの、のいずれにも該当するものとして、政令（内閣が制定する命令）で定めるものをいう。現在、エステティック、美容医療、語学教室、家庭教師、学習塾、結婚相手紹介サービス、パソコン教室の7つの役務が政令によって定められている。これらの役務が定められている背景には、それに関する消費者トラブルが多かったという事情がある。

特定継続的役務提供には、次の2つの種類がある。1つ目は、事業者が、特定継続的役務をそれぞれの特定継続的役務ごとに政令で定める期間（エステティックと美容医療については1か月、それ以外のものについては2か月）を超える期間にわたって提供することを約束し、相手方がこれに応じて政令で定める金額（5万円）を超える金銭を支払うことを約束する契約を締結して行う特定継続的

役務の提供である。2つ目は、事業者が、特定継続的役務の提供（上記期間を超えるもの）を受ける権利を、5万円を超える金銭を受け取って販売する契約を締結して行う、特定継続的役務の提供を受ける権利の販売である。

(6)　業務提供誘引販売取引

　業務提供誘引販売取引では、事業者は、物品の販売や有償で行う役務の提供の事業において、販売する物品や提供する役務を利用する業務に従事することによって得られる利益を収受できるとして相手方を誘引する。そして、その相手方と特定の負担（商品の購入や役務の対価の支払い、または取引料の提供）を伴う商品の販売やあっせん、または役務の提供やあっせんに関する取引をする。例えば、事業者が販売する健康寝具を購入して使用し、その感想を提供するモニター業務を行えば収入が得られると言って勧誘し、健康寝具を購入させる場合である。

(7)　訪問購入

　訪問購入は、物品の購入を営む事業者が、営業所以外の場所で、売買契約の申込みを受け、または売買契約を締結して行う物品の購入である。俗に「押し買い」とも呼ばれたりする手法で、例えば、事業者に、不要になった着物の買い取りに自宅に来てもらったが、自宅に自分一人しかいないことを利用して、事業者が部屋にある貴金属などについても買い取りを執拗に要求してくる場合である。訪問購入は、消費者トラブルが多く発生する手法であったことから、2012年の特商法改正の際に規制対象に加えられた。

(8)　番外編──ネガティブ・オプション

　ネガティブ・オプションは、事業者が、売買契約の申込みを受けたり、売買契約を締結したりしていない者に対して売買契約の申込みをして商品を送付したり、申込者に対してその売買契約に関する商品以外の商品について売買契約の申込みをして商品を送付したりするものである。一般的に、「送り付け商法」や「押しつけ販売」と呼ばれることがある。発注していないのに本や健康

食品が送られてきて、一定の期間内に返送しなければ購入したものと見なして代金を請求するという場合である。既に説明したように、ネガティブ・オプションは特商法が規制する「特定の商取引」に含まれていないが、これについて特別の規定が置かれている。なお、特商法では「ネガティブ・オプション」という言葉は使われておらず、「売買契約に基づかないで送付された商品」という表現が用いられている。ネガティブ・オプションの場合、事業者は、商品の返還を請求することができない。消費者としては、その商品を自由に扱うことができるということである。

3 「特定の商取引」についてはどのような規制が行われているのだろうか？

特商法では、上記で説明した「特定の商取引」について、大きく分けて二種類の規制、つまり**行政規制**と**民事規制**（＝民事ルールによるもの）が行われている。行政規制と民事規制とは、どのように違うのだろうか。基本的に、行政規制は、行政（国など）が事業者に一定の義務を課し、違反行為をした事業者に対して、行政処分や罰則などの形で制裁を加えるものである。これに対し、民事規制は、事業者に対して消費者がとることのできる民事法上の手段（解除や取消しなど）によって構成される。例えば、訪問販売については、違反行為をした事業者に対して、業務停止命令などの行政処分、取消権などの民事ルール（そして懲役や罰金といった刑事罰）が設けられており、複合的な規制がされている。

次頁の表は、7種類の商取引に対する規制の概要を示したものである。

(1) 行政規制の概要
訪問販売に対する行政規制の概要は、次の通りである。

1 勧誘規制
（ⅰ）事業者の氏名等の明示　　事業者は、勧誘を始める前に、相手方に対して、事業者の氏名や名称、売買契約や役務提供契約の締結について勧誘をする目的である旨、および勧誘に関する商品や権利、または役務の種類を明らかにしなければならない（3条）。

	行政規制			民事ルール			
	勧誘規制	広告規制	書面交付義務	クーリング・オフ	賠償額の制限	取消権	過量販売解除権
訪問販売	3条、3条の2、6条、7条	なし	4条、5条	8日間（9条）	10条	9条の3	9条の2
通信販売	12条の3、12条の4、12条の5、14条	11条、12条	13条	なし（返品権：15条の3）	なし	なし	なし
電話勧誘販売	16条、17条、21条、22条	なし	18条、19条、20条	8日間（24条）	25条	24条の3	24条の2
連鎖販売取引	33条の2、34条、36条の3、38条	35条、36条	37条	20日間（40条）	40条の2（中途解約権）	40条の3	なし
特定継続的役務提供	44条、46条	43条	42条、45条（備付けおよび閲覧）	8日間（48条）	49条（中途解約権）	49条の2	なし
業務提供誘引販売取引	51条の2、52条、54条の3、56条	53条、54条	55条	20日間（58条）	58条の3	58条の2	なし
訪問購入	58条の5、58条の6、58条の9、58条の10	なし	58条の7、58条の8	8日間（58条の14）※58条の11	58条の16	なし	なし

〈坂東俊矢氏の授業用レジュメを基に作成〉

　（ii）　一定の行為の禁止　　事業者は、勧誘をするに際して、または申込みの撤回や解除を妨げるために、一定の事項について、不実（虚偽）のことを告げたり、故意に事実を告げなかったり、人を威迫して困惑させたりしてはならない（6条）。

　（iii）　再勧誘の禁止・不招請勧誘の禁止　　事業者は、訪問販売をしようとするときは、相手方に対し、勧誘を受ける意思があることを確認するよう努めなければならない（違反した場合でも直接的な制裁の定められていない「努力義務」）（3条の2第1項）。また、事業者は、売買契約や役務提供契約を締結しない旨の意思を表示した者に対し、締結について勧誘をしてはならない（3条の2第2項）。

　この本の他の箇所でも述べるように（→p.194以下参照）、この規制方法の下では、消費者は、一度は事業者と対面して、勧誘を受けたくない意思を表明しなければならない（他方で、訪問購入については不招請勧誘自体が禁止されている）。相

手を思いやり、丁寧に対応することが一般的である日本の風習に照らした場合、中でも特に一人暮らしの若者や高齢者等を考慮した場合、そのような意思を事業者に伝えることは必ずしも容易ではない。また、そもそも勧誘を受けたくないと思っている消費者が、一度は時間と労力をかけて事業者と直接対面して意思を伝えることを強いる必要性は低い。

　この点、訪問販売を通じてのみ商品の良さを分かってもらえる場合が存在することが指摘されているが、いかなる場合でも勧誘を受けたくない消費者の意思を優先させるのが基本であろう。また、そのような例外的な場合のために、いわゆる「脆弱な消費者」が被害を受ける可能性を残すことはバランスを欠く。営業の自由と勧誘を拒絶する消費者の意思とを比べた場合、後者を優先するべきであることは明らかであると思われる。この本で紹介するような（→p.196以下参照）、消費者の依頼によるものではない（＝不招請の）勧誘を、事前かつ包括的に拒絶する制度が存在すれば、消費者の意思を尊重しつつ、事業者にとっても、勧誘を望まない消費者に対して時間と労力をかけて勧誘するという効率の悪い事業活動を避けることが可能となる。

2　書面交付義務

　書面の交付　　事業者は、契約締結時等に、契約内容に関する一定の重要な事項を記載した書面を相手方に交付しなければならない（4条、5条）。

3　その他

　行政処分や処罰　　行政規制に違反した事業者は、業務改善の指示、業務停止命令、業務禁止命令といった行政処分や、罰則の対象となる（7条、8条、8条の2など）。

(2)　民事ルールの内容

1　クーリング・オフ

　(ⅰ)　クーリング・オフとは　　クーリング・オフの権利は、おそらく一般的に最もよく知られている特商法上の権利かもしれない。もっとも、特商法では、「クーリング・オフ」という言葉は用いられておらず、「申込みの撤回」や「契約の解除」（併せて「申込みの撤回等」）という表現が使われている（訪問販売に

おけるクーリング・オフにつき、9条を参照）。クーリング・オフという言葉には、訪問販売等で突然商品を売りつけられて十分に考慮できないまま買ってしまった消費者が、「頭を冷やして」考え直し、撤回・解除をすることができるというニュアンスが込められている。

　（ii）　理由がいらない　　クーリング・オフの一番の魅力は、これを行使するために何らか理由が必要にならないことであろう。クーリング・オフの対象となる特定の商取引には、消費者に対して不意打ちとなる要素が多く、危険性が高いためである（英語では、そのような「不意打ち性」を表すものとして"surprise element"という表現が使われることが多い）。民法の大原則である「契約自由の原則」から考えれば、消費者は自己の自由な意思で事業者と契約を締結しており、その契約に拘束される（契約の拘束力）。そのため、詐欺や錯誤など、法律に定められている特別の理由がなければ、契約がなかったことにはできないはずである。これは、民法では、契約当事者が互いに対等であることが前提とされているからである。しかし、今日の社会では一般的に、消費者は、事業者を相手に契約する場合「弱い当事者（weaker party）」として位置づけられる。そして、前記のような「不意打ち性」の要素も考慮すると、「クーリング・オフ」という形で消費者に特別の保護を提供する必要性が認められる。

　この「不意打ち性」という要素を念頭に置く際には、次の2つの点に注意する必要がある。

　第1は、特商法でクーリング・オフが認められている商取引のすべてに不意打ち性の要素が存在するわけではないということである。つまり、訪問販売、電話勧誘販売および訪問購入については、心の準備ができていない時に突然に勧誘されるため、そのような要素が見られるが、特定継続的役務提供、連鎖販売取引および業務提供誘引販売取引においては不意打ち性が顕著に見られるわけではない。これらの商取引では、むしろ、契約締結時に消費者にとって「おいしい話」として紹介されやすく、また、システムが複雑なものもあり、消費者がこれらを客観的に評価できるようになるまでに時間がかかるということがクーリング・オフの主な正当化根拠であると言える。

　第2は、通信販売についてクーリング・オフが認められていない理由であ

る。通信販売では、消費者は、事業者による広告等を見て、検討した上で契約を締結するかどうか判断することが可能であるため、少なくとも理論的には熟慮して契約締結に臨むことができ、前述した「不意打ち性」の要素が弱まる。また、不意打ち性の要素が強くないにもかかわらずクーリング・オフを認める必要があるほど「おいしい話」に見えたり、複雑ではなかったりすることが通常である。

　しかし、実際の広告等には、短期間内に契約を締結した者には特典を付けたりして「不意打ち性」の要素が弱まる前の契約締結を促すものや、広告内容が不明確で透明性を欠くために、内容をよく理解しないままの契約締結を（時として意図的に）促すものが見られる。結局のところ、通信販売についても、「不意打ち性」の要素あるいはこれに類似する要素の存在が必ずしも否定できないと言えるのである。そうすると、通信販売にクーリング・オフを認めるか否かは、政策的な判断となる。実際に、EU消費者法では、消費者権利指令2011/83/EUによって、通信取引契約（日本法でいうところの通信販売契約と同様の契約類型）についてもクーリング・オフが認められている。

　(iii)　短い期間内で行使しなければならない　　消費者にとって強い武器である反面、クーリング・オフの行使については、短い期間が設定されている。期間を短く設定することには、事業者側の利益とのバランスを保っている側面もある。具体的には、訪問販売、電話勧誘販売、特定継続的役務提供、訪問購入については8日間、連鎖販売取引と業務提供誘引販売取引については20日間となっている。連鎖販売取引と業務提供誘引販売取引についてより長い期間が設けられているのは、これらの取引が利益をもたらす魅力的なものとして映ってしまい、その危険性に気づくまでにそれなりの時間がかかることが多いためである。

　クーリング・オフの期間は、行政規制に関する箇所で説明した契約書面等の交付が行われた日からカウントされる。細かいことではあるが、民法では、期間を算出する際、「初日不参入の原則」に従い、最初の日はカウントしないことになっているが（民法140条）、クーリング・オフの期間の算出については、契約書面を受領した日（つまり初日）もカウントすることに注意する必要があ

る。事業者が消費者に対して契約書面を交付しなかった場合や、交付した契約書面の記載事項に不備があった場合には、クーリング・オフ期間の進行が開始せず、消費者は、上記期間を経過した後でもクーリング・オフをすることができる。クーリング・オフの期間が進行し始めないという不利益（制裁、サンクション）を事業者に課すことで、事業者が消費者に対して契約書面等の交付を行うことを確保しているのである。消費者が、事業者がクーリング・オフに関する事項について不実のことを告げる行為をしたことによりその内容が事実であると誤認し、または事業者が威迫したことにより困惑し、期間を経過するまでにクーリング・オフを行わなかった場合も同様である。

(ⅳ)　どうやって行使する？　　特商法では、クーリング・オフは「書面又は電磁的記録」によって行使すると定められており、クーリング・オフの効果は、書面または電磁的記録による通知を発した時に生じる（いわゆる「**発信主義**」）。理論的にはどのような書面や電磁的記録でもよいことになる。しかし、実際には、後にクーリング・オフを行使したかどうかが証明できず、消費者と事業者との間で水掛け論になる事態を避けるために、少なくとも発送したという事実と発送日が分かる方法（書面のコピーを保管した上での簡易書留など）を用いる必要がある。理想的な方法は、内容と発送の事実および発送日のすべてについて証拠が残る内容証明郵便である。なお、クーリング・オフが行われたことが明確に証明できる場合であれば、口頭で行使することも可能だとする裁判例（福岡高裁平成6年8月31日判決、判時1530号64頁）がある。

(ⅴ)　クーリング・オフに伴う費用や違約金　　クーリング・オフをした場合、消費者は既に受け取っている商品を、そして事業者は既に受け取っている金銭をそれぞれ返還しなければならない。この場合、商品の引き取りや返還の費用は、事業者が負担しなければならない。また、事業者は、クーリング・オフに伴う損害賠償や違約金の支払いを請求することができない。このことは、消費者が受け取った商品を使用した場合も同じで、事業者は、商品の使用によって得られた利益に相当する金銭の支払いを請求することができない。クーリング・オフを行使する場面でも、消費者に負担がかからないよう徹底されているのである。

(vi) 例外——クーリング・オフできない場合　　本来であればクーリング・オフができそうな取引でも、クーリング・オフが除外されているものがある。特定商取引法ではこのような例外が多く定められており、関連する条文は、一般人だけでなく専門的知識をもつ者にとっても、一見しただけでは複雑で分かりにくい。その複雑性の理由の1つとしては、冒頭で触れたように、指定された商品だけが対象とされる「指定商品制」から制度の運用が開始されたという経緯が挙げられる。

　訪問販売と電話勧誘販売を例にとって説明すると、例えば、自動車販売や自動車のリースのように、交渉が相当の期間にわたって行われることが通常である取引、使用または一部消費した場合に価額が著しく減少するおそれがある特定の商品（化粧品、洗浄剤、歯ブラシなど）を使用またはその一部を消費した場合、一定の金額（3000円）に満たない取引がそうである。クーリング・オフをすべての場合に認めることによって事業者に不測の損害が生じないよう、除外を設けることでバランスが保たれているのである。

2　通信販売での「返品権」

　通信販売の場合には、消費者はいったん検討してから購入の申込みをすることができるため、クーリング・オフの権利が与えられていないことについては前述したとおりである。その代わり、通信販売では、**返品権**と呼ばれるものが存在する。これは、消費者が商品の引渡しを受けた日から8日間以内であれば、事業者に対して、申込みの撤回等ができるというものである。

　一見すると、クーリング・オフと同じ権利のようにも見えるが、次のような違いがある。まず、クーリング・オフの場合には、返送の費用は事業者が負担するのに対し、返品の場合の費用は消費者が負担する。そして、クーリング・オフについては事業者の意思でこれを消費者の不利に制限したり、消費者に認めない（クーリング・オフを排除する）ことができないのに対し、返品権の場合は、広告で予め特約を表示すること（例えば、返品権を制限したり、排除すること）が認められている。言い換えれば、クーリング・オフが消費者の不利に制限したり、排除したりできない「強行的な」権利であるのに対し、返品権は事業者が一方的に制限や排除できる「任意的な」ものとして設計されているのである。

　通信販売の場合、事業者は、返品の可否やその条件について表示することが義務づけられており、その表示を省略することができない。そして、消費者はこの表示を確認した上で事業者との契約締結に至るため、返品権は、事業者と消費者との間で合意された解除権（「約定解除権」という）として位置づけられるのである。そのため、その効果については、解除権に関する民法の規定が適用される。通信販売では、広告内容をしっかりと確認することが一層重要となるのである。

3　中途解約権

　連鎖販売取引および特定継続的役務提供では、クーリング・オフ期間を経過した後も、一定の条件の下で、将来に向けて契約を解除する権利（**中途解約権**）が消費者に付与されている。

4　過量販売解除権

　消費者は、日常生活において通常必要とされる分量を著しく超える商品を購入し、または、日常生活において通常必要とされる回数、期間や分量を著しく超える役務（サービス）の提供を受ける訪問販売または電話勧誘販売による契約については、解除権を行使することができる（**過量販売解除権**）。消費者に、そのような契約の締結を必要とする特別の事情がある場合は除外される。クーリング・オフが行使できる場合には、消費者にこのような解除権を併せて付与する理由が疑問に思われる読者もいるかもしれない。過量販売解除権の対象となるような取引の場合、消費者は、過量販売であることに気づくまでに時間がかかり、既にクーリング・オフができない場合が多い。過量販売解除権の行使期間は契約締結後1年以内とされていることから、そのような場合でも消費者を保護することが可能となっている。

5　取　消　権

　消費者は、事業者が消費者に対して契約締結を勧誘する際に次のような行為をしたことによって、誤認（勘違い）をして契約締結に至ったときは、**取消権**を行使することができる。それは、事業者が事実と異なることを告げた場合において、消費者が、その内容が事実であると誤認したとき、および、事業者が故意に（意図的に）事実を告げなかった場合において、その事実が存在しないと誤

認したときである。

　前述した過量販売解除権と同様、この取消権も、クーリング・オフを補うものとして位置づけることができる。取消権の行使期間を見ると、追認することができる時から1年以内、または、契約締結の時から5年以内となっている。「追認することができる時」というのは、消費者が、自分が誤認していることに気づいた時のことである。こうして、気づいた時から1年以内に取消権を行使しなければならず、いかなる場合においても、契約締結時から5年以内に行使しなければならない。過量販売解除権と同様に、クーリング・オフのようにいかなる場合でも行使できるものではなく、行使できる場合が限定されているが、行使期間がより長い。この取消権が行使できるのは、訪問販売、電話勧誘販売、連鎖販売取引、特定継続的役務提供および業務提供誘引販売取引の場合である。

6　消費者が契約を解除した場合の損害賠償額の制限

　事業者との取引で悪い経験をしたことのない読者であれば実感がわかないかもしれないが、特に悪質事業者は、法の抜け道をくぐる形で自分にとって利益となる取引条件を消費者に課そうと試みる。既に見てきたように、クーリング・オフについては強行規定による規律がされているため、クーリング・オフに関する条件を消費者の不利益に変更することはできない。しかし、例えば、クーリング・オフの行使期間経過後に、消費者の債務不履行（消費者が代金を支払わない場合など）を理由として契約が解除されたときについては、事業者は、自分にとって有利な条件を定めることが可能となる。そのため、特商法には、消費者にとって不利益なそのような条件のうち、消費者が事業者に支払うことになる損害賠償の額に関する制限が設けられている。これらの規定によると、事業者は、商品が返還された場合には通常の使用量の額、商品が返還されない場合には販売価格に相当する額、役務（サービス）を提供した後の場合はその対価、商品をまだ引き渡していない場合は契約締結や履行に通常要する費用の額を、それぞれ超えて請求することができない。この制限が適用されるのは、訪問販売、電話勧誘販売、業務提供誘引販売取引および訪問購入である。

7　引渡しの拒絶

　訪問購入の場合、消費者は、クーリング・オフの期間内は、事業者に対する物品の引渡しを拒絶することができる。

Ⅳ　割賦販売法を学ぶ

1　どのようにしてこの法律はできたのか？

　割賦販売法は、60年以上前の1961年に、成立し、施行された。当時からその立法目的は、割賦販売等「消費者信用」に関する取引秩序の確立、販売業者の保護、購入者の保護を三本の柱としていた。というのも、1950年代半ばから好景気・高度経済成長を背景として、国民が消費生活を向上させたいという意欲をもち、これに伴い家電製品などが大量生産される。「冷蔵庫・洗濯機・テレビ」が三種の神器と呼ばれた時代である。その中で、分割で支払うことを可能にする「割賦販売」によって、高額な家電製品などを庶民でも買えるようになった。つまり、サラリーマンの平均月収が1960年に約4万円で、洗濯機は約2万5000円もしたが、毎月2000円の割賦払いでなら買うことができたのである。

　当時は、割賦販売によって「消費をしすぎる」ことが懸念されもした。しかし、国民経済の発展のためには「健全な消費」を増大させることは必要であるとして、割賦販売を抑制するのではなく秩序づけることによって、健全な発展を確保することが妥当と考えられたのである。[15]

　また、割賦販売は金銭の貸し借りにも似た「信用取引」であるため、売主と買主の間で、契約条件や債務の履行に関して、トラブルになりやすい。つま

---

15)　経済産業省商務情報政策局取引信用課編『平成20年度割賦販売法の解説』(2009年) には、法制定時の経緯や、それまでの改正について解説されている。経済産業省のウエブサイトでは特にクレジット取引について解説しているので、参照してほしい (https://www.meti.go.jp/policy/economy/consumer/credit/index.html)。

り、売主からすれば、まだ代金が完済されていない（支払債務が履行されていない）のに商品を引き渡すので、分割払いの遅滞は支払不能のリスクとして表れる。このリスクを回避するため、期限の利益喪失や契約解除について売主に有利となる契約条件を入れることになる。他方、買主からすれば、そのような自己に不利な契約条件を認識することなく契約を締結してしまいがちになる。このような事態は、信用取引の特性に基づくものである。つまり、信用取引の特性として、自らの支払いが先延ばしにされ、欲しい商品をすぐに手に入れられるために、自らの将来の状況、つまり、失業や病気など状況の変化について熟慮することがない。また、「手数料」を支払猶予の対価として、あたかも利息のように購入代金に上乗せして支払う義務を負うことについても熟慮することがない。そうして「欲望のままに」購入をしてしまいがちである。

　このような信用取引としての特質を根拠として、割賦販売の健全な発展を確保するため、契約条件を購入者に認識させるために販売業者には書面交付を義務づけ、また、契約条件を適正なものとするため、契約の解除や期限の利益喪失について、また、解除に伴う損害賠償額についても、購入者にとって過度に不利とならないように制限を設けたのである。

2　なぜこの法律は存在するのか？

(1)　割賦販売法が規制する取引は？　規制目的は？

　割賦販売法は、成立してから現在までに 7 回もの改正を経てきた。改正を経るごとに購入者に権利を認める規定が徐々に充実してきたと言えよう。これに伴い、1 条に定める法の目的も改正されてきた。また、同法が対象とする取引範囲も、徐々に拡張されている。特に、**クレジット取引**や**クレジットカード取引**を規制する法律と言えば、割賦販売法なのである。

　まず、割賦販売法の目的については 1 条に定められているので、これを見てみよう。1 条 1 項では、「割賦販売等に係る取引の公正の確保」、「購入者等が受けることのある損害の防止」、「クレジットカード番号等の適切な管理」等に必要な法規定を定めることによって、「割賦販売等に係る取引の健全な発達を

図る」こと、「購入者の利益を擁護」すること、「商品等の流通及び役務の提供を円滑に」することでもって、「国民経済の発展に寄与すること」を目的とすると定める。また、2項では、「割賦販売等を行なう中小商業者の事業の安定及び振興」に、法律の適用にあたって留意しなければならないとする。

この法律には、取引条件を規制したり、購入者に権利を認めたりする規定も多く、「取引の公正」を図っていると言える。「取引が公正であること」は、「国民経済の発展」の前提条件となることは明らかである。

また、割賦販売法には、業者に契約書面の交付を義務づけるなど、「購入者等が割賦販売等の取引の構造をしっかりと認識した上で契約を締結する」ことを促す規定も定められている。つまり、契約における「意思自治」を守るものと言えよう。「意思自治」の実現と「経済発展」は密接に連動するものであるが、「意思」による決定にはそれを超える重要な意味がある。この点で、消費者契約法と同じである（→p.71参照）。

(2)　「消費者保護」法？

1961年の法制定時には「購入者の利益の擁護」は1条にはなかったが、1972年の改正によって、盛り込まれた。改正過程においても、「消費者信用における消費者保護」の増進が目指されており、割賦販売法が「消費者保護法」として認識されることとなった。とはいえ、割賦販売法では、消費者契約法とは異なり、「消費者」という言葉は一度も用いられていないし、「消費者と事業者との間の格差」に言及されてもいない。この点で**特定商取引法**と同じである。

法は商品や役務を提供する者を「業者」として定めているが、その契約相手については「購入者等」とするのみで、何ら限定していない。したがって、契約相手については「消費者」に限定することなく、「割賦販売等の取引の公正」を目的とすることが分かる。この点で、消費者契約法とは法の目的を異にする。それにもかかわらず、消費者保護をわざわざ持ち出すのはなぜなのか。

その理由は、8条、35条の3の60等の規定にある。これらの規定によれば、購入者等が「営業として又は営業のために締結するもの」に係る割賦販売やクレジット取引に係る販売等については、法規定が適用されない。つまり、購入

者等は実質的に「消費者」に限定されるため、割賦販売法は「消費者保護法」と呼ばれるのである。

3　割賦販売法が定めていることは？

(1)　あまりに複雑な規定

　割賦販売法という法律を見ると、その1つ1つの条文が定める内容の複雑さにまず驚き、その条文数の多さにも驚き、規定を読むことが嫌になってしまう。はっきり言って、何が規定されているのか、一般的な消費者には全く分からないであろう。購入者は、自分がどのような権利をもつのか、理解することはまずできない。「35条の3の62」というような規定がある。めまいがしそうだ。

(2)　クレジット取引の特性

　割賦販売法が規制する取引はいくつかあるが、特に重要なのは、「クレジット取引」であろう。クレジットカードによる取引も含めて規制されている。この本では、クレジット取引の重要性に鑑みて、クレジット取引に対象を絞り割賦販売法の規定内容を見ていくことにする。

1　クレジットカードを利用する場合

　「クレジット取引」と言えば、クレジットカードによる購入が思い浮かぶであろう。例えば、お店で洋服を買う時に、カードを示して買う場合である。

　この場合の状況を考えてみよう。まず初めに、○○カードを発行している会社の会員となる。その際、銀行口座の指定などの手続きがあり、年会費を支払うことも多い。これによって、○○カード会社の加盟店での買い物の際に、カードの提示だけで例えば8000円の洋服を買うことができる。その際、「一回払いで」とか、「リボ払いで」とか支払方法を指定することになる。その後、カード会社から請求書が送られてきて、銀行口座から翌月1回払いで8000円、またはリボ払いの時は8000円に手数料年利15％＝1200円が加算された額についてリボ払いで、引き落としがされる。オンラインで買物をするときでも、カー

ド番号を入力するという違いがあるだけで同じである。

　このとき、私たちはどのような契約を結んでいるのだろうか？　私たちは
カード会社との間で会員契約を結んでいて、契約内容については規約で定めら
れている。会員契約に基づいて、カード会社は加盟店に売買代金8000円を立替
払いしてくれる。この分は私たちの「債務＝立替払債務」として、カード会社
に8000円を翌月1回払いで、または8000円＋1200円をリボ払いで、返済義務を
負う。他方で、私たちはお店との間で売買契約を結んでいる。お店には、カー
ド会社から売買代金8000円が支払われることになる。つまり、私たちは、2人
の異なる契約相手との間で、「2つの契約」を結んでいることになっている。
カード会社との間の会員契約に基づいてカード会社に8000円の支払義務を負
い、お店との間の売買契約についてその代金はカード会社が立替払いをしてく
れたので既に支払いを済ませたことになっている。

　このような契約を結んでいることを私たちは認識しているのだろうか？　お
店とカード会社を一体として考えていて、契約は売買契約1つだけを結んでい
て、売買代金の支払が後払いになっていると思っているかもしれない。

　私たち消費者の認識と、事業者が予定している契約関係との間には、大きな
隔たりがある。私たちの認識などお構いなしに、クレジットカード取引は、こ
れにかかわる事業者がより便利になるように、そして、利益を得ることかでき
るように、決済代行業者を介在させたりして、契約関係を複雑にし続けている。

　しかし、契約の本質を考えてみれば、重要なのは、あくまで、「洋服という
商品」を手に入れる、その対価として「8000円を支払う」、リボ払いの場合には
これに手数料を追加して支払う、という消費者の認識、つまり、消費者の「意
思」であろう。

2　クレジットカードを利用しない場合

　カードを持っていない人も、クレジット取引をすることがある。例えば、20
万円もする羽毛布団のような高額な商品を買う時に、クレジットカードを持っ
ていない場合には、お店から「クレジットが使えますよ」と言われることがあ
る。この場合の状況は、販売業者に指示されてクレジットの申込みをして、
「12回払いで」など支払方法を指定し、銀行口座の指定などの手続きをする。

羽毛布団を受け取り、その後、クレジット会社から請求書が送られてきて、20万円に手数料年利15％＝3万円が加算された額について毎月の分割払いで、引き落としがされる。

　このとき、消費者は、販売業者の代行によりクレジット会社との間で立替払契約を結んでいて、契約内容については規約で定められている。この立替払契約に基づいて、クレジット会社は加盟店に売買代金20万円を立替払いしてくれる。この分は消費者の「債務＝立替払債務」として、クレジット会社に20万円＋3万円を12回払いで、返済義務を負う。他方で、消費者はお店との間で売買契約を結んでいる。お店には、クレジット会社から売買代金20万円が支払われることになる。つまり、消費者は、2人の異なる契約相手との間で、「2つの契約」を結んでいることになっている。クレジット会社との間の立替払契約に基づいてクレジット会社に20万円＋3万円の支払義務を負い、お店との間の売買契約についてその代金はクレジット会社が立替払いをしてくれたので既に支払いを済ませたことになっている。先に述べたクレジットカードを利用する場合と同じである。

　この場合にも、私たちの認識としては、お店とクレジット会社を一体として考えていて、契約は売買契約1つだけを結んでいて、売買代金の支払が後払いになっていると思っているかもしれない。

3　割賦販売法による区別

　割賦販売法は、クレジットカードを利用する場合について「**包括信用購入あっせん**」と名づけ、クレジットカードを利用しない場合について「**個別信用購入あっせん**」と名づけていて、法規定の内容も区別している（分かりにくい名称である。ただこれでも、2008年の法改正まで用いられていた「総合割賦購入あっせん」や「個品割賦購入あっせん」よりはまだましであろう。一般的には「包括クレジット」「個別クレジット」と呼ばれている）。また、割賦販売法が適用されるのは、消費者の支払がリボ払いなどの分割払いの場合と、一括で2か月を超えた後に支払をする場合に限定されている。つまり、2か月を超えない後払いの場合、マンスリークリア方式の場合には、割賦販売法が適用されない。この場合には、1で述べたような「信用取引」のもつリスクが現れにくいとの理由からであるが、

後払いであれば生じるリスクに違いはなく、マンスリークリア方式についても
適用対象とすべきであろう。

⑶　業者は消費者に取引条件を表示し、契約書面を交付する義務を負う

　クレジット取引も「信用取引」であり、消費者が代金を支払う前に商品が引
き渡されるため、また、消費者にとって自分が結んだ契約がどのようなものな
のか、誰と結んだのか、理解しにくいため、トラブルになりやすい。

　そこで、消費者が契約内容を認識・理解できるようにするため、第1に、予
め、取引条件につき情報提供する義務を業者に課している。クレジットカード
会社は、カード交付にあたり、取引条件につき情報提供する義務を負う（30
条）。「会員規約」等がこれにあたる。また、カードを利用しない場合も、クレ
ジット会社と販売業者は、取引条件を表示する義務を負う（35条の3の2）。第
2に、契約を結んだ後は、契約内容につき情報提供する義務やこれを記した書
面を交付する義務を業者に課している（30条の2の3、35条の3の8、35条の3の
9）。カードで買い物をすれば、お店では「クレジット利用控え」が渡され、ま
た、カード会社からは利用明細書が送られてくる（書面又はメール等で）のが、
これである。そして、義務を課しているわけだから、義務に違反したときには
法的な「制裁」が予定されているということであり、50万円以下の罰金に処せ
られることになる（53条）。

⑷　購入者はクレジット会社に権利を行使できる

1　クレジット取引の複雑さ

　クレジット取引の場合、消費者は、クレジットカード会社又はクレジット会
社と契約を結んでいるが、販売店とも売買契約を結んでいるとされると、契約
関係は複雑になってくる。つまり、先の例で、20万円の羽毛布団を10回の分割
払いで買ったけれども、生地にしみがあったので交換を要求したところ全く応
じる気配がない。その間に3回分6万円を銀行口座からの引き落としによりク
レジット会社に支払っていた。その後、売買契約を解除したとき、どういうこ
とになるのか、一般の消費者は分かるであろうか。売買契約は解除されたの

で、消費者は羽毛布団を販売店に返す義務を負い、販売店に対して20万円の返還請求権をもつことになる、一方、立替払契約は存続しているので、消費者はクレジット会社に対して今までどおり分割での支払いを続ける義務を負う、なぜなら2つの契約は法的に別個のものだからと説明されることがある。[16]

しかし、このような説明に納得できるであろうか。特に、倒産や行方不明などにより販売店への請求ができない場合にはなおさらである。先に述べたように、消費者の「意思」としては、あくまで、「商品を手に入れ」、その対価として「代金を後払いしている」との認識しかなく、お店とカード会社を一体として考え、契約は売買契約1つだけを結んでいて、売買代金の支払が後払いになっていると思っているのではないのか。そうだとすれば、売買契約を解除したのに、「代金の後払いをし続ける」ことには納得がいかないし、また、「既に支払った6万円」もクレジット会社から返還してほしいと思うのは、自然なことであろう。このような消費者の自然な感覚に応じた権利を、割賦販売法もある程度は用意している。

2 「抗弁の対抗」＝支払拒絶権

1つは、「抗弁の対抗」と言われるものである。これは、売買契約にトラブルがあって、商品が引き渡されない、売買契約を解除した、取り消した、無効だという場合には、クレジット会社への支払を拒絶することができる権利が認められるというものである（30条の4、35条の3の19）。もし、売買契約だけを結んでいたら、販売店に対して、支払う必要はないとの「抗弁」を主張できるのだから、同じ主張をクレジット会社にもできるということを認めるものである。このように言うととてもややこしいが、先に述べた「消費者の意思」に沿った「自然なこと」を認めるものにすぎない。この権利も、訴訟や裁判所による判断の集積などの努力があって、1984年の改正法によりようやく割賦販売法に定められたものである。

---

16) 最高裁は2つの契約の法的別個性に言及し、以下で述べる「抗弁の対抗」や「既払金の返還請求権」を認めてこなかった（最判平成2年2月20日集民159号151頁、最判平成23年10月25日民集65巻7号3114頁）。ただ、最近は「クレジット会社と販売業者との間の密接な関係」に言及しており（最判平成29年2月21日民集71巻2号98頁）、姿勢の変化が見られる。

3　「既払金の返還請求権」

　もう１つは、「既払金の返還請求権」である。これは、売買契約が解除された、取り消された、無効であるという場合には、クレジット会社に既に支払った６万円を、クレジット会社に返還請求できるというものである。このような返還請求ができるということも、とても自然なことのように思える。

　しかし、法が、消費者からクレジット会社への「既払金の返還請求権」を認めるのは、特別な場合に限られている。しかも、この特別な場合というのがとてもややこしい。

　まず、クレジットカードを利用しない場合、つまり、個別信用購入あっせんに限定される。また、売買契約などが、特商法に規定する取引のうち一定のもの、つまり、訪問販売・電話勧誘販売・特定継続的役務提供などの「**特定契約**」に限定される。これらの限定によって、トラブルが生じやすい取引に限定をしている。加えて、売買契約がクーリング・オフされて立替払契約もクーリング・オフされた場合、売買契約等が訪問販売・電話勧誘販売で**過量販売**であって解除された場合、売買契約等が販売店の不実告知等によって取り消され立替払契約も取り消された場合に限定されている（35条の３の10〜16）。つまり、よっぽど「ひどい」場合に、売買契約のみならず立替払契約もなかったことにして、ようやく認められる権利なのである。

　しかし、先に述べた「自然な感覚」によれば、売買契約が解除、取消し、無効となった場合に、立替払契約はそもそも存続し続けるべきだろうか。また、立替払契約は、売買契約を前提としていることに鑑みれば、売買契約と運命を共にすべき契約であろう。したがって、２つの契約の存在を認めるとしても、売買契約が解除されるなどした場合には、これを前提としていた立替払契約も消滅し、立替払契約上の債務も消滅するため、消費者はクレジット会社に「既払金の返還請求権」をもつと解釈すべきであろう。このことは、クレジットカードを利用する包括信用購入あっせんの場合にも、また、すべての売買契約にも、妥当するものと考える。消費者の認識や「意思」に基づいて考えれば、１つの契約、あるいは、２つの契約の「密接関連性」を前提に法的対応をすべきであろう。

(5) クレジット業者は販売業者を調査する義務を負う

　割賦販売法は、契約関係を一体として、1つの契約として予定していないが、クレジット会社と販売業者との間の密接な関係については意識している。訪問販売等問題の生じやすい方法で悪質な販売業者から勧誘され、クレジット会社と立替払契約を結ばされることによって、消費者が不要な売買契約を結ばされてしまうというトラブルが多く生じた。そのため、2008年の改正法によって、クレジット会社には、販売店等の調査義務が課された。つまり、個別信用購入あっせんにおいて販売店等が上で述べた「特定契約」を行っている場合にはやはりトラブルが生じやすいため、不当な行為をしていないかの調査義務を課した上で、不当な行為を行っている場合にはクレジット契約を結ぶことを禁止している（35条の3の5〜7）。

4　今後の課題——決済代行業者・BNPL・信用スコアリング

(1) 決済代行業者

　最近は、スマホで便利に支払うために、「○○pay」に登録することが普通になってきている。これは、決済代行業者が信用取引に介在することを意味する。政府が「キャッシュレス決済・DX」を推進する政策を推し進め、2019年[17]消費税率引上げ時のポイント還元や2021年度からのマイナポイント付与が、大きなきっかけとなった。しかし、消費者からは、自分がどのような取引を誰と行っているのか分からないという状況が生じている。クレジット取引にも現在は決済代行業者を含む多数の業者が関わっていて、どのような取引を行っているのか消費者は全く理解できていない。そのような状況も事業者が自らの利益を得るために引き起こしているのだから、少なくともクレジット取引に介在する決済代行業者を割賦販売法により規制することによって、消費者が不利益を被らないようにすることが必要不可欠である。[18]

---

17)　経済産業省ウェブサイト「キャッシュレス将来像検討会」（2022年8月〜）を見れば、政府がどれほど推進したいのかがよく分かるだろう。

18)　経済産業省ウェブサイト「クレジットカードシステムのセキュリティ対策強化検討会報告

(2)　BNPL（短期少額後払い）

　また、短期で少額の「後払い＝ポストペイ」が、クレジットカードを持って いない若者を中心に、普及している。先に述べたように、2か月以内の一括で の後払いには割賦販売法は適用されないので、業者にとって大きなメリットと なる。「Buy Now Pay Later（BNPL）」を合言葉に米国から始まり、日本にも進 出してきた。日用品などをオンラインで購入する際に支払いは後からコンビニ などで行うことになる。たしかに便利で一回ごとの支払額は少額であるため、 支払ができなくなる心配もなさそうである。しかし、便利であるがゆえについ つい買い物をし過ぎてしまい、いつの間にか支払いができない額にまで膨らむ こともある。また、割賦販売法の適用がないならば、商品を手に入れていない ときに、「抗弁の対抗」が認められないことにもなりかねない。「信用取引」と しての法的対応を明確にする必要がある。[19)]

(3)　信用スコアリング

　ところで、2020年に割賦販売法が改正されて、購入者の支払能力を独自の 「スコアリング」技術を用いて評価することが可能となった。購入者の様々な 履歴に関わるデータを連携させて分析することで、その人が実際に支払いをで きるのかを判断するものである。日本では、このような「信用スコアリング」 に対する警戒はほとんど見られないが、例えば中国で既に普及している「芝麻 （ジーマ）信用」アプリによって個人の「価値」が評価される事態が、世界で問題 視されている。EUでは「一般データ保護規則（GDPR）」や「AI規則案」によっ て、個人の基本権を保障するという観点から、「プロファイリングに基づく信 用スコアリング」が法的に規制すべきものと認識されている（→p.132以下参 照）。日本では「利便性」が強調されがちだが、それが「人間の評価」を数字で 表し固定してしまう危険性に目を向ける必要がある。

　書」（2023年1月20日）を読むと、政府は今後規制する方針を取るようである。
19)　国民生活センターウェブサイト「消費者トラブルからみる立替払い型の後払い決済サービス をめぐる課題」（2020年1月23日）では、問題状況を知ることができる。

Part 4

自分を取り巻く消費社会

I　自分は何を消費しているのか？

1　物・サービスの購入

　街には多くの店が建ち並び、大量の商品・サービスが売り買いされている。現代においては、現実の店だけではなく、ネット上で、ますます膨大な量の商品・サービス・情報が売り買いされている。どんな「モノ」でも、ネットで検索すれば、いつでもどこからでも買うことができるし、ほしいときに待たなくともすぐに配達してくれる。とても丁寧な包装がされて。「モノを欲しい」という人間の欲望に、「利益を上げたい」という人間や企業の欲望が、うまく応じている。いや、その反対かもしれない。「利益を上げたい」という人間や企業の欲望が、人間の欲望をうまくコントロールして、「モノを欲しい」という人間の欲望をつり上げているというのが、真実であろう。

　このような現代の状況を、「社会が発展して、便利な世の中になった」と喜ぶことができるのだろうか？　これからの未来を、「もっと便利な社会にしていこう」と目指していくべきなのだろうか？　これを判断するためには、「モノを購入する」までに、一体どのようなことが起こっているかを知らなければならない。なお、この本で「モノ」や「商品」としているのは、「物品」だけではなく「サービス」「情報」など購入の対象すべてを含めている。

(1)　大量のモノ・商品

　言うまでもなく、現在、大量の同じ商品が販売されている。スマホも、車も、洋服も、食品も。なぜなのか？　大量に同じ商品を製造した方がコストがかからず、安い価格で販売することができるからである。安い価格であれば、より多くの人が購入することができるからである。そうすれば、より多くの利益を得ることができるからである。人間であれば、必要とするものは多くの点で共通しているため、多くの人が同じ商品で満足することができるからであ

る。この過程においては、人間の個性は何ら考慮されていない。企業から見れば、人間は個性や多様性のない、のっぺらぼうの存在として扱われている。

(2)　「個性」の大量販売

　そのような中、現実の人間は個性的であり多様である。この点に気づいた人間は、自分に「ぴったりな」モノが欲しくなる。自分にぴったりなスマホ、自分にふさわしい車、自分に似合う洋服。あるいは、この点を利用したい企業は、「あなたにぴったりな」モノだと宣伝して、同じだった商品を細分化して、しかしそれでもやはり大量商品である別の商品を買わせようとする。ここでも、人間の「自尊心」を利用した巧妙な販売戦略が繰り広げられてきた。以前は考えられなかったほど大量の洋服が安価に売られていて、後述の「ファストファッション」の問題など、環境や人権、生き方にかかわる重大な問題が生じていることを見落としてはならない[1]。

(3)　「便利」という価値

　技術発展によって、商品がより便利に改良されていくと、「より便利な新しい」別の商品が欲しくなる。あるいは、これを販売したい人間・企業は「より便利な」モノだと宣伝して、やはり大量商品である改良品を買わせようとする。「もっと便利に」という言葉は、使っていた物をやめて、別の物を購入させる魔法の言葉と化している。

　「便利」という言葉は企業にとって都合の良い魔法のような言葉である。しかし、それが示す価値は、それほど重要なのであろうか。「便利」という言葉で隠されている、もっと大切にしなければならない重要な価値があるのではないか。

────────────

1)　貞包英之『消費社会を問い直す』（筑摩書房、2023年）は、消費社会がその根本において実現している多様性や自由をあくまで大切なものとした上で、経済的な公平性や環境的な持続可能性という問題といかに折り合いをつけるかかが課題であるとするが、まさにそれが巨大な「課題」である。この本は、「消費」とは何かについて、ジャン・ボードリヤール／今村仁司・塚原史訳『消費社会の神話と構造〔新装版〕』（紀伊国屋書店、2015年）などにふれながら論じているので、ぜひ読んでみてほしい。

⑷　「人間拡張」

　テクノロジーの発達により、つい最近までは考えられなかったモノがお金さえあれば手に入る可能性が出現している。

　例えば、人間の「能力の拡張」、「人間拡張 (human augmentation)」について最近言及され始めている。これまでは、「標準的人体」を基礎として、「標準的人体」と比べて「不足する」部分や「病気の」部分を、「補ったり」「交換したり」「治療したり」（義足、移植、手術）することによって、「標準的人体」に近づけることを目指してきた。これに対して、現代では、「標準的人体」という考え方そのものが、見直されている。障害をもつ人の「障害」は「不足する」部分ではなく、「標準的人体」というものはなく、各人の個性であり、その個性に合わせた社会環境作りが必要だと認識されるようになっている。一方で、「標準的人体」をもつことが重要な価値とはされないことを基礎として、さらに個人の意思・財力によって、人体の内部に装置を埋め込む「能力の拡張」が可能とされる社会が生み出されつつある。まずは医療用や軍用を目的として、次に日用へと拡大していくことは常である。もちろん、外付けの腕力・脚力などの能力拡張機械や、外見を変える美容整形は既に日常生活の中で行われてはいるが。

　人間の「能力の拡張」が可能である状況下において、贅沢な物品の購入に飽きた金持ちは、自らの体の「能力の拡張＝グレード・アップ」に取りかかるで

　2）　人間を改変する技術がどんどん開発されている。須田桃子『合成生物学の衝撃』（文藝春秋、2018年）、ジェニファー・ダウドナ、サミュエル・スターンバーグ／櫻井祐子訳『CRISPR（クリスパー）究極の遺伝子技術の発見』（文藝春秋、2017年）など、読んでみてほしい。このクリスパー・キャス9というゲノム編集技術の開発によりダウドナ氏は2020年にノーベル化学賞を受賞している一方で、人の遺伝情報を改変して双子が生まれたと発表した中国人研究者への抗議や処罰が報じられている（2020年10月8日付日経新聞朝刊8頁）。暦本純一「人間拡張が築く未来」東大情報学研究100号（2021年）19頁も参照。なお、日本では2018年11月に「人間拡張研究センター」が発足している。

　3）　ピーター・スコット‐モーガン／藤田美菜子訳『NEO HUMAN ネオヒューマン─究極の自由を得る未来』（東洋経済新社、2021年）の著者は、自らが発症したALSへの対応において、自らを実験台として「肉体のサイボーグ化」、「AIとの融合」を進め、「人間であること」の定義をも書き換えようとしている。

　4）　いわゆるAI兵器である「自律型致死兵器システム（LAWS）」に関して「特定通常兵器使用禁止制限条約」の枠組内で議論されているが（外務省ウェブサイト参照）、将来的には拡張人間が兵士として配備されることは想像に難くない。

あろう。そうすると、富める人間は生まれもった能力に従う必要はなく、様々な能力を増強することができることになる。[5] そうして、これまでは富める者も貧しい者も生まれながらの能力に従うという点では平等であったが、この点でも、格差が生じることになり、その格差はますます拡大していくことになる。

　もちろん、これまで行われたことのない「人間」の「能力拡張」が、「人間」という生物にどのような影響を及ぼすかは予測がつかないし、適法とされるかも分からないが、それでも、多くの人間は自らの欲望を実現するであろう。

(5)　情報（データ）の取得

　現代においては、情報をもつ者が世界を支配することができる。物理的に支配をするだけの昔とは違い、インターネット環境に支配された世界では、インターネットを通じてあらゆることが「無限に」[6] 可能となったように見える。データの収集・AIによる分析・データ連携と利用を通じて、国家を超えて世界を支配する手段が現れた。これは人間同士の関係やコミュニケーションの方法を改変している。オンラインでのデータ社会が消費社会のみならず人間社会に及ぼす影響は著しい。ネット社会の進展は、倫理や信頼と愛情を基礎とした対人関係を無用のものとして、便利さと経済的利益のみを追求することにつながりかねない（→Part 4 Ⅱ・Part 2 Ⅱも参照）。

2　商品の価値とは？

(1)　どのように評価しているのか？

　商品の価値について、現在、貨幣価値に基づく「価格」で評価（表現）することは当たり前に行われている。「あのバッグは、200万円もする」、「あの人が所有する絵画は1000万円をくだらないそうだ」などと話すことは、普通に行われ

---

5)　ユヴァル・ノア・ハラリ／柴田裕之訳『ホモ・デウス（下）』（河出書房新社、2018年）182頁以下も示す未来像である。

6)　Facebookが2021年に「Meta」へと社名を変更したことや、「メタバース」という言葉は、デジタル世界の「無限性」を象徴的に表している。もっとも、メタバースは経済的に失敗していることについては、p.138参照。

ている。

　当然ながら、価格で評価されているのは、物そのものに含まれている「物の価値」のはずである。物の価値については、その物の希少性・原材料の取得過程（取得の困難さなど）・製造過程（職人による手作業での製造など）・原料の質・デザイン・社会へのメッセージ性などによって総合的に評価されることは、通常行われている。

　つまり、「あのバッグは、200万円もする」という評価の裏には、「あのバッグは、職人による手作業で製造され、素材も良質のものを使用し、デザインも良いから、素晴らしい」という本質的な評価が存在しているはずである。

　しかし、現代においては、「あのバッグは、200万円もする」という評価は、ときに、「あのバッグは200万円もするから、素晴らしい」という評価を意味すると考える人々が多数存在している。

(2)　評価の尺度の喪失

　なぜ、このようなことになっているのか？　それは、自分自身の基準で、物の価値を評価しない（できない）人間が増えているからであろう。評価の尺度として、価格は、最も簡単な尺度であり、価格の高低が物の価値を簡単に決めてくれる。

　また、ブランドも、価格の次に簡単な評価の尺度として用いられている。ブランドの場合にはブランド間での序列が明確であればあるほど簡単な評価の尺度となる。「あのバッグは、○○のものだから、素晴らしい」、「あのブランドは、○○だから、△△よりも、素晴らしい」と評価されることは普通に行われている。

　価格を見ていれば、また、ブランドを信用していれば、自分で評価しなくても、「素晴らしい物」を取得できると、多くの人々が信じている。[7]

　しかし、このような「盲信」は、自分で考えることの放棄を意味している。これは、価格のますますの高騰、利潤の一部集中、「真に」高い価値をもつ物

7）　ラジ・パテル／福井昌子訳『値段と価値』（作品社、2019年）は、この問題が現代世界においてもつ意味を考えさせてくれる。

が流通しないことにつながるのみならず、「価値の多様性の駆逐＝価値の単純化」をもたらすという意味において、深刻な問題を孕んでいる。

(3) 企業の行動

上記のように、多くの消費者が評価の尺度を見失いがちとはいえ、企業は、その存続のためには、物が「真に」高い価値をもつという宣伝が不可欠であることを十分認識している。また、物を価格でのみ表現することは「悪趣味だ」という価値観も存在する。加えて、企業の存在意義として、利益追求にとどまることなく、社会貢献を目指す企業も多い。

企業は、扱う商品が「真に」高い価値をもつことを証明するために、その物の希少性・原料の取得過程（取得の困難さなど）・製造過程（職人による手作業での製造など）・原料の質・デザイン・社会へのメッセージ性を宣伝する。また、利益獲得のみを目的とするわけではなく社会貢献を行っていることも宣伝している。名のある企業であれば、「CSR (Corporate Social Responsibility)」、「ESG (Environment・Social・Governance)」、「SDGs (Sustainable Development Goals)」を活動の中に必ず取り入れている。

(4) 安価な商品・高価な商品・真の「コスト」

価格に注目すれば、世の中には「安い」商品があふれている。同じような「品質」のセーターのように見えるが、一方は2980円なのに、他方は1万5000円ということもよくある。なぜこのようなことが起こるのか。

商品の価格は、「原料取得過程・製造過程・運送過程・原料・デザイン・労働力」につきそこにかかった「費用」と「付加価値」（製造過程での環境対策・手作業・熟練の職人によること・デザインが有名デザイナーによること・ブランド力など）によって決定される。

中でも、「労働力＝人件費」が価格に占める割合は大きく、労働者の住む国の貧富の状況によって異なってくることは周知の事実である。貧しい国であればあるほど、労働力の対価は低い。ましてや児童労働の対価はより低いため、国際労働機関（ILO = International Labor Organization）による**就業最低年齢条約**

（138号条約）が15歳未満の労働を原則禁止しているとしても、児童労働が横行することになる。貧しい国では特に、経済的利益が法的正義よりも優先される傾向が強いというのは、なんともやりきれない[8]。

　児童労働が孕む問題は、果てしなく大きい。児童労働の背後には、「貧困と強制と教育の未実施」という人間の存在基盤に関わる問題が横たわる。これによって子どもたちは、希望と期待を失い、いやそもそも持った経験すらないまま、生きていくことになる。そのように育った子どもたちが親になったときに、状況が改善されていなければ、その子どもたちにも同じことが繰り返される可能性が高く、どこにも希望の光を見出せないことになりかねない。

　さらに原料をはじめその他の費用も「安く」すむ国で生産し、その国に多大な「環境コスト」をかけることも日常的に行われている。

　企業活動は、利潤追求のために、労働にかかるコストを少なくするために、グローバル経済において、労働力が安い国や労働法規制の緩い国での原料取得・製造を求めていくことになる。しかし、「本当のコスト」を計測する方法も、ずいぶん前から提案されている。ドイツのヴッパータール研究所は、1990年代に現代人の消費様式の物質的影響の計算法として「MIPS（material input per unit of service）」を開発していて、これは、一つの商品やサービスを作り出すのに必要な資源量を意味する。これを「エコリュックサック」で示していて、例えば、小さな結婚指輪について、その環境負荷に相当するリュックサックは3トンにも上る。とはいえ、身の回りの物については平均で30倍だが、デジタル・テクノロジーが関わると、MIPSは大きくなり、2グラムのICチップ半導体には16000倍もの資源が必要となる[9]。ただ、日本では残念ながらこのような考え方は全くといってよいほど普及していない。

8）　国際労働機関（ILO）のウェブサイトで「児童労働」への取り組みを紹介しているのでぜひ見てほしい（https://www.ilo.org/tokyo/areas-of-work/child-labour/lang--ja/index.htm）。

9）　フリードリヒ・シュミット＝ブレークほか編／花房恵子訳『エコリュックサック』（省エネルギーセンター、2006年）。ギョーム・ピトロン／児玉しおり訳『なぜデジタル社会は「持続不可能」なのか』（原書房、2022年）もMIPSに注目していて興味深い。

(5)　「サプライチェーン」への規制と消費者への情報提供

　商品の製造から企業への引渡しに至るまでに、多数の中間者が介在する。企業がその過程全体を統制しない場合には、その間で何が行われているのかは分からない。児童労働や違法活動が行われる可能性も高い。原料の取得過程や製造過程で、環境の汚染や破壊を引き起こす可能性も高い。例えば、森林を伐採して縫製工場や染色工場を建て、安価な労働力を使って、大量の「ファストファッション」の洋服を生産する際、化学薬品による安価な染色によって、川や土壌が有害物質によって汚染され、住民の生活や健康への甚大な被害をもたらしているとの報告がある。国連も、ファッション業界を世界第2位の汚染産業とみなすなど、ファッション業界への警告を強めている。

　現在では、企業が商品の引渡しに至るまでの全過程について「責任を負う」必要があること、「サプライチェーン」をめぐる人権問題や環境問題が世界的に重視されている。国連人権理事会で2011年に採択された「ビジネスと人権に関する指導原則」を端緒として、2018年にはOECDが**「責任ある企業行動のためのデュー・ディリジェンス・ガイダンス」**を策定し、日本政府も2022年3月に「責任あるサプライチェーン等における人権尊重のためのガイドライン」を策定した。

　もちろん企業に責任を負わせれば済むという問題ではない。「商品の供給」において一方の端にいる企業について言われることは、他方の端にいる消費者にも同じくあてはまるであろう。つまり、消費者も、商品の引き渡しに至るまでの全過程について「何も知らない。自分は販売されている商品を購入するだけ」と言うことはできない。消費者も、自分が購入する商品が、どのように製造されたのかを知る権利をもつだけではなく、それを知る責任を負う。「セーターが1000円で買えること」を喜ぶのではなく、「異常だ」「何か裏がある」と気づくことが必要であろう。知ることによって、自分が購入する商品の製造過

10)　ドキュメンタリー映画「ザ・トゥルー・コスト～ファストファッションの真の代償」では、悲惨な生産の実態を目の当たりにすることができる。

11)　「国連、ファッションの流行を追うことの環境コストを『見える化』する活動を開始」（https://www.unic.or.jp/news_press/features_backgrounders/32952/）。環境省ウェブサイト「環境とファッション」も参考になる。

程にかかわることができる。そうしてはじめて、正当な製造過程を経た商品を選択し、購入することができるし、消費者としての責任を果たすことができる。

　したがって、企業が、消費者に商品を引き渡すに至るまでの全過程を、消費者に情報提供する義務を負うことは、消費者が商品にかかわり責任を全うする土台を作るという意味をももつのである。

　そのためにも、共通の指標に基づいて、その製品やサービスがどのような過程をたどるのかを示す必要がある。先に述べたMIPSや、EUが2022年に提案した「デジタル・プロダクト・パスポート (DPS)[12]」のような指標を、もっと普及させなければならない。

⑹　古くなった物・新しい物

　現代における物の価値を示す等式として、「古くなった物＝良くない物」、「新しい物＝素晴らしい物」が挙げられよう。なぜこのように「単純な」等式がはびこっているのか？　それは、企業の販売戦略以外の何ものでもない。例えば、企業はスマホの機種変更が「素晴らしい」こととして大々的にコマーシャルし、これを買うように仕向け、消費者もこれにまんまと乗せられている。

　「古い物」＝「手になじんだ物」「耐久性ある物」＝「良い物」ではないのか。確かに耐用年数を超えて使い続けると危険が生じることはある。これを除けば、企業からすれば商品を販売し続ける限り、「新しい物」を購入してもらう必要がある。そのためには、「新しい物＝素晴らしい」という価値が必要となる。それだけのことである。

　もちろん、「新しい物」＝「見たことのない物」「初めての経験を与えてくれる物」＝「素晴らしい物」と評価することもあろう。この場合には、人間が自分の価値基準でもって評価している。

　ただ、最近、古着や昭和レトロな喫茶店が流行していて、若い人たちが古い物に「価値」を見出している。加速する仮想のデジタル世界に疲れて、ゆっくりした時代に憧れているのかもしれないし、一過性の流行かもしれない。もっ

---

12)　IGESウェブサイトで、加藤瑞紀ほか「EU政策文書『コミュニケーション持続可能な製品を標準に』概説」(2022年) を読んでみよう。

とも、若い人たちの「価値観」は、親世代とは異なる「環境教育や消費者教育」を受けた結果と見ることもできるし、未来の消費社会に射し込む一筋の光のように思える。大人も行動する必要がある。

⑺　廃棄物──モノ自体・付随する包装

　何かモノを取得するとき、日本ではほとんどの場合、過剰な包装が付いてくる。コロッケや卵はプラスチック容器に入れられ、きゅうりはビニール袋に入れられている。2020年7月にレジ袋の無償提供が原則禁止されたが微々たるもので、同じ時期にはコロナ禍でフード・デリバリーが飛躍的に普及した結果、プラスチックや箱など包装材の使用が増加している。

　結局、これらの包装はゴミとして捨てられる。包装は必要なのだろうか。必要でないのになぜこの「慣行」はなくならないのか、疑問をもつ必要があろう。また、消費者は買ったモノも気軽に捨てる、販売者は売りモノも気軽に捨てる。捨てられたモノはどこかで消えてなくなるわけではなく、燃やしたり、埋め立てたり、どこか「よそ」へ持っていく、つまり、必ず「環境への悪影響」を及ぼすことは明らかなはずである。2023年6月5日「世界環境デーに寄せるグテーレス国連事務総長メッセージ」は、毎年4億トンのプラスチックが生産され、その1/3が廃棄され、その影響が破滅的だとして、「政府。企業、消費者が一丸となったプラスチック汚染の撲滅」を呼びかけている。[13]

　世界を見ると、EUでは「循環型経済（サーキュラー・エコノミー）」を目指した政策が次々と打ち出されている（→p.210参照）。「捨てるという概念を捨てる」をスローガンとするTERRA CYCLEのような取組みも始まっている。[14]やれることはまだまだある。

---

13)　国連ウェブサイトを見てみよう。
14)　EUでは、2019年から「European Green Deal」政策の下、プラスチック製品や包装への厳格な法規制が強力に進められている。TERRA CYCLEのウェブサイトも見てみよう。

国・地域	2016年	2017年	2018年	2019年		
	輸出量	輸出量	輸出量	輸出量	構成比	前年比
輸出総量	152.7	143.1	100.8	89.8	100.0	△10.9
マレーシア	3.3	7.5	22.0	26.2	29.1	18.8
台湾	6.9	9.1	17.7	15.2	16.9	△14.1
ベトナム	6.6	12.6	12.3	11.7	13.0	△5.4
タイ	2.5	5.8	18.8	10.2	11.4	△45.5
韓国	2.9	3.3	10.1	8.9	9.9	△12.3
香港	49.3	27.5	5.4	5.7	6.4	5.8
インド	0.4	0.8	2.1	2.8	3.1	32.6
中国	80.3	74.9	4.6	1.9	2.1	△58.2
インドネシア	0.0	0.3	2.0	1.7	1.9	△17.2
米国	0.2	0.4	0.9	1.6	1.8	71.5

出典：「JETROウェブサイト」より。

(8) シェアリングエコノミーとデジタル・プラットフォーム

　ところで、インターネットの普及により出現したと言われる「シェアリングエコノミー」や「デジタル・プラットフォーム」について、その促進が日本において進められている。「物の所有からシェアへ」の変化が言われ、例えば、不用品の転売、民泊、スキルや配達などのサービス提供などが挙げられる。これまでは利用することができなかった遊休資産が市場に出回ることになって、潜在的消費需要の掘り起こしにつながると言われる。[15] また、データ収集とその分析がこれを可能にし、かつ、利用によりますます精緻化が図られることが言われる。しかし、これは「所有から利用への変化」なのであろうか。

　よく考えてみれば、民泊といっても、他人を一日宿泊させるというのは安全の保証を必要とする大変な事業である。ホテルや旅館が旅館業法により行政の許可によって営業できたことにはそれなりの理由がある。民泊を認めるということは、外国人旅行者の増加に対応した経済的利益獲得のための一種の規制緩

---

15)　シェアリングエコノミー検討会議「シェアリングエコノミー検討会議第2次報告書—共助と共創を基調としたイノベーションサイクルの構築に向けて」（2019年5月）、デジタル庁ウェブサイト「シェアリングエコノミー活用ハンドブック［2022年3月版］」参照。ジェレミー・リフキン著／柴田裕之訳『限界費用ゼロ社会』（NHK出版、2015年）の描く未来像も参考になる。

和である。また、いわゆる「フリマアプリ」はデジタル・プラットフォームで
あるが、これを通じた不用品の転売は、不用品のリユースという側面はある
が、「安易に商品を購入し、すぐに新しい商品を購入する」という消費サイク
ルを後押しするシステムでもある。「モノを大切に所有し利用する」ことと
は、真逆の価値観に基づく。また、スキルや配達などのサービス提供は、アル
バイトと同じである。単に、ネットを通じてスキルを要望する人とスキルを提
供して対価を得たい人の都合をマッチングすることが可能になっているにすぎ
ない。ここにはプラットフォーム経済が急速に発展する中で生じた多くの問
題が潜んでいる。例えば、ギグワーカー（クリックワーカー）と呼ばれるUber
Eatsの配達人は労働者か、という問題が世界中で生じている。Uber Eats側
は配達人を個人事業主として扱ってきたが、配達人は労働組合を結成し、2022
年11月に東京都労働委員会は配達人を労働組合法上の「労働者」と認める判断
をした。しかし、Uber Eats側は、12月に中央労働委員会に再審査を申し立
て、この問題はまだ決着をみていない。また、デジタル・プラットフォームを
利用すれば、誰もが「物・サービスの提供者」となりうる。これによって、「消
費者の取引相手＝専門家としての事業者」という構図に変化が生じており、こ
れに伴う問題も懸念される。例えばいらなくなった物品を販売する時、事業者
でなければ専門家でないのでその安全性について事前に義務が課されるわけで
はないため、事後的に損害が発生してはじめて賠償義務を負うことになる。

　もっとも、「物の所有からシェアへ」という基本構想自体の意味は大きい。
消費の形態を見直し、「物を購入して所有する」から「物を共有する・共同利用
する」へと変化を促し、「直線経済」から「循環型経済（Circular Economy）」に転

---

16)　仲村和代、藤田さつき『大量廃棄社会──アパレルとコンビニの不都合な真実』（光文社、2019
　　年）では、メルカリ創業者へのインタビューも掲載している。

17)　もちろんマッチングにより臓器移植のための提供者探しが実現されており、医療分野では成
　　果がもたらされている（2019年9月20日日本経済新聞朝刊「姿なき富を探る (4)「マッチング」
　　1万人救う──お金で測れぬ幸福＝価値（Neoeconomy）終」）。他方で、恋人探しでのマッチン
　　グなどは人間の自己決定を根本から揺るがす危険性を秘めていよう。

18)　朝日新聞2021年9月26日朝刊4頁「ウーバー運転手労働改善へ」では、英国、スペイン、米
　　国の動向が紹介されている。

換する1つの契機となろう。なお、デジタル・プラットフォーム事業者への規制についてはⅣを見てほしい。

3 生物の価値とは？

(1) 他の生物の支配の歴史

　人間は、その他の生物と人間を区別して取り扱ってきた。法律（民法）によれば、人間以外の生物は「物」とされる。「物」だからこそ、人間の食料となり、また、販売されることになる。ペットとして飼っている犬や猫を、自分の子どものように育てていても、病気になったら心配して病院に連れて行くとしても、死亡したら葬式をしてお墓に納骨するとしても、法律によれば、人間は飼っている動物を「物として所有している」のである。

　過去において、人間は動物を、人間の生活を脅かす存在として殺生してきた時代が、また、「所有物」として、どのようにも利用し、処分することができた時代があった。そのような排除と利用は、人間が、自らの生活を安全で快適なものへと改良していく過程で行われてきた。人間は動物を「支配」してきたのである。同じことは、植物についても言える。人間は森を、人間の生活を脅かす存在として切り開き、どのようにも利用し、処分することができた。現代においても、イノシシなどの野生動物が農作物を食い荒らした、住宅街で暴れ回った、迷惑かつ危険だというニュース報道では、イノシシは森林の伐採によって住処を追われたのではないかという推測や問題の解決策に言及されることはほとんどない。ドローンで荷物を運ぼうとしている今、鳥たちの領域を[19]さらに脅かそうともしている。

(2) 現代の様相

　しかし他方で、現代においては「生物の多様性（Biodiversity）」が社会において重要な価値をもつに至っている。1993年には「**生物多様性条約**」が発効し（米

19）　2022年12月から航空法の改正により、都市部など有人地帯でのドローンの目視外飛行（レベル4）まで可能となっている。

国は未締結だが)「絶滅危惧種」が調査・公表されている。[20] 最近では「生態系サービス」を経済的価値で測ることが行われているし、また、「Nature Positive 経営」という言葉も流行している。[21] 生態系を破壊するのは経済だから、経済的尺度で生態系を見る方が、人間には納得しやすいのであろう。しかし、経済的尺度だけでは測れない価値が生態系にあることは言うまでもない。また、日本でも「**動物の愛護及び管理に関する法律（動物愛護管理法）**」により動物への人間の行為には規制がかけられている。加えて、森林の破壊は、「環境破壊」として危惧されている。なぜだろうか。

　その理由としては、以下のことが考えられる。①人間が現在までに行った動物の殺生や利用、植物の伐採や利用によって、「先進国では」既に自らの生活を安全で快適なものへと改良することが完了したからである。②①を前提として、生活に余裕が生まれた人間には、動物と人間との類似性に基づく動物愛護の精神が生まれたからである。③これ以上の生物の支配は、地球温暖化など今や「人間に害悪」を及ぼすことが明らかとなったからである。④生物の多様性は、遺伝子情報などの経済的価値をもつ「貴重な物」として再認識されたからである。[22]

(3)　経済的利益追求と生態系

　もっとも、これですべてがうまい具合にいくとは思えない。なぜなら、上記①が当てはまるのは、先進国においてのみで、途上国においては当てはまらない。そのため、途上国は、他の生物を支配し、自らの生活を安全で快適なものへと改良したいと思うであろう。②については、①と関連しており、生活に

20)　IUCNレッドリストが有名であるが日本の環境省もレッドリストを公表している。環境省ウェブサイトにアクセスしてみよう。

21)　及川敬貴『人新世のエコロジ──自然らしさを手なずける』（日本評論社、2023年）や、藤田香『ESGとTNFD時代のイチから分かる 生物多様性・ネイチャーポジティブ経営』（日経BP、2023年）は現在の状況を分かりやすく示してくれる。

22)　生物多様性条約1条は、「生物の多様性の保全、その構成要素の持続可能な利用及び遺伝資源の利用から生ずる利益の公正かつ衡平な配分」の実現をその目的として定める。

23)　そのため、生物多様性条約も、経済的・技術的な理由から生物多様性の保全と持続可能な利用のための取り組みが十分でない途上国に対する「先進国による資金援助と技術協力」を内容

余裕のない状態では、動物愛護の精神は飼い犬など限定的な対象にとどまる。③についても、①と関連しており、目前の生活が満たされていない状態では、「将来の害悪」の心配よりも「現在の生活向上」の方が優先されてしまう。

　④に至っては、①②③とは異質な理由である。すなわち、①②は、人間と他の生物とがともに生命体であることを前提とする。③も、「人間の生存の保持」という最も高い価値を追求している。これに対して、④は、この期に及んでも、人間は、経済的利益を追求し、どこまでも「生物を物として支配」しようとしている。

　人間は、生態系の中の一部として、「自然との共存」や「他の生物との共生」なしに生きられないはずである。「人間だけがこの世界において特別の存在であり、人間だけで生きることができ、他の生物を支配することができる」という考えは、他の生物を摂取することによって生きている人間の存在根拠に目をつむり、他の生物も生きている地球上の世界を否定する考えである。それとも、「人間も自然の一部であるのだから、その人間が他の生物を支配し続けることは、自然の摂理にほかならない。その結果、この世界が破壊されてもそれが自然の摂理である」と考えるべきなのか（→詳しくはPart 5 Ⅲ 5を見てほしい）。

　2022年12月19日カナダのモントリオールでの国連生物多様性条約第15回締約国会議（COP15）では、2030年までに地球上の陸域、海洋・沿岸域、内陸水域の30％を保護する、食品廃棄物を半分に削減することなどを盛り込んだ「昆明・モントリオール地球規模フレームワーク（GBF）」が合意された[24]。

とする。環境省のウェブサイト内の「生物多様性」のページを見てみよう。外務省のウェブサイトによれば、2019〜2020年の総予算は38,844,100米ドルで、日本は条約発効以来最大の拠出国である（拠出額は第１位で全体の13.545％）（https://www.mofa.go.jp/mofaj/gaiko/kankyo/jyoyaku/bio.html）。

24）　この合意は「生物多様性なくして持続可能な開発はありえない」との考えに立ち、グテーレス国連事務総長は2022年12月19日の年末定例会見で、「私たちがようやく自然との和平協定の締結に着手した」と語る。国連ウェブサイトで見てみよう。

4　人間の価値とは？

　人間にはこの世界においてどのような価値があるのか。人間については、その人の行動や感性、能力、他人とのつきあい方などによって、「良い」か「悪い」かが判断されることが一般的である。しかし、これはあくまで他人による評価である。究極的に人間の価値は、一人一人が自分で決めるしかない。

(1)　他人の操作による判断・決定

　しかし、現代日本において、自らの価値基準によって判断し、決定することができない人は少なくない。そのような人に対して、企業は、その心理を操作し、購入するとの判断へと誘導することが容易にできてしまう。

(2)　「モノの所有」による「人間の価値」の評価

　自分の価値基準をもたない人間は、力の強い他人、例えば消費生活においては企業が作った価値基準に従うことになるので、「モノを所有すること」に価値を見出すことになる。企業が言う「あなたの価値に見合った○○の時計」「ステータスとしての車、○○」、「○○はセレブの証」、「憧れの○○」といった宣伝文句で、世の中はあふれている。これらの宣伝文句においては、「○○の物を所有すること」＝「その人に価値あること」「その人が素晴らしい人であること」が謳われている。「この時計を持ったら自分は素晴らしいと評価してもらえるんだな」と思ってしまうことは、自分で自分を評価する価値基準をもたずに、企業が作った金儲けのための価値基準に踊らされているということである。さらに、「物を持つこと」で自分の価値が高いことを顕示しているのであり、「物を持つこと」によって自分を確認し、表現することが行われることになる。そうすると、ますます人間は、「物を持つ欲求」に支配されていくのであり、利益を得たい企業の思うつぼである。

(3) 自らの価値基準による判断・決定

　現代の消費社会において、企業による経済的利益の追求という目的が、消費者の心理を操作し、消費者の購入への判断を操作していることは明らかである。もちろん、企業が嘘の情報を提供したり、不当な情報操作をしたり、心理操作をすることは、法により規制されなければならない。

　他方で、消費者も、「他人」に操作されずに、自らの価値基準に従って、判断し、決定することができる「力」を備える必要がある。そうしないと、自分の価値さえも、モノで測ることになってしまう。あるいは、「AI」という「超越した存在」にすべてを委ねることになりかねない。[25]

5　「経済的利益」による侵食からの人生の解放

(1)　「便利」という価値、他人の評価への疑問

　ここまで述べてきたことから明らかなように、企業は、「便利」という価値や他人の評価を示すことによって、新しい物を購入させて経済的利益を得ようとしている。「便利」という価値に従うのか、従わないのかは、人それぞれの価値基準に従って決めることである。ただ、「便利」という価値に基づいて、そして、他人の評価に踊らされて、多くの古い物が廃棄され、大量の廃棄物が生み出されてきたこと、そして、他の生物は排斥され、自然環境が破壊されてきたことは、あまりにも明らかな事実である。

　人間がたった一度の人生を生きるとき、「他人」の「経済的利益への欲望」によって、自らの人生への侵食を受けたくはないであろう。現代社会においてそのような侵食場面は、あまりに多い。そのような侵食から解放されること、「便利」という価値への盲信から解放され、また、他人の評価から解放され、自ら判断し決定することは、自らの価値基準をもつことによって初めて実現することができる。

---

25)　AIが「人」たりうるかという問題について、栗田昌裕「AIと人格」山本龍彦編『AIと憲法』(日本経済新聞出版社、2018年) 201頁以下が的確に論じている。

(2)　自らの価値基準——自分の「存在」価値の承認へ

　人間は、他人に操作されずに、自らの価値基準に従って、判断し、決定することができる「力」を備える必要がある。これは、購入の場面においてのみでなく、人生におけるすべての重要な事柄の判断と決定（政治的決定、職務上の決定、私的な人間関係における決定など）において必要な力である。自らの価値基準にしたがって、「その物の美しさや製造過程に惹かれて購入する」という決定をするのであれば、それは素晴らしい経験となる。ある「物」が自らの人生を支えてくれることもある。そのような決定を繰り返すことによって、他人に操作されることなく、自らの価値基準に従って、人生における重要な事柄の決定をすることができるようになる。企業の操作に踊らされ「モノの所有」やSNSでの「アカの他人の評価」によって自分を確認するのではなく、自らが選んだ方法で自分を磨いたり、自分がなすべきことを行うことができるようになる。そうすることによって、「自らが価値ある存在であること」を、自分で認めることができるようになるのである。

II　自分を取り巻くデータ社会で何が起きているのか?

1　「便利さ・利益・快楽」の対価としての「プライバシー提供」

(1)　ポイントがもらえる理由を分かっているのか？

　「カードを作ると10000ポイント！」とか「会員になると今なら5000ポイント」と言われてカードを気軽に作成したり会員登録して、何か買うたびに、せっせとポイントを貯めるために、カードをお店の人に手渡したり、スマホで画面を提示する。カードといっても物理的にカードを提示しなくとも記号としてスマホで画面を提示するだけでもよい。ポイントが貯まれば、それをお金のように利用して物を買うことができる。「入会時に1000ポイントをプレゼント」などのキャンペーンもよく目にする。コンビニでは「○○ポイントカードお持ちで

すか？」とよく聞かれる。「ポイントが貯まるのだから、当然カード会員になるに決まってる」、それが多くの人の感覚だろう。

　では、なぜこのようなポイントがもらえるのか？　支払いに際して、商品販売者の会員としてポイントが貯まる場合がある。また、カードがクレジットカードとして機能する場合に、カードによる支払いに際して、クレジットカードにポイントが貯まる場合がある。これらの場合、顧客争奪戦の中で販売促進のために、割引と同じようにポイントを提供していると言える。

　一方、支払いに際して、商品販売者とは別の事業者のカードにポイントが貯まるという場合もあるが、別の事業者のカードにポイントが貯まるのはなぜだろうか？　この場合にも、商品販売者にとっては販売促進のために、ポイントを提供していると言える。

　それでは、商品販売者とは「別の事業者」には、どのような目的があるのだろうか？　別の事業者の目的は、顧客の購入情報の取得である。つまり、カードを通じて「別の事業者」には、顧客の利用情報が何年にもわたって蓄積されることになる。しかも、顧客の性別・生年月日・住所などはカード作成時に知らせているため、個人の性別・年齢に関連づけた行動範囲や購入履歴についての情報が蓄積されることになり、膨大な個人情報が蓄積されることになる。この個人情報は、より多数人の多種類のものになればなるほど経済的価値の高い「財産」となり、第三者に高値で提供＝販売されているのが実態である。

　ところで、商品の販売者やクレジットカード会社にも、カードを通じて顧客の利用情報が何年・何十年にもわたって蓄積されるのであり、この個人情報も、経済的価値の高い「財産」ではある。しかし、販売者などはこの情報を自社の販売戦略に有効活用したいであろうし、第三者への販売というのは基本的に望まないであろう。かつ、これをどのように扱うかは、販売者やクレジットカード会社への顧客の「信用」にかかわるため、慎重に扱われることになる。

　また、スマホ決済などキャッシュレス決済をすると大量のポイントがもらえるが、なぜなのか？　これは政府が電子決済を推進しているから、電子決済に

よるデータ収集を含めた経済的利益の創出を推進しているからである。2022
年にはマイナンバーカードを申請させるために「今なら20000ポイント付与！」
と宣伝し、キャッシュレス決済事業者との契約が促進されていたことを見れば
分かるだろう。政府はキャッシュレスの推進によりデータ連携を促進すること
を目指している。

(2)　無料で便利なサービスを利用できる理由を分かっているか？

　インターネット上では、無料で便利なサービスをGoogleやFacebookなどの
デジタル・プラットフォーム事業者を通じて利用することができる。なぜこの
ようなことが可能になるのか？　それは、その対価として私たち自身の情報を
提供することによって、私たちの「趣味に合った」広告が表示され、広告主に
とっては効率的な宣伝ができるため、そこからの広告収入を得ることができる
からである。また、私たちがサービス利用を通じて日々提供している個人情報
を集積することによって、これがビッグデータとなり、高い財産的価値をもつ
ことになるからである。この点については、Part 2 Ⅱを見てほしい。

(3)　個人データの蓄積とプライバシー・権利の保護

　企業は経済的利益を得るために個人の情報を得たいであろう。国などの行政
も国の政策を決定するため、また、国民を統制・管理するために個人の情報を
得たいであろう。

　個人の側から見れば、「便利さ」や「ポイント」につられて、自分の個人情報
を差し出す構造となっている。

---

26)　経済産業省のウェブサイトで、「キャッシュレス」のページや、経済産業省商務・サービス
　　グループ消費流通政策課「キャッシュレス・ビジョン」（2018年4月）を調べてみよう。さらに、
　　キャッシュレス推進室ウェブサイトで「キャッシュレスの将来像に関する検討会とりまとめ」
　　（2023年3月）も見てみよう。

27)　現在のデジタル・プラットフォーム事業者をめぐる国内・国外の状況を知るため、木内登英
　　『プラットフォーム経済圏』（日経BP、2019）や、デジタル・プラットフォーマーを巡る取引環
　　境整備に関する検討会による「中間論点整理」（2018年2月12日）、消費者委員会オンライン・
　　プラットフォームにおける取引の在り方に関する専門調査会による「報告書」（2019年4月）は
　　参考になる。

個人が「知らないうちに」自らの情報が他人に利用されることになれば、「個人のプライバシーの侵害」など「個人の権利を侵害」するという違法な事態が生じてしまう。

　違法な事態を生じさせないために、例えば、EU（欧州連合）では**一般データ保護規則**（GDPR＝General Data Protection Regulation）（EU）2016/679が2018年[28]5月から発効しており、法による厳しい規制を行っている。これは、主にデジタル・プラットフォーム事業者による情報取得・利用への規制を目的とすると言われる。この規則は日本企業であってもEUに支店、子会社、営業所を持つ場合や、EUの消費者に商品・サービスを提供している場合には適用対象となるため、多くの日本企業が対応すべきことになる。また、「eプライバシー規則」も2017年に提案されている。

　日本でも、最近になって対応が進展してきている。政府は、デジタル市場の整備、すなわち消費者から「安心して」個人データを提供してもらい、ビッグデータを集積して経済発展につなげることを目指している。そのために、個人情報保護法の強化やデジタル・プラットフォーム事業者の規制法制定を実現している（詳しくは後述Ⅳを見てほしい）。「**個人情報の保護に関する法律**（個人情報保護法）」は2020年に改正されているが、そこでは個人情報に関する本人関与を強化するため、個人情報の利用停止や消去についての本人の権利が認められやすくなった。「クッキー情報」も個人関連情報になりうるとして保護範囲は拡大している。[29]また、2019年12月に公正取引委員会は、個人情報は経済的価値を有し、デジタル・プラットフォーム事業者が提供するサービスの対価となり、消費者はその取引の相手方となるとの考えの下、デジタル・プラットフォーム事業者が消費者から個人情報を取得・利用する行為が不公正な場合には、独占禁止法上の「優越的地位の濫用」（2条9項5号）にあたりうるとの考え

---

28)　個人情報保護委員会がGDPRの仮日本語訳を公表しているので、参考となる（https://www.ppc.go.jp/files/pdf/gdpr-provisions-ja.pdf）。「GDPRを原文で読みたい」という人は、EUの法令サイトで英語やその他の言語で読むことができる（https://eur-lex.europa.eu/legal-content/EN/TXT/?uri=CELEX%3A32016R0679）。一度アクセスだけでもしてみよう。

29)　個人情報保護委員会ウェブサイト「個人情報取扱事業者等に係るガイドライン、Q＆A等」があるが分かりにくい。

方を公表している[30]。

　これに対して、国家による情報統制が厳しい国、すなわち個人の権利や自由が制限される傾向にある国では、国家主導の下に、膨大な量の個人情報を集積することが可能となる。

　いずれにせよ、個人のプライバシーや権利を保護さえしておけば、情報の蓄積は「便利さ」や「経済成長」を促すものとして、現代においては重要かつ必要な作業と認識されている。

(4)　知る権利と「自己決定」——EU一般データ保護規則の目的

　情報すなわち事実の価値については、民主主義の根幹となる国民の「知る権利」との関係で認識されてきた。国や公の機関はその保有する情報（事実）を国民に公開する義務を負う[31]。それだけではなく、多様で正確な情報を取得できることは、人が自己決定をする前提条件となる。しかし、検索サイトの利用により利用者のデータが分析され、その人の好みに応じた情報が提供されると、自分が見たい情報しか見えなくなる、多種多様な事実や思想に触れることから遮断されてしまうという問題「フィルター・バブル」が指摘されてもいる[32]。

　また、個人が自らの情報を自らコントロールすることができることは、個人が自ら判断し、決定することができることであり、主体性を確立するためにとても重要である。EU一般データ保護規則は、1条において「本規則は、自然人の基本的権利と自由、特に自らの個人データ保護を求める権利を保障する」という目的を定める。つまり、人間は「個人データ保護を求める権利」をもち、これを具体的に12条〜22条が定める[33]。「**消去する権利＝忘れられる権利**

---

30)　公正取引委員会「デジタル・プラットフォーム事業者と個人情報等を提供する消費者との取引における優越的地位の濫用に関する独占禁止法上の考え方」（2019年12月17日）（https://www.jftc.go.jp/dk/guideline/unyoukijun/dpfgl.html）。

31)　総務省のウェブサイトで「情報公開制度」が開設されている。

32)　イーライ・パリサー／井口耕二訳『フィルターバブル—インターネットが隠していること』（早川書房、2016年）。

33)　管理者（controller）の義務を定めることによって、自然人（データ主体data subject）の権利を保護する規定も含む。12条〜14条は情報提供等についての義務を定め、17条は「忘れられる権利」の実現のため、データ消去の義務を定める。

（17条）」や「データポータビリティ権（20条）」は、その一部である。また、データ管理者などは、「個人データを保護する義務」を負い、これを具体的に24条〜43条が定める。

　人間が「権利」をもつことが土台であって、主体的に自らの情報を管理・処分することができる。「人間の基本的な権利と自由」を保護するのである。EU一般データ保護規則の正式名称は、「個人データの処理についての自然人の保護及び個人データの自由な移転」に関する規則であり、したがって、この規則が「人間の保護」を目的とすることは明らかである。決して、「データの保護」を目的とするのではない。

2　個人データ蓄積の結果「素晴らしい未来」が到来するのか？

　情報の蓄積は「ビッグデータ」として、これを分析すれば様々な予測や対応が可能になり、これを「人工知能＝AI（Artificial Intelligence）」かやってくれる。また、「モノのインターネット＝IoT（Internet of Things）」化が進み、生活がもっと便利になる。これは「素晴らしい未来」だと宣伝される。日本の政府による「Society 5.0」の宣伝を見てみよう。[34]しかし、果たしてそうなのだろうか。少し立ち止まって考えてみよう。

(1)　予測可能性と効率性の追求？　人間の評価？

　第1に、「ビッグデータ」が蓄積され、これを分析することによって、様々な予測を立てることができ、それによって様々な種類の効率的な対応が可能になると言われる。効率的な対応としては、経済的利益の獲得や危険回避が高度の蓋然性をもって可能となるということが、現代社会において目的とされる。

　確かに、無駄な生産を抑制し、必要な生産に限定するという意味での経済的に効率的な対応を可能にするという側面はある。また、危険への対応が効率的に可能になることも、人身の安全確保を可能にするものである。

---

34)　https://www.gov-online.go.jp/cam/s5/では、あまりに爽やかで明るい動画を見ることができる。

　しかし、経済的成長を続けるためには、データを利用して、収益を新たに上げるまたはこれを高める商品やサービスを展開することになる。消費者の購買意欲を先回りして予測し、「もっと多くの物やサービス」を購入させることを目指すであろう。

　また、個人データの把握と分析によって、個人が他人によって、数字により比較され評価されることになる。現実に、中国ではアリババグループのアリペイによる「芝麻（ジーマ）信用」アプリによって、個人の「信用」、「価値」評価がAIにより行われ、それが個人の「真の価値」だと見なされる状況が出現している[35]。日本でも、個人の将来性が「信用スコアリング」により評価され、それに応じた融資条件や特別なサービスが受けられるという宣伝が既に始まっている（→Part3　Ⅳp.105参照）。しかし、そこでは個人の価値は数字によって比較され評価されうるものではないという大切な考えが、ないがしろにされている。これは恐ろしい事態ではないのか？　中国では情報蓄積によって政府による個人の監視・統制が進んでいると言われる。また、インドでは、2010年から個人識別番号制度「アダハー（Aadhaar）」により、氏名・生年月日・住所に加えて顔写真・10指の指紋・目の虹彩といった生体情報登録が行われており、これに基づきデジタル・インフラが形成され、本人確認に基づく福祉政策の公平な実行と経済成長が実現されたと言われるし、このような政策に追随する国はフィリピンやエチオピアなど11国にも上るとの報道がある[36]。その一方で、2012年に元判事が「アダハー」は憲法が保障するプライバシーを侵害するとして提訴し、2019年に最高裁は「合憲」としながらも、民間企業が「アダハー」を本人確認のために利用することを禁じた。これに対して、政府は法改正により、民間企業が本人同意の下で「アダハー」を本人確認のために利用できるように対応している[37]。

---

35)　総務省ウェブサイト「平成30年版情報通信白書」の第1章補論「中国の事例」で詳しく紹介されている。

36)　NHKウェブサイト「なぜ普及？　懸念の声は？　"インド版マイナンバー"とは？」

37)　日本でも多くの企業が注目していて、2019年の状況については日本総研ウェブサイトでの岩崎薫里「India Stack: インドのデジタル化促進策に観る日本のマイナンバー制度への示唆」環太平洋ビジネス情報RIM19巻75号（2019年）38頁以下に詳しく紹介されていて参考になる。

国の経済状況や社会状況によってはこのような制度が巨大な社会課題の解決に役立つこともありうる。しかし、日本の社会状況において同様の制度を導入すべきとは思われない。

　2019年の「リクナビ事件」では、就職情報サイト「リクナビ」を運営するリクルートキャリアは、過去の内定辞退者によるリクナビ閲覧履歴をAIで分析した結果に基づき、就職活動中の閲覧履歴から学生の内定辞退率を5段階で推測し、このデータをアフラック生命保険、トヨタ自動車、三菱電機など大手を中心に35社に販売していた。その際、2万6060人分については学生の同意がなかったとして個人情報保護法23条1項違反等により、個人情報保護委員会は2度の是正勧告等を行った。[38]個人の同意なしに個人情報を販売していたことはもちろん問題である。のみならず、日本にはEUのようにプロファイリングについての規制がないことは、人間のAIによる評価を野放しにすることになり、「個人の尊厳」の侵害を放置することになろう。

(2)　プロファイリング規制・AI規制

　先に述べたEU一般データ保護規則によれば、「芝麻信用」アプリや日本での信用スコアによる評価は許されない可能性が高い。同規則22条は、「法的効果をもたらすか、または、同様の影響を及ぼす**プロファイリング**[39]を含む自動化された取扱いにのみ基づく決定」の対象とならない権利を自然人はもつと定めるからである。権利をもつと定めるが、その意味は「禁止」である。例えば、「オンラインでの与信の申込みへの自動的な拒絶」などは許されないし、プロファイリングに基づく**ターゲティング広告**の決定も場合によっては許されな

---

38)　個人情報保護委員会のウェブサイトで、https://www.ppc.go.jp/files/pdf/190826_houdou.pdf.とhttps://www.ppc.go.jp/files/pdf/191204_houdou.pdfを確認してみよう。

39)　4条4項では、プロファイリング（profiling）は「自然人に関する特定の個人的側面を評価するために、特に、当該自然人の職務遂行能力、経済状況、健康、個人的選好、関心、信頼性、行動、位置もしくは動向を分析（analyse）または予測（predict）するために、個人データを用いて行うあらゆる形式の自動化された個人データ処理」と定義される（日本語訳については山本龍彦「プロファイリングの法的諸論点（試論）─憲法の観点から」https://www.soumu.go.jp/main_content/000533322.pdfより引用）。

い。違反すれば、83条5項(b)により2000万ユーロ以下または世界全体の売上金額の4％以下のいずれか高い方の行政罰金が科されることになる。

また、EUでは2021年4月にAIを規制するための規則「AI ACT」が提案されている。その目的は、AIは経済的・社会的利益をもたらすが、他方で個人や社会に新たなリスクやマイナスの結果をもたらしうるため、AIシステムが安全で、EUの価値観・基本的権利を尊重することを保障することにある。特に注目すべきは、イノベーションを促進するために法規制によって法的確実性を保障しようとしている点である。日本ではイノベーション促進のために規制緩和に向かい、法的規制ではなく自主規制に委ねる傾向が強いのと対照的である。EUでは、健康、安全、消費者保護など基本的権利の保護という公益を守りながら「責任あるイノベーション」が促進されるべきであると考えられている。このようなEUの姿勢を日本も学ぶ必要がある。

(3)　AIによる労働力供給？──「エッセンシャル・ワーク」と「ブルシット・ジョブ」

第2に、AIの活躍を期待することができ、労働者不足に対応することができる、低コストでの運用が可能になれば、効率的な経済的対応が可能になると言われる。

しかし、一方で、AIが人間の仕事、特に単純労働についてその担い手となることは、従来単純労働を担ってきた人々、特に低所得者の仕事を奪うことにつながる。経営者の視点からは、「単純労働の担い手は必要であるができるだけ低コストで抑えたい。低コストでは人間は単純労働を嫌がる。低コストでの単純労働の担い手としてAIが最も安く済み、効率的である」という考えはご

---

40)　「自動化された個人に対する意思決定とプロファイリングに関するガイドライン（Guidelines on Automated individual decision-making and Profiling for the purposes of Regulation（EU）2016/679）」に詳しい解説がある。同ガイドラインについては、個人情報保護委員会が仮日本語訳を公表しているので参照してほしい（https://www.ppc.go.jp/files/pdf/profiling_guideline.pdf）。

41)　2019年には、1月にフランス当局はアメリカのGoogleに約62億円、7月にイギリス当局はイギリス航空大手ブリティッシュ・エアウェイズに約250億円、アメリカホテル大手マリオット・インターナショナルに約133億円の行政罰金をGDPR違反に基づき科した。なお、アメリカのカリフォルニア州では2020年1月1日から「消費者プライバシー法」が施行されている。

42)　EUウェブサイトでCOM（2021）206 final. を探して原文を見てみよう。

く自然に出てくる。結果として、労働者不足に対応して人件費を上げる方向に向かうことはなく、低所得者層の所得増加となるどころか、むしろ、仕事を奪うこととなる。現在単純労働を担う人々は、「この仕事はAIに任せましょう。効率的ですからね」と言われた後、どのような別の職を得ることができるというのだろうか。AIが人間の仕事を奪いつつある世界の現状を認識しなければならない[43]。

　介護・看護・保育・清掃・ごみ収集・農林漁業畜産業といった仕事は、社会に必要不可欠な「エッセンシャル・ワーク」であるにもかかわらず、低賃金に追いやられている。これに対して、コンサルティング・マーケティング・広告・金融業・保険業などの仕事は、重要そうに見えて高給であるが、これがなくなっても社会にとって何の問題もないとその従事者も思っている。最近ではこれらの仕事を「ブルシット・ジョブ（クソどうでもいい仕事）」と呼ぶ本が世界的ベストセラーとなった[44]。しかも、介護や保育など、人間に感情をこめて対応する必要がある仕事については、AIや機械で代替することはできず、人間こそがやる意味がある。にもかかわらず慢性的に人手不足に陥っている現状の背後には、これらの仕事への社会的な低評価が低賃金をももたらしているという悪循環が横たわっている。社会にとって「真に必要な」仕事を高く評価する「価値観」の醸成と財政的基盤の構築に、国は率先して取り組む必要がある。

(4)　IoTによる便利な生活？

　第3に、IoT化により、生活が便利になることによって、生活の効率化が進む、そうすると、生活に余裕が生まれ、大切な人と共有する時間を確保することができると言われる。

　しかし、もう十分便利な生活を享受しているであろう。便利さをどこまで追

---

43)　2015年12月12日に野村総合研究所は、国内601種類の職業について人工知能やロボット等で代替される確率を試算し、10〜20年後に日本の労働人口の約49％が就いている職業が代替されうるとの推計結果を公表した（https://www.nri.com/-/media/Corporate/jp/Files/PDF/news/newsrelease/cc/2015/151202_1.pdf）。

44)　デヴィット・グレーバー／酒井隆史ほか訳『ブルシット・ジョブ―クソどうでもいい仕事』（岩波書店、2020年）。著者は日本語版が発行された2020年に惜しくも亡くなられた。

求すれば気が済むのか。便利さを追求したその果てに、人間が今まで考えて、また身体＝手や足を使って行ってきたことを、人間がする必要がなくなること、代わりにAIがやってくれることは、素晴らしいことなのだろうか？　自分が行うことによって、自分の人間としての思考や運動能力を鍛えることができたのであり、それが人間の生活を豊かにしてきたのではなかったのか。八百屋・スーパーで食材を厳選しながら選び、包丁で切り、フライパンで炒めて、盛りつける、ほこりがたまった部屋を掃除する、「自らの生活のために」自分が動く、その積み重ねが生活であろう。それを省いて時間ができたから、その時間を使って大切な人と時間を共有するといって、どのような「時間の共有」をするのだろうか。会話を楽しむ、映画を一緒に観る、スポーツをするのか。その時間に共に存在する人間が、生活を積み重ねていない人間となっているとき、「時間の共有」は表面的なものとはならないのか。

　そこまでして「便利な」生活を送る必要性がどこにあるのか。経済成長のためには、新しい製品やサービスをどんどん購入する必要があるということか。資源は無限ではないのに？

(5)　スマホによる「依存症ビジネス」

　最も厄介なのは、社会のデジタル化が促進されて、日本を含む多くの国では「スマホなしには生きていけない」、「SNSなしには友達とつながれない」という「常識」が知らず知らずの内に作り上げられていることである。これはいわば「車なしには生きていけない」とか「定年まで同じ会社に勤めるべきだ」と同じレベルの「一つの考え」にすぎない。あるいは、デジタル化推進という国の政策に後押しされて、企業が経済的利益を得るために展開している「広告」ともいえよう。スマホの甚大な弊害は指摘されていて、IT企業のトップは自分の子どもにタブレット端末を触らせなったこともよく知られているが、相変わらずIT企業は「依存症ビジネス」を展開し続けている。[45]

---

45)　世界的ベストセラーであるアンデシュ・ハンセン／久山葉子訳『スマホ脳』（新潮社、2020年）や、アダム・オルター／上原裕美子訳「僕らはそれに抵抗できない」（ダイヤモンド社、2019年）は、スマホなどデジタル携帯端末の闇を暴いている。

(6)　「信頼」と「共感」に基づく現実の人間関係

　経済的効率性や便利さを追求すると、人間同士の「関係」は不要な無駄なものとなりそうだ。AIによる対応やIoTの進展だけでなく、ネット通販などの無人販売や無人支払いが普及する社会では、人間同士の会話や関係を結ぶこと、いわんや「信頼関係」は必要とはならない。そのような社会へと、私たちの消費によって、少しずつ静かに向かっている。

　それにもかかわらず、「人間同士の信頼関係」は、今も依然として築き上げるべき大切な価値あるものだと認識されている。そこで言われるのは、生活が便利になることにより「煩わしい人間関係」から解放されて、仕事も効率化して、「本当に大切な家族や友人との人間関係」や一緒に過ごす時間に集中できるようになり、人間同士の信頼関係はより深まる」ということであろう。

　しかし、本当にそうなるのか？　人間同士の関係を多くの場面で断ち切って、そもそも友人関係を結ぶことができるのか。家族関係を結ぶことができるのか。便利なLINEや「メッセンジャー」の既読機能に特別の煩わしさがつきまとうのはなぜなのか。特に親子関係は、人間にとって（他の動物にとっても）その後の生き方を決定するほど重要であるにもかかわらず、親がわが子を虐待するという重大問題は後を絶たない。家族や友人だけではなく、多様な人間関係をもつことで、人間は生きやすくなり、自分の生きる道標を見つけるのではないか？　多様な「コミュニティ（居場所）」作りを推進する施策が必要であろう。それにもかかわらず、日本社会は、人間関係を育むことよりも経済的利益を優先しているように思える。機器を操作してデータ処理を行う「技術」や、人間同士のコミュニケーションも機器を通じて無言で行う「所作」を身につけさせ、「データ社会」で後れを取るまいと必死になるばかりだ。現実的な人間[46]

---

46)　米国の研究者らが「国内総生産＝GDP」をもじって提唱する「データ総生産＝GDP（Gross・Data・Product）」により測った各国のデータ国力では、1位がアメリカ、2位がイギリス、3位が中国で、日本は11位との結果について報道され、これが「データ後進国」として問題視されてきた（日本経済新聞2019年6月27日朝刊1頁および3頁）。2020年度から新小学校学習指導要領に基づきプログラミング教育が導入されることも象徴的である。文部科学省ウェブサイトで、「情報教育の推進」ページから「小学校プログラミング教育」を見てみよう。

関係を結び続けることの大切さ[47]は、変わることはない。

3　「目指すべき未来」とデータ収集

(1)　「便利さ」「経済成長」という善と「プライバシー侵害」という悪の対立？

　情報の蓄積、いわゆるビッグデータの価値を考えるとき、自分はどのような未来を目指すのかという問いに、密接に関係してくる。

　情報蓄積の価値は、生活の「便利さ」を高める、「経済成長」を促す、けれども、これに伴い「プライバシーの侵害」も生じるので、何とかしなければならない、という問題が提起されることは既に述べたとおりである。

　しかし、少し立ち止まって考えてみよう。プライバシー侵害の問題さえ解決できるのであれば、生活の「便利さ」をどんどん高める必要が本当にあるのか？　「経済成長」をこれ以上追求すべきなのか？　「便利」であることは、「より便利」であることを意味しており、だから「新しい」物を買おうということにつながる。「便利さ」を追求することによって、古い物を捨て、新しい物を購入し、自然環境を破壊してきたことは、既に述べたとおりである。「便利さ」をこれ以上追求することに一体どのようなプラスの意味があるというのか。

(2)　仮想現実世界の拡大

　膨大なデータがオンライン上で活用されることにより、人間関係を直接伴わないデータ処理の世界が拡大し進展し続けている。このような世界があたかも「スマートな」世界であるかのように宣伝される。その代表例が、ゲームや仮想現実＝VR（Virtual Reality）機器の世界である。視界にVR機器を装着して、現実ではない世界を体験することができるが、それがあたかも「最新の」「素晴らしい」機器であるかのように宣伝され、その機器さえあれば、現実に森や山

---

47)　このことを強く主張し続けているのは、元京都大学総長でゴリラ研究者として知られる山極寿一教授である。人間が「生物として」進化してきたことを今一度自覚すべきこと、現実の五感で感じる世界の大切さを、その著書『スマホを捨てたい子どもたち』（ポプラ社、2020年）など多数の著書で訴え続けている。

や海辺といった日常的には行けない空間に「いつでも」行けるのだから、また、現実にはあり得ないすごい美男・美女と夢のような生活を送れるのだから、これほど素晴らしいことはないといった具合に宣伝される。2020年頃から日本でも「メタバース」や「NFT（Non Fungible Token）」が、「素晴らしい」と宣伝され始めた。

　しかし、現実に森や山や海辺に行ってそこで実際に体験する感覚、現実に他人と生活を共にする感覚は、VRでは決して得られないことは明らかである。

　それにもかかわらず、VRと現実があたかも同じであるかのような宣伝が堂々と行われていることは、テクノロジーの発展を最も偉大な功績として賞賛すると共に、集団としての人間をとても危険かつ恐ろしい暗示にかけることになる。つまり、「森や山や海が破壊されても、テクノロジーの力で人間はVRとして何度でも〈再生〉できる」、あるいは、「恋人とうまくいかなくても、テクノロジーの力で人間はVRにより何度でも簡単に〈やり直し〉ができる」という暗示である。VRの発展・拡大は、それが何度でも再生ややり直しができるがゆえに、本当の現実は一度破壊されれば二度と再生することはない、努力なしにはやり直しができないという「真実」を忘れさせてしまいかねない。同じことは、「クローン猫」や「クローン犬」を「生産」して、かわいがっていたペットが死んでも「同じ猫や犬」を「再び蘇らせる」ことが、アメリカや韓国では行われていて世界中から注文がきているという現実の中にも、見出すことができよう。[48] 人間についても、故人をAIとVRにより「蘇らせる」ことが世界中で行われていて、販売され「消費」の対象となっている。故人の同意が不可能であるのに、その尊厳を傷つけることにならないのか。[49]

---

48)　日経産業新聞2004年8月11日6頁「米ジェネティック・セイビングズ、クローン猫が誕生—染色体移植を利用」、2008年2月18日朝刊38頁「ペット犬クローン初受注、韓国ソウル大研究者ら、米女性から540万円で」。なお、日本ではクローン牛について、2009年に食品安全委員会は「安全」と評価したが、農林水産省は「一般には流通しない」とする方針をとっている。これに関するパブリックコメントを見ると多様な立場からの多様な意見を知ることができる（http://www.affrc.maff.go.jp/docs/clone/attach/pdf/index-5.pdf）。
49)　福井健策「よみがえる故人たち」情報通信政策研究5巻1号（2021年）131頁以下は、ウェブでも読める論文で、問題状況を説明してくれている。

　最近の状況を見ると、メタ社や日本の経済界が大々的に宣伝をした「メタバース」は、2023年2月の四半期決算によればメタ社に約43億ドルの損失をもたらした。企業がどんなに宣伝しても、現実の触れ合いを求める生物としての人間の本質がVRと馴染まないことを示す事実のように見える。

(3)　経済成長を目指し続けた果てに

　便利さの追求は、経済成長と連動する「快楽」という価値の追求である。また、経済成長をもたらすものはすべて「善」だと認識してしまう価値観を、多くの人間がもつに至っている。

　しかし、経済成長を追求することによって何がもたらされるのか。グローバル化という大義名分の下に、世界の各地域が、「開発（発展）」という美名の目的の下に、先進国や後進の経済力のある国や企業によって、「開発」され、利用されてきた。先進国の価値観が良いものも悪いものも流入し、世界中の地域が同じ価値に基づいて同じモノを求めている。　しかし、世界中の人間が、例えば日本の中堅企業に勤める父親とパートで働く母親、高校と大学に通う兄弟がいる家庭、4年に一度ぐらいは海外旅行に行くような家庭と同じような生活をすることができるのか、また、そのような生活を目指すべきなのか。過去20年で科学技術は驚くほど進展し、経済成長も続いているが、日本国内だけを見ても、富める人間をより豊かにしただけで、貧しい人間をより豊かにはせず、経済的格差をますます拡大させただけだという現実がある。経済成長すれば皆が豊かになるなどという夢はとても描けない。また、先に挙げたような生活が世界の人々にとって「豊かな」生活だとどうして言えようか。

　自然環境の破壊も、経済成長の追求によって、加速し続けている。一例を挙げると、2019年当時ブラジルでは経済成長を環境保護より優先する政権が、農

---

50)　読売新聞2023年2月4日東京朝刊11頁「GAFA全社減益 急成長曲がり角 10〜12月期 人員削減相次ぐ」。

51)　厚生労働省2022年「国民生活基礎調査」において3年ごとに行われる貧困率の調査を見てほしい（https://www.mhlw.go.jp/toukei/saikin/hw/k-tyosa/k-tyosa21/dl/03.pdf）。これによれば、2021年には相対的貧困率は依然として15.4%と高く、かつ、貧困線が127万円と24年前の149万円から22万円も下げられた中でのこの数字である。

牧地や鉱山の開発を支援する政策を打ち出したことに起因して、森林の違法伐採や焼き畑が急増し、焼き畑の火が燃え移り森林火災が拡大していた（2019年8月時点）。この状況を受けてフランス大統領をはじめとしてヨーロッパ各国はアマゾン保護を訴え、EUとブラジルとの経済関係の悪化が生じ、当時のボルソナロ大統領は内政干渉だと反発しているとの報道があった。[52]

　アマゾンの森林が燃え続け失われることは、「地球の肺」が焼けてしまうことを意味する。しかし、ブラジルの政権は自国の「経済成長」を目指して国民が豊かになるように努力していた。「アマゾンはブラジル国民のものだ」との発言もそのとおりだ。これまで先進国も自国（および植民地）の森林を切り開き、農地にして、道路を造り、鉄道をめぐらせて、自国を豊かにしてきたし、現在も経済成長を続けている。なぜ、途上国だけが、「地球全体」のことを考えて、自国の経済成長を我慢しなければならないのかと言われれば、反論のしようもない。

　ところが一転、2023年1月1日に就任したルラ新大統領は、アマゾン保護を欧米に約束している。

　自然環境の保護と世界経済との折り合いの付け方については、この本が扱える範囲をはるかに超える。しかし、この問題の深刻さと、経済成長をもたらすものを常に「善」と捉える価値観に対しては、無関心ではいられない。

⑷　素晴らしい未来？

　データ活用による「素晴らしい未来」が日本の至るところで描かれている。未来の世界では、AIとの接触は増え、VRの世界に楽しみを見出し、他人との「生の」人間関係は激減し、事務的なやりとりのみが行われる、自然環境の破壊が進み他の生物が共に生きていない世界で、人間は常に「自らのデータを提供し続け電子機器に接続されて」生きていくことが、想定されている。[53]中国

52）　日本経済新聞2019年8月30日朝刊11頁「アマゾン火災、対立深く。欧州、森林開発を問題視、ブラジル反発、欧米企業、輸入停止も」。

53）　ユヴァル・ノア・ハラリ／柴田裕之訳『ホモ・デウス（上）（下）―テクノロジーとサピエンスの未来』（河出書房新社、2018年）、アンドリュー・キーン／中島由華訳『インターネットは自由を奪う』（早川書房、2017年）、宮下紘『ビッグデータの支配とプライバシー危機』（集英社、

では「無人」ブームが到来していたという。これは「素晴らしい」生き方なのだろうか？

　「素晴らしい未来」と言っている人は、「何か」を目的として、たぶん、経済成長や世界での覇権獲得を目的として「素晴らしい」と言っている。誰か他人、特に企業や政治家が描く「素晴らしい未来」は、「自分にとっての素晴らしい未来」とは限らない。どんなに強力な宣伝があっても、それに踊らされずに、自分にとっての「素晴らしい未来」は、自分しか描くことはできないことを忘れてはならない。その手掛かりとして、世界中で、また日本でも、多様な考え方が主張されている。そういった「異なる考え」にも是非触れてみてほしい[54]。

Ⅲ　年齢は自分の消費生活にどのようにかかわるのか？

　私たちの消費生活を考えると、何を買いたいのか、何が必要なのかといった基本的なことですら、年代に応じて変化することに気づく。子どもには子どもの、若者には若者の、大人には大人の消費生活の形がある。一方で、安心で健全な消費生活を営むための知識や経験も、年齢に応じて変わる。多くの場合、経験はそのための土台になる。もっとも、ネットでの取引やスマホを使ったキャッシュレス決済などのように、経験がかえってその利用のための理解を難しくしている取引もある。現代社会では、取引の場面でも迅速な意思決定が求められる傾向にある。しかし、それは子どもを含む若者や高齢者にとって、優しい買物のあり方では決してない。

2017年）、山本龍彦『恐ろしいビッグデータ』（朝日新聞出版、2017年）、山本龍彦編『AIと憲法』（日本経済新聞出版社、2018年）などは、想像しうる未来を示し、また、これに対して警告する。
54)　世界では、「経済成長」信奉に疑問を投げかける考え方が主張されているという事実を知ってほしい。マルクス・ガブリエル，マイケル・ハート，ポール・メイソン，斎藤幸平編『資本主義の終わりか、人間の終焉か？ 未来への大分岐』（集英社、2019年）、ヨルゴス・カリスほか／上原裕美子ほか訳『なぜ脱成長なのか』（NHK出版、2021年）、ケイト・ラワース／黒輪篤嗣訳『ドーナツ経済学が世界を救う』（河出書房新社、2018年）など多数。日本ではその代表格が、齊藤幸平『人新世の「資本論」』（集英社、2020年）である。橋本努『消費ミニマリズムの倫理と脱資本主義の精神』（筑摩書房、2021年）も参考になる。

1　社会の変化と消費者相談の傾向

　今からおよそ30数年前、平成が始まった1989年、1984年から運用が開始された国民生活センターの**全国消費生活情報ネットワークシステム（PIO-NET）**には、全国の消費生活センターに消費者から寄せられた16万1052件の相談が登録されていた。現在、登録される相談件数は、年間で100万件近くにまで達している。登録されている相談には、それぞれの時代に対応した顕著な傾向がある。

　国民生活センター『消費生活年報1990』によれば、この時代の相談の対象は商品が中心で、例えば浄水器や羽毛布団、学習教材等の訪問販売が問題になっていた。訪問販売など特殊販売に関する相談の年代別相談割合では、20歳代からの相談が25.6％で最も多く、30歳代が24.0％で、年齢が上がるにつれて割合が減少し、60歳代が8.3％、70歳以上は3.2％であった。一方で、『消費生活年報2022』では、2021年度のすべての相談に関する割合では、70歳以上が22.9％と最も多く、次いで50歳代の15.1％で、20歳代は9.5％になっている。社会の高齢化という変化が、消費生活に関するトラブルにも大きな影響を与えていることが分かる。

　消費生活相談の傾向から分かるもう１つの特徴が、あらゆる世代でネットに関する相談件数が増加し続けていることである。『消費生活年報2022』では、いずれの年代でもデジタルコンテンツやインターネット接続回線に関する相談の件数が上位を占めている。1995年のWindows95の発売とそれに前後するISP（インターネットサービスプロバイダー）の開設によって、家庭のパソコンがインターネットに接続できるようになった。現在はパソコンだけでなく、携帯できる端末であるスマホやタブレットなどでもネットへの接続が可能である。それに伴って、ネットに関する消費生活相談が増加し続けている。その変化は、子

---

55)　PIO-NET（全国消費生活情報ネットワークシステム）とは、国民生活センターと全国の消費生活センターをネットワークで結び、消費者から消費生活センターに寄せられる消費生活に関する苦情相談情報を収集するとともに、その情報を提供する情報システムのこと（http://www.kokusen.go.jp/pionet/）。

どもの消費生活にも影響を与えている。『令和 4 年度青少年のインターネット利用環境実態調査』（内閣府・令和 5 年 2 月）によれば、小学生の97.5％がインターネットを利用している。また、59.5％がスマホを使っている。70％超える小学生が学校で配布されるGIGA端末を利用して、ネットに接続してる。いかなる手段であれネットに接続することができる子どもたちは、既に情報社会での取引の主体、つまりは消費者である。

　こうした社会の変化に即した消費生活相談の充実と消費者被害の救済と防止の仕組みの整備は、とても重要な課題である。高齢者も、未成年者や子どもあるいは若者も、消費生活に関する主体としてはいわゆる**脆弱な消費者**（→p.199参照）である。消費者としての自立を尊重しつつも、それを踏まえた消費者としての保護が図られる必要がある。

2　高齢者の消費者被害とその救済の仕組み

⑴　高齢者の消費者被害

　高齢者の消費者被害は、深刻な社会問題になっている。高齢者からの消費生活にかかる相談件数は、社会の高齢化率を超えて増えている。一方で、人口の多数を占め、一定の金銭的蓄積のある高齢者は、社会と経済を担う主体であることは間違いない。しかし、高齢者が悪質な事業者の食いものとされているとしたら、消費者としての権利擁護という観点からも、経済の適正な発展という観点からも、健全な状態とはとても言えないことになる。

⑵　高齢者とは

　ところで、高齢者とはいくつ以上の年齢の方なのであろうか。

　高齢者にかかわる法律でも、その適用年齢は様々である。高齢者の医療の確保に関する法律（2008年施行）では75歳以上が、高齢者等の雇用の安定等に関する法律（2004年施行）では55歳以上が、介護保険法（2000年施行）や老人福祉法では65歳が基準とされている。アクティブシニアと表現される元気で社会的な活動に熱心な高齢者もいれば、健康や金銭の不安などを抱え厳しい状況にある高

齢者もいる。2012年の厚生労働省の統計によれば、2025年に65歳以上の高齢者人口は3657万人で、全人口の3割を占めるという。そして、何らかの支援が必要な日常生活自立度Ⅱ以上の認知症の高齢者は、約470万人に達すると推計されている。高齢者の状態や必要な支援は、年齢によって画一に決まるものではなく、その時々の状況や人となりで全く異なる。

　もっとも、高齢者という人のあり様は、時の流れの中で、誰もがいずれ経験する自然な人間の姿である。少なからぬ高齢者が、将来の生活資金や健康に漠然とした不安感を抱え、孤独感を感じながら生活をしているという現実は、決して他人事ではない。加齢や病気による判断力の低下は、誰にでも起こりうる。高齢者の多くが、孤独、金銭、健康に関する不安感を感じて生活している。そして、悪質な事業者は、こうした、誰にでも起こりうる高齢者の不安感につけ込んでくる。高齢者の相談に健康食品や金融商品などが目立つのは、そうした不安感につけ込むがゆえでもある。そして、高齢者にとっては、契約による被害を教訓として生活を建て直すことは、時間的にも精神的にも容易ではない。

(3)　高齢者の消費者被害とその対策

　高齢者の消費者被害は、訪問販売や電話勧誘販売がきっかけとなる例が多くを占めている。その理由は、高齢者が、仕事をしている現役世代に比べると、自宅にいることが多いからだと考えられる。

　高齢者の中には「買物難民」と表現される、外出して買物をすることが困難な方々もいる。その数は60歳以上で700万人に達しているとも言われている。そうした高齢者にとっては、形式的には訪問販売に該当する御用聞きや日用品

---

56)　厚生労働省ウェブサイト「認知症高齢者の現状（平成22年）」（https://www.mhlw.go.jp/stf/houdou_kouhou/kaiken_shiryou/2013/dl/130607-01.pdf）。

57)　例えば、2021年度では、訪問販売に係る7万7877件の相談の39.6％を70歳以上の高齢者が占めている。また、4万5324件の電話勧誘に関する相談のうち35.1％が70歳以上の高齢者によるものとなっている（国民生活センター『消費生活年報2022』12頁）。

58)　経済産業省ウェブサイト「買物弱者対策支援について」（https://www.meti.go.jp/policy/economy/distribution/kaimonojakusyashien.html）。

の配送などは、生活の基盤として不可欠のものである。そうだとすると、一律に訪問販売や電話での買物を否定することはできない。ただ、悪質な事業者は、高齢者が予期せぬタイミングで訪問したり、電話をかけたりして、必ずしも生活に必要とは言えない商品や役務を販売し、被害を生じさせる。しかも、その量も一度に大量の販売をすることが少なくない。そうした事業者は、契約をした高齢者とは日常的なお付き合いはほとんどない。事業者の所在地も、ほとんどの場合に高齢者の生活圏からは離れている。

　こうした事態に対応して、法律の対応もなされてきている。例えば、特商法（→p.81参照）には**過量販売解除権**が、訪問販売については2009年改正で（特商法9条の2）、電話勧誘販売について2016年改正で（特商法24条の3）、定められた。これらの解除権は、高齢者が締結した契約にその適用が限定されているわけではない。ただ、高齢者が訪問販売や電話勧誘販売で、日常生活に必要な量を超える商品等を購入させられている実態を考慮して、実質的には高齢者の契約被害救済を意図して規定されている。また、特商法はその施行規則で「老人その他の者の判断力不足に乗じ、売買契約又は役務提供契約を締結させること」を禁止している（訪問販売につき省令7条2号。電話勧誘販売につき省令23条2号）。これに違反した場合には、行政処分である指示（通常は業務改善命令）の対象となる（訪問販売につき特商法7条、電話勧誘販売につき特商法22条）。ただ、違反の効果はあくまで行政処分であって、締結した契約が直ちに無効になったり、取消しができたりするわけではない。実質的に被害を防止するためには、例えば、地方自治体や地域で「訪問販売お断りステッカー」などを活用して、よそ者による悪質な勧誘に歯止めをかけるなどの工夫が考えられる。法律的には、ステッカーによる意思表示に反してなされた契約の取消しを可能とするなど、その法律的効果を明確にすることも必要であろう。

　奈良県では、2017年3月に奈良県消費生活条例に基づく告示の改正（2017年4月1日施行）を行って、「**訪問勧誘お断りステッカー**」の貼付を訪問勧誘の拒絶の意思表示と取り扱うことによって、条例の規制を及ぼすこととしている。訪問販売お断りステッカーは、自治体の他、各地の弁護士会や消費者団体などによって作成されている。

訪問勧誘お断りステッカーの例

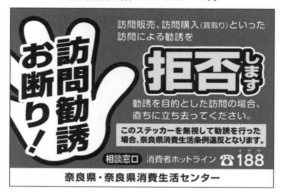

訪問販売、訪問購入（買取り）といった
訪問による勧誘を

拒否します

勧誘を目的とした訪問の場合、
直ちに立ち去ってください。

このステッカーを無視して勧誘を行った
場合、奈良県消費生活条例違反となります。

相談窓口　消費者ホットライン☎188

奈良県・奈良県消費生活センター

　消費者契約法（→p.68参照）にも、2018年改正によって、高齢者の契約被害の救済を意図して、消費者契約の勧誘行為を規制する条項が追加されている。加齢などで判断力が著しく低下していることから生活に過大な不安を抱えていることを知りながら、それをあおって契約を勧誘した場合には、その契約を取り消すことができることとされた（消契法4条3項5号）。さらに、2016年改正によって、契約の目的となるもの分量等が過量であることを事業者が知りながら勧誘した場合には、その契約を取り消すこともできる（消契法4条4項）。

　また、金融商品取引法には、顧客の知識、経験、財産の状況及び契約を締結する目的に照らして不適当と認められる勧誘をすることがないように事業者は業務を行わなければならないとする規定がある（金商法40条1項）。高齢者が、電話勧誘で、例えば未公開株や二酸化炭素（CO_2）排出権取引など、ハイリスクで実態の確認が困難な金融商品を購入させられる被害が多数生じていたことがその背景にある。「適合性の原則」と言われるこの規定は、契約当事者が高齢者であることにも十分に配慮して契約の勧誘をしなければならないことを意味している。この規定に反する勧誘は不法行為に該当し、それを理由とする損害賠償の請求が可能とする最高裁判例がある[59]。ただ、適合性の原則が被害の回

---

[59]　最高裁平成17年7月14日判決（民集59巻6号1323頁）。原審（東京高裁平成15年4月22日）では、オプション取引について適合性原則に違反する違法な行為であるとして、不法行為による

復を実効的に行うための手がかりとして効果的に機能しているかと言えば、残念ながら、そうではない。適合性の原則に反する勧誘がなされた場合には行政処分の対象とはなるものの、契約の効力を問題とするにはなお、規定が抽象的であるなどの課題が残されている。

　高齢者の消費者被害のもう１つの重要な論点が、被害の掘り起こしと被害認識の涵養にある。取引内容や契約が複雑であったり、事業者の担当者が外見的には親身に高齢者に対応したりしていること等があって、高齢者は自らがした契約に問題があることを認識することは容易ではない。高齢者自身がその被害を認識しなければ、相談や救済に被害者たる高齢者をつなぐことすらできない。消費者安全法は、2014年改正で、人口５万人以上のすべての市町に「**消費者安全確保地域協議会**」を設置して、高齢者の見守りを実施する体制を整備するとしている（消費安全法11条の３）。地域の見守り活動を通して高齢者の被害の掘り起こしと救済を図ることが意図されている。高齢者の意思と自己決定権を尊重しつつ、安心して消費生活を送ることができる環境で生活をする権利を保障する制度設計とその整備が求められている。

3　若者の消費者被害とその救済の仕組み

(1)　若者の消費者被害と未成年者保護

　若者とはいくつまでかという問いにも答えはない。もっとも、民法は未成年者については制限行為能力者として、対等平等な人という民法の原則の例外としている（民法４条）。

　民法では、未成年者が締結した契約は、法定代理人（多くの場合、親権者。以下、便宜的に親と書く）の同意がなければ、それを取り消すことができる（民法５条２項）。もちろん、事前に親から処分を許された財産などについては、改め

損害賠償が認められた（過失相殺あり）。もっとも、最高裁判決では契約者が株式会社であり、証券取引についての知識と経験を有していたとして、損害賠償そのものは否定されている。

60)　消費者庁ウェブサイト「消費者安全確保地域協議会（見守りネットワーク）」(https://www.caa.go.jp/policies/policy/local_cooperation/system_improvement/network/)。

て親の同意を得なくても未成年者は単独で契約を締結できる（民法5条3項）。典型的には、お小遣いや仕送りなどによる場合には未成年者であっても、親の同意を得ることなく契約を締結することができる。コンビニで未成年者の高校生が買物をする際に、例えばスマホを取りだして親に電話して、一々契約の同意を得ている場面に遭遇することはあり得ない。それは、コンビニでの買物が、高校生にとっては小遣いの範囲であって、親に事前の同意を得ていると評価できるからである。

未成年者に関する民法の規定

未成年者のする法律行為（契約）の効力	原則（5条2項）	例外（取消しができない場合）		
	法定代理人（親）の同意がない場合は、取消しができる	単に権利を得、義務を免れる行為	5条1項但書	お年玉等
		法定代理人が処分を許した財産	5条3項	お小遣い等
		許可された営業に関する契約	6条1項	未成年社長

　その未成年者に関する民法が改正され、2022年4月1日から成年になる年齢が20歳から18歳に引き下げられた（民法4条）。成年年齢は、1876（明治9）年以来、ずっと20歳であった。これが、実に140数年ぶりに改正された。この改正により、18歳、19歳の若者の消費者被害が増加するのではないかと危惧されている。成年年齢の18歳への引下げから1年間の18歳、19歳の若者からの相談の推移によれば、全体としての相談件数に大きな変化はないものの、脱毛エステや美容医療をその内容とする医療サービスに関する相談件数の増加が目立っている。

　未成年者に関する民法の規定、とりわけ未成年者取消権は、不本意な契約を締結した未成年者を保護する役割を果たしてきた。例えば、悪質な事業者は若者に「君も大人だと思うのなら、自分で判断しなさい。他人に相談しないと決められないようでは自立したとは言えない」と言って、契約の締結を迫る。大人になることとは、分からないことまで独断で決めるのではなく、迷ったときに適切な人あるいは機関に相談する知恵をもつことだと思う。悪質事業者は、その余裕を奪い去ろうとする。もっとも、独断での契約をさせられた若者が未

18歳、19歳の若者からの消費生活センターへの相談の内容と件数（国民生活センターの資料から）

順位	商品・役務等	2022年度の相談件数	2021年度の相談件数
1	脱毛エステ	716	99
2	出会い系サイト・アプリ	249	290
3	商品一般	241	305
4	他の内職・副業	181	158
5	賃貸アパート	149	137
6	アダルト情報	138	182
7	医療サービス	116	44
8	他の健康食品	113	189
9	役務その他のサービス	103	94
10	脱毛剤	101	289
	相談の合計件数	5108	4849

成年者であれば、親の同意がないことから、締結した契約を取り消すことができる。

　満18歳の働いている女性が、キャッチセールスで化粧品とエステ16万円余りを、月々1万4000円の12回払いで契約した事例に関する裁判例がある（茨木簡易裁判所昭和60年12月20日判決、判時1198号143頁）。この事件の当時、18歳は未成年者であった。そこで、親の同意がないことを理由に女性が契約を取り消す意思表示をしたのに対して、販売業者とクレジット会社は働いている女性にとって総額16万円、分割だと月1万4000円の支払いは処分を許された金額の範囲内である、要は収入で支払えると主張した。裁判所は、分割の金額で判断することは妥当ではなく（クレジットは1回でも支払いが遅れると残額の支払い義務が生じる。期限の利益の喪失と言う）、16万円は手取りが8万円の女性にとっては高額に過ぎるとして、取消権の行使を認めた。この判決は、未成年者がした契約で、親の同意が期待できないような商品や役務あるいは金額的に高額な契約については、分割払いによる1回の支払額が少額だったとしても、取消権を行使することが可能であると判断した。民法の未成年者取消権が、若者の契約に関する消費者被害救済法理として有効に機能することが確認されたのである。

　全国の消費生活センターに寄せられる相談で、20歳以下の若者からの相談は全体の3％程度で推移している。若者に被害が多い連鎖販売取引（マルチ商法）を例にすれば、18〜20歳未満の年間の相談件数が908件であったのに対して、

20〜22歳未満は1万401件と実に10倍になっている（2016年度の国民生活センターの統計）。未成年者取消権が、20歳未満の若者の契約による消費者被害の防止にも寄与していることが理解できる。

(2) 成年年齢の引き下げと消費者としての若者の保護

　成年年齢を18歳に引き下げることを妥当とした2009年の法制審議会「最終報告書」には、そのための条件として、若者の自立と消費者としての保護についての施策の充実が必要であると指摘されていた。2018年の消費者契約法改正で、社会経験の乏しさ故に、進学や就職などあるいは容姿や体型などに不安を抱えていることを知りながら消費者契約の勧誘がなされた場合に、それで締結した契約を取り消すことができる旨の規定が追加された（消契法4条3項3号）。また、恋愛や好意の感情につけ込んで契約を勧誘するいわゆる「デート商法」で契約が締結された場合の取消権も規定されている（消契法4条3項4号）。これらの規定が若者に多い契約被害に対応して規定されたことは事実である。もっとも、これらの規定で若者の契約に関するルールが整ったとはとても言うことはできない。

　例えば、20歳になった直後の若者の消費生活に関する相談では、ネットに関する契約とともに、男性では賃貸不動産に関する相談が、女性ではエステや健康食品など美容に関する相談が目立っている。これまでは、高校を卒業して大学に進学したり、就職したりして親元を離れる際に、アパートやマンションを借りるに際しては、親の同意が必要であった。継続的契約である賃貸借契約には保証人が必要で、ほとんどの場合に、保証人には親がなっていた。そこでは、法的な契約原理だけではなく、親による自立しつつある子どもへの支援や配慮を機能させる余地があった。例えば、家賃の滞納があれば、それは保証人である親に通知され、子どもの勉強や仕事に支障が生じないような対応が期待できた。18歳で成年になれば、高校卒業後の賃貸借契約は親とは関係なく締結することができることになる。保証人も、親ではなく、一般の賃貸借契約で利

用される家賃保証会社を利用することもできる。ここでは法的な契約原理が全面的に機能することになる。滞納家賃を代わって支払った（代位弁済という）家賃保証会社は、それを賃借人に請求（求償という）する。そして、賃借人が家賃保証会社に代位弁済額の支払いができなければ、そのアパートからの立ち退きを迫られる場面も出てくる。もちろん、若者も消費者教育などを通して、契約について理解することが求められる。もっとも、法的な責任とそれを基準としつつも、社会としてどのような仕組みを実際に機能させるかは異なる次元の問題である。賃貸借契約は期間も長く、当事者の権利義務も複雑である。賃貸借契約について、一定の範囲で親が関与することは合理的であるとも考えられる。若者のする賃貸借契約のビジネスモデルをどのように組み立てるかには、若者の保護という観点が不可欠で、そのすべてを契約当事者の責任に委ねるべきではない。

　エステや健康食品など美容に関する相談も、その金額が高額になりがちであるがゆえに問題になっている。美容医療が特商法で規制を受けることになったが、これからは18歳になった若い女性にエステやプチ整形（美容医療）といった美容に関する契約被害が広がる恐れがある。それらの契約が、消費者契約法が規定する容姿や体型の不安につけ込んだ勧誘による契約であるとして取り消すことができるかは、必ずしも明らかではない。すでになされた施術の現存利益の評価も難しい。

　そもそも、例え就職をした若者であっても、直ちには必要とは思われない契約で高額な借金を抱えることは、将来の生活基盤を危うくすることにつながる。今後は18歳でも自分のクレジットカードの発行を受け、おそらくは月30万円（学生にあっては10万円とする例が多い）を限度として決済することができることを考えると、支払能力を超えるカード利用が若者を中心に問題となることが

---

61)　2020年4月1日施行の改正民法では、個人根保証契約については極度額（保証人として責任を負う限度額）を明示しなければ、保証契約が無効になると規定された（民法465条の2第2項）。不動産賃貸借契約の保証契約は根保証契約であり、この規定の適用がある。この間の保証に関する民法の改正には、個人保証よりは機関保証を利用する方向を是とする傾向がある。その方向性は正しいにしても、例えば学生の下宿を典型とする賃貸借契約にまで、家賃保証会社がもっぱら利用されることが適切かは慎重に判断する必要がある。

懸念される（「適正与信義務」（例えばクレジットカードに関しては、割販法30条の2の2，3。もっとも、限度額が30万円以下のクレジットカードの場合は、簡易な審査でカードの発行が可能とされている））。カード会社による厳格な与信管理が不可欠である。

(3) 消費者としての子どもの保護

　子どもという概念にも、定義として年齢の定めはない。法律では児童という言葉が使われることがあるが、その年齢も法律の趣旨でまちまちである。例えば、児童福祉法では18歳までが児童（小学校入学までが幼児）、学校教育法では初等教育を受けている者つまりは多くの場合は12歳未満が児童とされている。ここでは概ね、小学生までを想定して議論を進める。

　現代の消費生活では、子どもも取引の主体になっており、消費者としての保護が問題になる。子どもたちは膨大な商品に関する情報の中で生活している。テレビやネットには子どもたちを対象とするコマーシャルがあふれている。アメリカの大学の研究で、子ども向けではないファストフード店のコマーシャルが、子どもの肥満の原因になっているとの調査の報告もある。[62]

　例えば、イギリスでは、広告の自主規制機関であるCAP（広告慣行委員会）やBCAP（放送広告慣行委員会）が、子どもの感性を保護するために、子どもに影響があるCMの掲載基準や放送時間帯などを制限している。そして、その実施状況の監視をASA（広告基準機構）が担っている。

　子どもたちの欲しいという気持ちが刺激され、それが契約トラブルとなった事例がある。いわゆる**オンラインゲーム**に関する取引被害である。国民生活センターは、2009年12月16日に「増え続ける子どものオンラインゲームトラブル──家族でゲームの遊び方を話し合うとともに、クレジットカード管理の徹底を」という報道発表を行って以来、2013年12月12日、2021年8月12日と継続的に、子どものオンラインゲームに関するトラブルについて警告をしてきている。消費者庁は、この問題をまとめた「オンラインゲームトラブル」というウェブサイトを解説して注意喚起をするとともに、2022年6月29日に「オンラ

---

62) イェール大学の調査（https://adage.com/article/news/study-fast-food-improve-kids-marketing-practices/245110）。

インゲームに関する消費生活相談対応マニュアル」を公表して、相談現場での
解決に向けた基準を提示している。もっとも、問題の社会的認識からすでに10
年以上が経過するが、その解決はなかなか進まない。典型的な相談事例は、子
どもが親のクレジットカードによるカード番号決済を親に黙って行って、オン
ラインゲームでアイテムを購入するなどして、高額な請求を受けるというもの
である。カード番号による決済の方法は、ゲームを購入するネットショップに
記述があり、簡単に知ることができる。多くの子どもは、カード番号等を入力
することが代金を支払うことであるとの認識をもたずに、まさしくゲーム感覚
で決済を行ってしまう。

　2021年にはオンラインゲームに関して7276件の相談が寄せられているが、20
歳未満が利用したとの相談が4443件を占める。そのうち、10から17歳の相談が
3146件、10歳未満の子どもが契約当事者である相談も1135件ある。購入金額が
10万円を超える相談は10〜17歳で76.2％、10歳未満でも52.5％を占める。購
入額が100万円を超える相談も10から17歳で6.5％ある（消費者庁『令和４年度版
消費者白書』）。この金額は、法的に親の同意が不要な小遣いの範囲であるとは
とても言えない。なお、決済手段の70％はクレジットカードである。小学生の
子どもでも、自分が持っているオンラインゲーム機やスマホなどを使って、親
のカード番号による決済をすることで、容易に高額な契約を締結できたのであ
る。ネット取引では取引相手の姿は見えない。通常の対面取引では、小学生が
大人ぶっても親のカードで決済をすることは不可能である。それがネットだと
簡単にできてしまう。また、親のカードを使ったことで、未成年者が自らを成
年であると詐術を使ったとして、契約の取消しは認められない（民法21条）との
主張が事業者からなされることもある。当時の国民生活センターの紛争解決委
員会では、購入代金相当額の半額をオンラインゲームの提供会社が、半額を消
費者である未成年者の親が負担することで、紛争の解決が図られていた。2017
年以降は、半額での解決も困難で和解が成立していないようである。なるほ[63]

---

63)　国民生活センターウェブサイト「国民生活センター紛争解決委員会によるADRの結果の概
　　要」(http://www.kokusen.go.jp/adr/hunsou/kekka_gaiyou.html)。なお、未成年者のオンラ
　　インゲームの高額請求については、「運輸・通信サービス一般」の「放送・コンテンツ等」に分類

ど、子どもとはいえ、親のクレジットカード番号を使って決済をしていることは褒められたことではない。でも、そうした決済の仕組みを、厳格な本人確認をしないで提供していたのは事業者に他ならない。法的に未成年者の年齢を確認する責任は、事業者に課せられている義務である。

オンラインゲームをめぐる子どもからの相談は増加しているわけではない。それは、ゲームを提供する事業者も年齢ごとに月に利用できる限度額を定めるなどの対応をとったこと。2016年6月に経済産業省が「**電子商取引及び情報財取引等に関する準則**」を改訂し、未成年者が年齢を詐称したと言えるかについて、「未成年者が取引に入る可能性の程度等に応じて不実の入力により取引することを困難にする年齢確認の仕組みとなっているか等、個別具体的な事情を総合考慮した上で実質的な観点から判断する」として、一応の法律的考え方を示したことなどが影響したと考えられる。ただ、子どもが当事者となる可能性がある取引で、子どもを消費者としてどのように保護するかについての議論は深まったとは言えない。子どもに対する商用広告の禁止や契約の際の年齢確認や決済方法の限定などを、法あるいは業界での自主ルールなどを通した制度として検討すべきである。

なお、アメリカでは、アプリ内課金システムを使うと未成年者が親の同意なしにアイテムなどを購入できたことに関して、2014年にFTC（Fair Trade Commission, 連邦取引委員会）がGoogleやAppleなどのデジタル・プラットフォーム事業者に対して改善を求めるとともに、代金の返金を促している。その結果、Googleは1900万ドル（約19億円）、Appleは3250万ドル（約32億5000万円）

されており、全部で9件の事例が取り扱われている。

64) 経済産業省「電子商取引及び情報財取引等に関する準則」（最終改訂・2019年12月）。電子商取引や情報財取引等に関する様々な法的問題点について、民法をはじめ、関係する法律がどのように適用されるのかを明らかにすることにより、取引当事者の予見可能性を高め、取引の円滑化に資することを目的として、2002年3月に策定されたもの。数次にわたって改訂が続いている。電子商取引に適用される法律の基本的な考え方を示しており、実務にも重要な影響を与えている。経済産業省ウェブサイト「「電子商取引及び情報財取引等に関する準則」を改訂しました（2019年12月19日）」（https://www.meti.go.jp/press/2019/12/20191219003/20191219003.html）。

の返金に合意したとの報告がFTCによってなされている。[65]

⑷ 高齢者から消費者取引を考える意味

　現代社会では、高齢者は経済社会の一方の主役である。テレビなどでは、高齢者に向けた健康食品やアンチエイジングの化粧品のコマーシャルがひっきりなしに流れている。成年年齢の18歳への引き下げには、その世代が消費を支える主体として自立することへの期待が込められている。もっとも、高齢者や例えば18歳から20歳の若者がする契約がその消費生活を豊かにするために機能しなければ、経済の主役の地位は単なる裸の王様になってしまう。若者の消費者としての保護には、次代の社会の担い手を育てるという法的な価値があることを忘れてはならない。高齢者には、誰かのアドバイスを受けつつも、最後まで自己決定が尊重されることが必要である。目先の金銭的利益に惑わされて、市民社会の大切な価値や理念を置き去りにすることは許されない。そのためにも、世代を意識した消費者としての保護を考えて、それぞれの年代に応じた適切な取引ルールを整備することが不可欠である。そして、すべての人が子どもから若者に、そしていつかは高齢者になる事実は、年代に応じた取引ルールが特殊なものではなく、すべての消費者にとって大切であることを示している。それは、取引における言わば「お互い様」を認めるルールである。高齢者の様々な不安に向きあわずに、それにつけ込んで不相当な利益を得ることは、市民社会でのルール違反なのである。

---

65) FTC "FTC Approves Final Order in Case About Google Billing for Kids' In-App Charges Without Parental Consent"（2014年12月5日、https://www.ftc.gov/news-events/press-releases/2014/12/ftc-approves-final-order-case-about-google-billing-kids-app）、FTC "Apple Inc. Will Provide Full Consumer Refunds of At Least $32.5 Million to Settle FTC Complaint It Charged for Kids' In-App Purchases Without Parental Consent"（2014年1月15日、https://www.ftc.gov/news-events/press-releases/2014/01/apple-inc-will-provide-full-consumer-refunds-least-325-million）.

Ⅳ　オンライン取引で何が起きているのか？

1　トラブルの状況

(1)　一般的なトラブル

　近年、社会における取引のオンライン化が加速していることは、おそらく共通の認識であろう。いつでも、どこでも、世界中の誰とでも取引をすることを益々可能としているこの展開には、時間的・場所的な制約を超えた無限の可能性が秘められており、メリットが大きい。他方で、取引のオンライン化によって生じている問題やリスクも、たくさん存在する。

　国民生活センターのウェブサイトを見ると、インターネットショッピングに関するトラブルとして、一回限りで注文したつもりが実際には定期購入だった、定期購入を解約しようとしても業者側と連絡がつかない、購入した商品が届かない、届いた商品に欠陥があったり効果がなかったりしている、登録をしていないのに会員料金を請求されたといったものや、未成年者が親の同意を得ないでオンラインで契約を締結したというようなものが並んでいる。また、ショッピングのみならず、アダルト情報サイト、出会い系サイト、オークション、アフィリエイトなどに関連するトラブルも多くみられる。例えば、アダルトサイトによる不当な請求、プリペイドカードの購入を指示する詐欺業者の存在、無料アプリからの請求、アダルトサイトとのトラブル解決をうたう悪質業者の存在などである。

　このようなトラブルが起きる原因は様々であるが、主なものとしては、まず、物理的な設備や対面での接触がないことによって、悪質業者が参入しやすくなっていることが挙げられる。また、パソコンや携帯の画面には、取引条件がずらっと並んでいるが、業者側に好都合な部分がフォントや色で強調され、消費者に不都合な部分がデザイン的に見えにくくされることや、画面越しの手続では誤操作が簡単に起きることも要因となっている。未成年者が、成人であ

ると偽ることも対面の場合と比べて容易であり、物理的な施設の存在が必ずしも前提とされていないことから、トラブルが起きた際に業者の居場所を特定することが困難となる。

　なお、少し次元の異なる問題ではあるが、特にプラットフォームを経由したサービスの提供について、「ギグワーカー」に関連するものが存在している。ギグワーカーとは、インターネット（中でも特にプラットフォーム）を通じて、単発の仕事を請け負う労働者のことである。基本的に、プラットフォームや他の企業に雇用されているわけではないため、その身分の不安定性や、問題が生じた場合の責任等が課題となっている。プラットフォーム等の側にとっては、人件費の削減や、幅広い人材の確保等のメリットが存在するが、前記のような課題に鑑みて、その法的な取り扱いについて議論がされている（→p.119参照）。

(2)　プラットフォームという存在

　さらには、ユーザー同士の取引に「プラットフォーム」が介在することが一般化していることも、様々な問題を生じさせている。ここでいう「プラットフォーム」とは、例えば、GAMAM（→p.55参照）のような存在である。プラットフォームのユーザーにとっては、プラットフォームを経由することで、通常であればアクセスできない大量の他のユーザーとの接触や取引が可能になるという大きなメリットがある。利用者が増えるほどプラットフォームの利便性が高まり、このことによってさらにユーザーが増えていく（ネットワーク効果）。

　プラットフォームは、ユーザー同士の取引、ユーザーに表示される広告や、ユーザーの個人データの利用によって巨額の収益を上げることが可能となる。しかし、ユーザー同士に、取引についてトラブル（ユーザーによる詐欺、商品の不着、欠陥ある商品の発送等）が生じた場合について、プラットフォームは、その利用規約において、一切の責任を負わない旨を定めるのが一般的である。従来、このことについては、プラットフォームは取引等のための「場」を提供するに過ぎないものとされていたが、近年では、後述するように、プラットフォームが単なる場の提供者として何ら責任を負わず、収益だけを上げる存在であるとの位置づけは、もはや認められていない。

2　立法上の対応

　日本には、オンライン取引における前記のようなトラブルに対応するための特別の立法は、後述するデジタルプラットフォーム関連のもの以外には、見られない。そのため、主に一般的な立法の個別の条文で対応がされており、デジタルプラットフォームについては、2つの法律が設けられているというのが現状である。

(1)　一般的な立法での対応

　一般的な立法における、オンライン取引に関する規定は多く存在するが、主なものとしては、まず、通信販売に関する特商法の規定が挙げられる。クーリング・オフが認められていない通信販売について返品権を認める規定のほか（→p.92以下を参照）、定期購入契約に関するものが注目に値する。定期購入契約については、通信販売の広告やインターネット販売における申込みや確認画面上に、定期購入契約である旨や、金額、契約期間その他の販売条件が表示されなければならないのである。また、他の関連規定として、電子消費者契約法3条が重要である。この規定は、錯誤に関する民法95条の特則を設けるものである。同条3項によると、表意者は、自己に重大な過失がある場合には、原則として錯誤による取消しをすることができない。オンライン取引ではクリックミスが生じやすいことなどから、電子消費者契約法3条は、事業者が消費者の重過失を主張して取消しを免れるためには、消費者の意思の確認をするための措置をとることなどを求めているのである。

(2)　デジタルプラットフォーム関連の特別法

　デジタルプラットフォーム関連の特別法として、日本には、まず、特定デジタルプラットフォームの透明性及び公正性の向上に関する法律（2020年制定。以下「DPF取引透明化法」という）がある。DPF取引透明化法は、デジタルプラットフォーム（の内の、特に取引の透明性・公正性を高める必要性の高いプラットフォーム

を提供するものとして指定された「特定」デジタルプラットフォーム）と出品者との間の関係を規律するものである。同法では、特定デジタルプラットフォーム提供者には、取引条件等の情報の開示および自主的な手続や体制の整備を行い、実施した措置や事業の概要について、毎年度、自己評価を付した報告書を提出することが求められている。また、行政庁は、報告書等を基にプラットフォームの運営状況のレビューを行い、報告書の概要とともに評価の結果を公表する。その際、取引先事業者や消費者、学識者等の意見も聴取して、関係者間での課題共有や相互理解を促す。独占禁止法違反のおそれがあると認められる事案を把握した場合、経済産業大臣は、公取委に対し、同法に基づく対処を要請する。

　次に、デジタルプラットフォーム関連の特別法として、取引デジタルプラットフォームを利用する消費者の利益の保護に関する法律（2021年制定。以下「**取引DPF消費者保護法**」という）がある。取引DPF消費者保護法は、取引デジタルプラットフォームと購入者との間の関係を規律するものである。同法の主な内容は、次の通りである。①取引デジタルプラットフォームを利用して行われる通信販売取引（B to C取引）の適正化および紛争の解決の促進に資するため、販売業者と消費者との間の円滑な連絡を可能とする措置等の、一定の措置の実施およびその概要等の開示についての努力義務を定めている。②内閣総理大臣は、危険商品等が出品され、かつ、販売業者が特定不能など個別法の執行が困難な場合には、取引デジタルプラットフォーム提供者に出品削除等を要請することができる。そして、取引デジタルプラットフォームは、要請に応じたことにより販売業者に生じた損害について免責される。③消費者が損害賠償請求等を行う場合に必要な範囲で販売業者の情報の開示を請求できる権利を創設している。④国の行政機関、取引デジタルプラットフォーム提供者からなる団体、消費者団体等によって構成される官民協議会を組織し、悪質な販売業者等への対応など各主体が取り組むべき事項等の協議を可能としている。⑤消費者等が内閣総理大臣（消費者庁）に対して消費者被害のおそれを申し出て適当な措置の実施を求める申出制度を創設している。

　このように、これらの法律によって、プラットフォームが一定の責任を負うことが認められているのは、大きな前進である。他方で、これらの責任は、あ

くまでもユーザー同士の取引に関する周辺的なものであって、ユーザー同士の取引についてプラットフォームが自ら契約責任（民事責任）を負う場合やその責任の内容については定められておらず、今後の課題として残されている。[66]

V　大量消費社会に流されていないか？

1　どのようにして「真実」を知ることができるのか？

　消費者を取り巻く世界は、情報によって構成される「事実」であふれている。しかし、そのような情報がすべて「真実」であるとは限らない。つまり、消費者を取り巻く世界に溢れている情報の中には、実際にあった出来事を紹介するものがあれば、存在しない出来事を作り上げているものもある。自分に紹介されている事実の裏にある真の意図が明確にされず、隠されていることもある。そして、そのような「事実」が、消費行動に影響することも少なくない。以下では、このような状況について考えた上で、これに対応するために消費者教育がどのように貢献できるのか、そして本来あるべき消費社会の姿がどのようなものなのかについて考えていきたい。なお、以下の分類は、紹介の便宜上のものであり、必ずしも厳密なものではない。

(1)　情報が誤っている場合

　（ⅰ）　フェイクニュースなど　　情報との関係でまず問題となりうるのが、情報の内容自体が誤っている場合である。情報を紹介する媒体（メディアなど）の確認が不十分であるために情報が誤っている場合には「虚偽報道」、誤った情報が意図的に流される場合には「捏造報道」と呼ばれることが多い。ソーシャル・メディアでの虚偽報道等については「**フェイクニュース**」という言葉がよ

---

66)　詳細については、カライスコス　アントニオス「デジタルプラットフォームの販売責任」法学セミナー 822号（2023年）34頁以下を参照。

く使われる。ただし、これらの概念の線引きは必ずしも明確ではない。

　虚偽の情報が流されるという現象は、決して新しいものではなく、その歴史は遠い過去にさかのぼる。今日の社会の特徴として挙げられるのは、ソーシャル・メディアの活用により、一般人による虚偽の情報も簡単に世界中に拡散することができるということであろう。例えば、X（旧Twitter）では、誰かがツイートした内容の真否を確認せずにリツイートし、虚偽の情報が広く拡散し「真実」として受け止められるような状況がよく問題となる。

　誤った「事実」の拡散によって、消費者の消費行動が影響されることも少なくない。例えば、特定の商品、サービス、地域、会社などを積極的あるいは消極的に評価するフェイクニュースなどによって、それに関連する消費が増えたり減ったりすることがある。虚偽の情報1つで、良いものが良くないもの、良くないものが良いものに「変身」する、まさに情報社会のマジックである。

　(ⅱ)　過大包装　　特に食品について問題となりやすいのが、**過大包装**である。これは、内容量を多く見せるために、適切とは言えない（＝大げさな）包装をする場合のことである。過大包装という「事実」は、消費者に、虚偽の印象を与えるものである。行政による基準や自主規制によって、過去と比べると過大包装の件数は減っているようであるが、決してなくなっているわけではない。消費者としては、見た目だけでなく、内容量に関する表示を確認して「真実」を把握することが求められる。そうしなければ、本来であれば発生しなかった消費意欲が、過大包装によって生じてしまう危険性がある。海外の例ではあるが、例えばハンブルク消費者センターは、過大包装されている商品のレントゲン写真を公表して、その可視化に努めている。[67]

(2)　**情報が不十分である場合**

　消費生活との関係で問題となるのは、前記のように情報が誤っている場合だけではない。紹介されている情報が不十分である場合にも、消費生活に大きな

---

67)　ドイツ語のウェブサイトではあるが、https://www.vzhh.de/themen/mogelpackungen/luftpackungen/muellflut-im-supermarkt-mehr-drumherum-als-drin にアクセスすると、実際の商品名とレントゲン写真を見ることができる。

影響が出ることが多いのである。そのような情報によって紹介される「事実」が、やはり不適切な消費行動を導く。以下では、いくつか代表的な場合を取り上げたい。

　(i)　計画的陳腐化　　**計画的陳腐化**は、消費を促すことを目的として、商品の寿命を意図的に短縮する手法である（詳細については、→p.213以下を参照してほしい）。本来であればより長く使える商品について、寿命が意図的に短縮されているという「真実」が消費者に明確に示されていれば、消費者は、それを考慮して決定することができる。しかし、そのような情報が提供されない場合、消費者は、計画的陳腐化が行われていないという「事実」を基に、ほとんどの場合自分にとって不利な決定をすることになる。なお、計画的陳腐化には、例えば、プリンターのインク・カートリッジがまだ使えるのに、取替えが必要であるとのメッセージを表示するなど、虚偽の情報を使うものもある。そのような手法は、前記「1」の情報が誤っている場合に分類することができる。

　(ii)　広告の表示　　広告で、特定の商品を消費すると「元気になる」「すっきりする」「強くなる」「健康的な肌になる」などの表示を見かけることがある。一見すると、その商品に特別の効果があるような印象を受ける。しかし、よく考えると、例えばその商品を使って「すっきりする」かどうか、肌が「健康的」なのかどうかは個人的な感想であり、必ずしもその商品がもつ客観的な効果に結びつけられたものではない。何が「すっきりする」のか、どのように「元気になる」のかも不明確である。客観的な効果が科学的に裏付けられた「真実」があれば、それをストレートに表示できるが、そのような根拠がなければ、前記のように曖昧な、または主観的なものとして捉えることのできる表示を用いて「事実」を作る傾向が見られる。

(3)　消費者の情報が利用されている場合

　現代社会における消費との関係で最もお金を生み出すことができると言われているのが、データである。特定の消費者がどのような商品を好み、どのよう店舗を訪れ、どのような交通手段を利用しているのか、そして、そのような消費行動が行われている時間帯や曜日を把握することは、事業者にとって様々な

ビジネスチャンスを生み出す。また、取引のデジタル化やオンライン化により、そのようなデータを大量に収集することが可能となっている（→Part 4 Ⅱ参照）。

（ⅰ）ターゲティング広告　　**ターゲティング広告**は、消費者の消費行動について蓄積された情報を用いて、その消費者が関心を寄せそうな広告を表示する広告手法である。ここでの主な関心事項である「事実」「真実」と消費行動との関係では、2つの点を指摘したい。第1は、ターゲティング広告によって、消費者を次の消費行動へ誘導する「事実」が作り上げられるということである。蓄積されたデータの活用によってその消費者が興味をもちそうな商品等に関する広告を表示することで、それがなければ生まれなかった可能性のある消費意欲を、一般的な広告よりも容易かつ効果的に創出できるのである。第2は、ターゲティング広告によって、消費者が本来必要としている他の「事実」が排除されている可能性である。つまり、消費者としては、過去に消費したために既にある程度把握している商品とは異なるものに関する情報も必要としているのであり、そのような情報を提供することにこそ、広告の存在意義があるとも言える。しかし、ターゲティング広告は、過去のデータに基づいて表示されるため、消費者は、ある意味、ターゲティング広告によって作り上げられた「事実」の中で消費行動をすることを強いられる側面が存在する。消費行動に関する自分のデータがそのような目的で使われており、それに基づいて広告が表示される可能性があるという「真実」を認識した上で、適切に対応をすることが求められる。

（ⅱ）価格差別（パーソナライズド・プライシング）　　消費者のデータを蓄積することで、消費者ごとに異なる価格を設定することさえ可能となっており、**価格差別（パーソナライズド・プライシング）**として問題化している。例えば、特定の消費者の過去の消費行動や購入力に関するデータを保有しているために、その顧客であれば他の消費者よりも高い価格を設定しても購入する可能性が高い場合に、そのようにするときである。ここでも、その消費者にとっては、価格面において、他の消費者とは異なる「事実」が作り上げられるのである。同じく、「真実」を把握して対応する能力が必要となる。

2　自分はどのような社会で生きたいのか？

　ここまで見てきたように、特にデジタル化やオンライン化が加速する今日の社会では、溢れかえる「事実」の中から「真実」を探し出すことが困難となっている。そして、その中で「真実」を見つけるスキルを培うために、消費者教育がますます大きな役割を果たすことになる。消費者市民としてのスキルを育むことは「真実」を探求するためのスキルにつながるし、消費者市民社会では、消費行動を歪める情報が流通する事態も大幅に減ることが期待される。もちろん、消費者市民を育てたり、消費者市民社会を実現したりすることは現実にはそれほど容易ではない。しかし、真剣に取り組む価値が大いにあり、そうすることが重要である。以下では、最後に、本来はどのような社会が望ましいのか、「事実」「真実」と「消費」に焦点を当てて検討したい。

(1)　広告フリーな空間？

　少し立ち止まって考えてみると、社会は、広告で溢れている。テレビ、ラジオ、インターネット、新聞、雑誌などのメディアだけではなく、飛行機、電車、バスやタクシーなど、あらゆる場所で広告が目に入り、耳に入る。もちろん、広告によって重要な情報やメッセージが広まることもあるし、商品に関する役立つ情報を広告を通じて入手したりすることもできる。しかし、広告によって失う時間や労力もそれなりのものである。本来であれば、広告を視聴するのに（時として他の選択肢なくして）取られてしまう時間を、他の情報収集、あるいは娯楽に使うことが自由にできるはずである。

　日本でもそうであるが、諸外国でも、消費者教育の一環として事業者が学校で出張講義を行うことがある。消費者教育推進法でも、消費者教育に関する事業者の努力義務が定められている。ドイツのハンブルクにあるアルブレヒト・テーア校[68]では、そのような出張講義の際に、配布されるパンフレットなどを

---

68)　ドイツの学生で５年生から12年生までの生徒を擁する「ギムナジウム」と呼ばれる中等教育機関。この学校での取り組みを含む、ドイツおよびイギリスにおける消費者教育の様相につい

教員が事前にチェックして、事業者のロゴなどの「隠れた広告」を削除する工夫がとられている。学校で教育（特に義務教育）を受ける年齢層は、心身共に発達途中にある。一般的に、そのような段階では、商業的なプロモーション活動の影響を受けやすいが、このことは、信頼できる環境として想定されている学校の中で行われるものに特に該当する。つまり、生徒としては、信頼できる学校によって、モデル的な活動を行っている者として選別された事業者であるとの前提により、一層強く影響を受ける可能性がある。教員にとっては手間となるが、若年層の消費者が「真実」を見つける力を養い、「真実」の探求を妨げられないよう、隠されたプロモーション活動を含め、学校内で広告活動が行われないこと（広告フリーな学校、広告フリーな教室）を確保することが重要となる。

(2)　イメージ広告を超えて

　広告との関係では、もう１つ特に強調したいことがある。それは、いわゆる「イメージ広告」[69]に関するものである。イメージ広告では、著名な芸能人等、一定の知名度をもつ者が起用されて広告塔として活動することが多い。その著名人に憧れ、あるいは好む消費者としては、広告されている商品に対して良い印象を持つという効果が期待され、実際にこれが得られることが多い。

　しかし、少し距離を置いて考えてみると、イメージ広告と商品あるいは会社の実態との間には、基本的に直接的な関係がないはずである。特定の著名人が特定の商品や会社を推奨しているからといって、その商品や会社が良いものや信頼できるものであることが保証あるいは裏づけされるわけではないし、商品や会社の質が改善されるわけでもない。むしろ、イメージ広告については著名人に対して報酬が支払われるのが一般的であり、そのような費用が商品の価格に転嫁される（上乗せされる）可能性も高い。そうすると、消費者は、商品の質に応じた本来の価格よりも高いものを支払っている事態が生じうる。消費者としては、著名人を用いたイメージ広告については、その著名人が商品や会社の

ては、日本弁護士連合会消費者問題対策委員会「消費者教育に関するイギリス・ドイツ調査報告書」（2019年）が示唆に富む。同報告書の内容は、インターネット上で閲覧可能である。

69)　企業や商品について良いイメージを作るために行われる広告。

質を積極的に評価した上でイメージ広告を引き受けている場合もあるが、そのような個人的な評価はともかくとして、一般的に報酬を受けた上で引き受けているのだという「真実」を忘れてはならない。

(3) 「特別なこと」を当たり前に

　この本では、消費者市民、エシカル消費、SDGsなど、現在の消費者政策の中核となっているキーワードをいくつか取り上げて説明している（それぞれ→p.42以下、p.46以下、p.178以下を参照）。この本の各所でも記したように、これらの取り組みは非常に重要なものであり、明確に概念化されて、その実現が社会のあらゆる構成員の参加によって目指されていることには大きな意義がある。他方で、これらの取り組みの内容を見ると、決して「特別なこと」を内容として掲げているのではなく、社会の本来あるべき姿、言い換えれば「当たり前のこと」（＝本来であれば当たり前であるべきこと）を語っているのである。消費行動において自分のことだけではなくて社会全体、環境や将来の世代のことを考える、資源や環境を大切にする、消費者被害を防止するために被害情報を共有することは、基本的に消費者として当然にするべきことであると言える。前述した各用語に関する説明を読むと、複雑で実現するのが難しい、ハードルの高いもののように感じられるかもしれないが、究極的には、日常生活において当たり前のことを当たり前に行うことに尽きるのである。当たり前に行うべきことには、流通している虚偽の情報や広告によって作り上げられたイメージに流されずに、いったん立ち止まって「真実」を探してみることも含まれる。

(4) 時代に流されない

　この本の随所で説明しているように、現在の消費行動ではデジタルやオンラインといった要素が重要性を増している。消費者としては、新技術を用いた情報の流通や広告に適切に対応することが求められる。新技術には、従来の情報伝達手段や広告手段とは異なる特徴があり、消費者が適切に対応するためには、その特徴を把握し、理解した上で行動する能力を養うことが求められる。

　他方で、求められている能力の根幹は、基本的には従来と変わらない。自己

の個人情報の管理に気をつける、クレジットカードや仮想通貨で支払う場合に現金で支払う場合と同様に注意する、情報を収集する場合に情報の提供元の信頼性を確認すると同時に複数のソースから情報を得るようにするなど、非デジタルや非オンラインの情報や広告に対して求められる能力と基本的には変わらない。「真実」を探求するための方向性は、大部分において同じである。1つだけキーワードを挙げるとするならば、「積極性」が強く求められるのである。

(5)　消費者教育と消費者市民

　前述したような「積極性」をもって情報を収集して分析する姿勢を示す消費者は、まさに消費者市民としての特徴をもつ者である。そして、日本の消費者教育推進法でも、消費者市民社会の実現が消費者教育の1つの目的として掲げられている。消費者市民を育てる方向性で実現されている教育のヨーロッパでの例を見ると、教員の判断に委ねられる部分が大きいということと、学校だけでなく、外部の団体や機関、そして生徒の父兄の参加を得て行われているということが目立つ。消費者市民の積極性は、その「個性」の表れでもある。そして、生徒が「個性」ある大人に育つためには、教員の個性がある程度反映された教育が望ましいとも言える。異なる学校やクラスの生徒間の均衡を保つために教育内容を詳細に定める方法には合理性があるが、そうすることで個性や批判的に検討する力のある大人を育てることが難しくなるかもしれず、適切なバランスを保つことが求められる。

Part 5

自分を取り巻く社会と世界

I　消費社会と世界

　私たちは、日々の生活をほぼ日本という国で行っている。食品や衣服、電気製品も、ネット通販などの例外を除いて、ほとんど日本国内にある店舗から購入する。購入した食品や衣料品、電気製品がどこで生産されたのかは、よほど気をつけないと分からない。例えば、衣料品に「Made in ○○」と書かれているタグがついていて、日本製ではなかったのだと気がつくことはある。ただ、生産地が日本でないことを理由に、別の衣料品を探すことはまずない。食品についても、食の安全性にかかわる問題が生じない限り、原産地を気にすることは稀なのかもしれない。消費者として、生産地や原産地について考えるべきことはなんなのであろうか。

1　商品の製造

　日本の製造業の2021年度の海外生産比率が36.3％であるとする調査がある（株式会社国際協力銀行「わが国製造業企業の海外事業展開に関する調査報告」（2022年7月調査）」）。その数字は、自動車だと42.1％、電気・電子機器だと47.8％、繊維では50％を超える。私たち消費者が生活のために購入する商品は、日本企業のブランド名がついていたとしても、実は海外で製造されたものが多いことが分かる。製造業がその拠点を海外、とりわけ中国やタイ、インドネシアなどアジアの国々に求める理由は、それらの国での市場の拡大はもちろんであるが、それに加えて労働者の賃金が日本に比べると低く抑えることができるからに他ならない。その結果、日本の消費者は、安い値段で商品を購入することができる。海外で作られた衣料品の値段は、日本のそれとは大きく違う。100円ショップで販売されている商品は、そのほとんどが海外とりわけアジアの国々で生産されたものである。

　海外での生産は、日本の製造業の空洞化を招くとの危惧が言われることがある。日本で培われたモノづくりの技術やノウハウが、廃れてしまうのではない

かとも言われる。さらに、私たちの消費生活を支える商品を製造するアジア諸国の生産現場に、大きな課題が残されていることも忘れてはならない。

　2013年4月24日にバングラデシュで起こった「ラナプラザビル崩落事件」は、アジアでの縫製業の現実を社会に突きつけた。8階建ビルが崩落し、1138名が命を落とし、行方不明者が約500名、約2500名が負傷した。犠牲者のかなりの部分がこのビルに入っていた大手ブランドの下請け縫製工場の従業員であった。従業員は、安全管理が

〈FASHIONSNAP.COM「ファッション史上最悪の事故から5年、バングラデシュは変わったのか」(https://www.fashionsnap.com/article/Rana-Plaza-collapse-5years/)〉

できていないビルの中にある工場で、低賃金かつ劣悪な労働環境で働かされていた。こうした事件を受けて、国際的な人権NGOが労働問題を扱う団体と連携して、実態調査を行っている。例えば、人権NGOのヒューマンライツ・ナウ（HRN）は、中国のNGOと協力して、世界第3位の衣料品販売事業者である㈱ファーストリテイリングが経営する「ユニクロ」の中国にある下請け工場の調査を、2014年7月から11月にかけて行い、苛酷な労働環境を告発し、その改善を促した。㈱ファーストリテイリングは、人権と環境を企業のサステナビリティと捉え、「生産パートナー向けのコードオブコンダクト」や「ファーストリテイリンググループ人権方針」を制定するとともに、2017年2月からは取引のある主要縫製工場リストを、18年11月からは主要素材工場リストを公開している。製造過程までも透明化するこうした対応は、人権NGOからも歓迎さ

1）　これらの工場は、労働者を劣悪な環境で低賃金で働かせる典型的なスウェットショップ（sweatshop）であった。

2）　その経緯などについては、ヒューマンライツ・ナウのウェブサイト（http://hrn.or.jp/activities/uniqlo-2/）。なお、国連人権理事会が2011年に採択した「ビジネスと人権に関する指導原則」では、デュー・ディリジェンスの原則が定められており、企業はサプライチェーンに遡って人権侵害に責任を負うこととされている（https://www.unic.or.jp/texts_audiovisual/resolutions_reports/hr_council/ga_regular_session/3404/）。

3）　ファーストリテイリング社のウェブサイト（https://www.fastretailing.com/jp/sustainability/labor/list.html）。

れ、支持されている。

　また、人権の尊重や法令遵守を定めた「ガイドライン」が労働者の保護に資する結果をもたらすこともある。女性用衣料の大手ワコールは、愛媛県にあった製品製造の二次委託先（いわゆる孫請）の縫製工場がベトナム人の技能実習生11名の残業代を未払いのまま破産したことから、「CSR調達ガイドライン」に基づいて、2022年12月に、実習生を支援するNPOに対して500万円を寄附し、支援をした。この縫製工場は、ワコールの一次委託先（いわゆる下請）から委託され、2019年12月から2022年9月までの間に、女性用パジャマ約3万5000枚を製造し、一次委託先を通してワコールに納入していた。

　私たち消費者は、そのつもりがあれば事業者のウェブサイトなどを通して、自分が着る衣料品がどのような場所のどのような工場で作られているのかを知ることができる。そして、その情報を商品購入の際のひとつの選択基準とすることができる。それは事業者の努力を消費者として知り、評価することに他ならない。

　また、近年では、むしろアジアの国々で作る製品の品質の向上について積極的な関与をすることを通して、生産拠点であるアジア諸国の地位を高める努力を積極的に行っている企業も出てきている。例えば、バッグなどを販売するマザーハウスという会社は、「途上国から世界に通用するブランドをつくる」として、バングラデシュやネパールなどの現地の素材と職人による高品質な製品の販売を企業理念としている。[4]

　私たちが購入する商品の背景には、それぞれこうした物語がある。値段が安いことが大切であることを否定する気はない。ただ、値段だけでなく商品の持つ物語や事業者の姿勢を評価して商品を選択することは、消費者としての「つかう責任」を果たすことにつながるかもしれない。

4）　マザーハウス社のウェブサイト（https://www.mother-house.jp/aboutus/）。

2　食　品

　食品は、他の商品に比べて、よりグローバル化が進んでいる。スーパーには、外国から輸入された果物や野菜が並んでいる。

　日本の**食料自給率**は、農林水産省によれば2022年度にはカロリーベースで38％、生産額ベースで58％である。[5)] この数字は、欧米諸国と比べても低い数字であり、私たちが食品の多くを外国からの輸入に頼っている現実があることを示している。例えば、日本の食料生産のための農地は約465万ヘクタールであるが、外国で日本へ輸出をするためにその約2.7倍の約1233万ヘクタールの農地が使われているとの統計もある。

　例えば、てんぷらそばは日本ではなじみの昼食のメニューであるが、その原材料のほとんどは輸入に頼っている。そばを作るそば粉の61％が中国から輸入されており、国産のそば粉は20％程度しか流通していない。そば粉をもっとも多く生産している国はロシアで、ウクライナ戦争の影響がそば粉の流通や値段にも陰を落としている。てんぷらの原材料となるエビの生産国は、インドが約25％、ベトナムが約19％、インドネシアが15％強を占め、日本のものは5％に満たない。つゆのベースとなる醤油の主たる原材料である大豆の自給率は7％程度で、約70％がアメリカからの輸入である。てんぷらそばは、外国から輸入された材料を使わなければ、安い値段で提供することはできない。また、アメリカの大豆の94％が遺伝子組換え作物である。醤油の原材料に遺伝子組換えの大豆が使われているのかは、検査しても分からない。そのため、表示の対象外とされている。豆腐では「遺伝子組換え大豆は使用していません」という任意表示がなされているのを見たことがあると思う。しかし、醤油にはそうした表示はなされていない。もっとも、遺伝子組換えをしていない大豆を分別管理して輸入するについて、日本は、意図せざる混入として5％を認めており、現実的には遺伝子組換えの大豆を私たちの食生活から完全に排除することは著しく

---

5)　農林水産省ウェブサイト「日本の食料自給率」(https://www.maff.go.jp/j/zyukyu/zikyu_ritu/012.html)。

困難ではある。

　そうした状況下で、2008年に起こった「中国産冷凍餃子中毒事件」[6]は、消費者が漠然と抱いていた輸入食品の安全性に対する不安感が現実になった事件であった。その結果、安全という観点から、日本の消費者は、食品については「国産」と表示されているものを選択するようになり、その需要が高まった[7]。国産の食品が品薄になって、外国産のものを国産と偽装表示する笑えない事件も頻発した。消費者の国産ニーズに生産と流通の現場が対応できなかったことも、その原因のひとつであった。ところで、食品に国産と表示されていたとして、その食品は日本のものであると考えていいのであろうか。

2008年に起こった「外国産」を「国産」と偽装表示した事件の例

事業者名	商品	偽装表示の内容
青森県果工	りんごジュース	輸入品を国産と表示
キャセイ食品	冷凍野菜	中国産を国産と表示
鳴門海藻食品・吉田敏治商店	天然わかめ	韓国産・中国産を鳴門わかめと表示
魚秀（大阪市）	うなぎ	中国産を三河一色産と表示
丸共・たけ乃子屋	たけのこ水煮	中国産を国産と表示

3　食品の産地表示を学ぶ——国産の法律的意味

　2015年4月1日に改正された**食品表示法**が施行された。複雑で分かりにくい食品表示を統一的に対応することがその立法目的である。もっとも、食品の表示を読み解くのは決して簡単ではない。例えば、原産地表示である「**国産**」という表示の意味もその例外ではない。

　例えば㈱サントリーの烏龍茶は、日本に烏龍茶を広めたおいしいお茶であ

6）　2007年12月から翌2008年1月の間に、中国から輸入された冷凍餃子を食べた3家族10名に食中毒症状が起こった事件。冷凍餃子に農薬の成分であるメタミドホスが検出された。

7）　冷凍餃子中毒事件の直後に日本経済新聞が「消費者は食の安全にどう関与できるか」についての調査を行っている。消費者ができる対策としては、中国産は買わないようにしているが最も多く51％、国産の購入比率を増やすが37％、原産地表示をチェックするが33％であった（日本経済新聞2008年10月6日）。

る。そのペットボトルには「福建省推奨」という言葉ともに、国産と表示されている。福建省が中国にあって、烏龍茶と言えば中国のお茶であることは、誰でも知っている。でも、産地はあくまで国産である。その理由は、加工食品の原産地とは、景品表示法によれば、主たる加工が行われた場所とされ、ペットボトルのお茶は、茶葉を使ってお茶として抽出をされた場所が産地と表示されるからである。要は、サントリーの烏龍茶は、中国福建省の茶葉を輸入して、日本で抽出され、ペットボトルに詰められているが故に国産と表示されることになる。㈱サントリーのウェブサイトにもその旨がちゃんと説明されている[8]。

　身近にはこんな例もある。BSE問題[9]が大きな社会問題になったこともあって、牛肉には2004年から「牛の個体識別のための情報の管理及び伝達に関する特別措置法（牛トレーサビリティー法）」により10桁の個体識別番号が記載されている。その番号を、（独）家畜改良センターのウェブサイト[10]で入力すると、その牛肉の生産履歴情報を確認することができる。国産牛と表示された牛肉の生産履歴を確認すると、かなり高い割合で、その牛が日本生まれではなくて、豪州とか米国の生まれであることが表示される。これは、生鮮食品である畜産物の産地とは、最も長く飼養された場所だとされているからである。オーストラリアで生まれた牛が日本に輸入され、その後、日本でオーストラリアでの生育期間よりも長く飼養されれば、その牛は国産牛と表示される（次頁の牛トレーサビリティーの例を参照）。

　さらに、食品表示法は、2017年9月の改正で、国内で製造されたすべての加工食品を対象に、原材料に占める重量割合が最も高い原材料について、原産地を表示することを義務付けている。例えば、きゅうりのキューちゃんという人気の漬物の表示によれば、国産の漬物の原材料であるきゅうりが中国とラオスから輸入されたものであることが分かる。

8）　サントリー社のウェブサイト（https://www.suntory.co.jp/customer/faq/001957.html）。

9）　BSE（牛海綿状脳症、Bovine Spongiform Encephalopathy）とは、牛がBSEプリオンと呼ばれる病原体によって脳の組織がスポンジ状になり、異常行動、運動失調などが生じて、最終的には死亡するという疾病。1990年頃からイギリスなどで急速に発症し、牛肉の安全性や牛の飼育方法などをめぐって社会問題となった。

10）　（独）家畜改良センターウェブサイト（https://www.id.nlbc.go.jp/top.html?pc）。

きゅーりのＱちゃん（お漬物）の表示

本品は品質管理がしっかりした
国内のキューちゃん専用工場
で生産しています。

名　　称	しょうゆ漬(刻み)
	きゅうり(中国、ラオス)、しょうが、ゴーヤ、ごま、漬け原材料(しょうゆ、魚介エキス、還

　法律的な意味での「国産」とは、原材料を含めて、そのすべてが日本産であることを意味してはいない。こうした表示が、食品表示法が目的とする消費者の選択権の行使にとって分かりやすいものになっているかは確かに疑問が残る。ただ、一方で、限られた場所での情報提供を考慮すると、ありとあらゆる情報を記載することは現実的ではない。一定の基準による対応を考えざるを得ないのも事実である。ここでは、まずは表示の意味を理解することが消費者には求められる。自らが考える適切な選択権を行使するためには、表示にかかわる法律とその意味とを知ることが必要なのである。また、仮にその表示が消費者の選択権を行使するために適切ではないと判断するなら、例えば消費者団体などを通して、そうした意見を政策に反映させる努力も求められる（意見を聞いてもらう権利）。

島根県産の国内産牛肉バラスライスと表示されている牛肉の履歴

【個体情報】

2018年08月02日17時現在

個体識別番号	輸入年月日	雌雄の別	種別	輸入先の国名	出生の年月日
1637216154	2021.07.16	去勢（雄）	肉専用種	オーストラリア	2020.11.27

【異動情報】

	異動内容	異動年月日	飼養施設所在地 都道府県	市区町村	氏名または名称
1	輸入	2021.07.16	福岡県	北九州市門司区	動物検疫所　門司支所　新門司検疫場
2	転出	2021.08.02	福岡県	北九州市門司区	動物検疫所　門司支所　新門司検疫場
3	転入	2021.08.02	島根県	邑智郡美郷町	島根ファーム
4	転出	2023.02.01	島根県	邑智郡美郷町	島根ファーム
5	搬入	2023.02.02	島根県	大田市	島根県食肉事業協同組合連合会
6	搬出	2023.02.02	島根県	大田市	島根県食肉事業協同組合連合会
7	搬入	2023.02.02	島根県	大田市	島根県食肉事業協同組合連合会
8	と畜	2023.02.02	島根県	大田市	島根県食肉事業協同組合連合会

4　食品や製品の安全のために消費者は何ができるのか？

　製品の安全性に関する製造物責任法では、製造物（製造または加工された動産。つまりは家などの不動産は除外されている）に通常有すべき安全性を欠いた欠陥がある場合には、製造業者はもちろん、輸入業者に対しても損害賠償を請求することができる。海外で作られた製品を販売する業者は、消費者に対して安全な商品を提供する義務がある。その義務に違反したときには、契約違反（債務不履行責任）を理由とする損害賠償責任を負う。もっとも、より重要なのは、被害が生じてから賠償責任を追及するのではなく、被害が生じないような商品の選択を消費者ができることにある。

　食品についても同様である。なるほど、「フードマイレージ[11]」や環境負荷を考えると、輸送のコストをかけることなく、**地産地消**を心がけることは、消費者としての１つの食品選択の基準となる。その観点から「国産」を選択することはあり得る選択肢である。でも、日本の食料自給率を前提とする限りは、日本の消費者のすべてが日本の食品だけを選択して消費生活を送ることは不可能である。そうだとすると、私たちは、輸入された食品の安全性について、関心をもって、原産国などを確認しながら食品を選択するしかない。

　例えば、中国では、2009年に食品安全法が施行され、数次にわたって改正が行われている。中国の法律は、中国の消費者の食の安全を守るものである。もっとも、中国で食の安全に関する意識が高まり、それに対する適切な施策が実施されることは、中国から日本に輸出される食品の安全性にも影響を与える。商品や食品の国際的な流通が私たちの消費生活を支えているのだとしたら、私たち日本の消費者の食品の安全への関心もよりグローバルな視点が必要とされることになる。輸入先の国々の食の安全に関する議論は、決して他人事ではない。

---

[11]　食品の輸送量に輸送距離を乗じた指標のこと。

II　世界で起きる悲惨な出来事とSDGs

1　世界で起きる悲惨な出来事

　私たちの住む世界は美しい。だけども、同時に、その世界では、多くの悲惨な出来事も起きている。そして、その出来事のかなりの部分が、私たちの消費生活に関連している。私たちは日常的に大量のプラスチックを使っている。使った後のプラスチックはゴミとなり、分解されないまま海などの自然環境にとどまって汚染を生じさせる。私たちが日常生活で使用する様々な商品の製造による汚染等もそれに加わり、環境破壊が加速している。自然環境の破壊は、生態系の破壊にもつながっている。人間は、地球の誕生からの長い年月と比べればほんの僅かであるその活動期間のうちに、多くの動植物を絶滅に追い込んだ。人が生きるためには食べることが必要となるが、ここでも、肉食が過度に強調され、家畜の過酷な扱いや肉の生産が環境にかける負担が問題化している。過酷な状況で酷使されているのは、家畜だけではない。より安価な製品を生産するために、児童労働等、本来あってはならない形態の労働や過酷な環境での労働が行われている。

　このような状況、中でも特に環境破壊が、もはや対岸の火事ではなく、地球および人類の存続を危機に陥れるところまで来ていることが指摘されている。そして、この状況を打破するためのいくつかの政策等が講じられている。以下では、世界規模での対策として国連によって策定された「SDGs」の展開と内容を見ることとしたい。

2　SDGsとは何か？

　「SDGs」と言われてすぐにピンと来る人は、一般的にまだ少ないかもしれない。英語での名称「Sustainable Development Goals」のイニシャルであり、和訳

8つの目標

 目標1：極度の貧困と飢餓の撲滅

 目標5：妊産婦の健康の改善

 目標2：初等教育の完全普及の達成

 目標6：HIV／エイズ、マラリア、その他の疾病の蔓延の防止

 目標3：ジェンダー平等推進と女性の地位向上

 目標7：環境の持続可能性確保

 目標4：乳幼児死亡率の削減

 目標8：開発のためのグローバルなパートナーシップの推進

（注）ロゴは「特定非営利活動法人　ほっとけない　世界のまずしさ」が作成したもの。

〈外務省のウェブサイト（https://www.mofa.go.jp/mofaj/gaiko/oda/doukou/mdgs.html）から引用〉

すると「持続可能な開発目標」となる。[12]

(1) MDGsを後継したSDGs

　SDGsは、突如現れたものではない。その前に、2001年に「MDGs」というものが策定されており、SDGsは、その後継者として位置づけることができる。MDGsは、「Millennium Development Goals」のイニシャルである。和訳すると、「ミレニアム開発目標」となる。ミレニアムとは千年紀のことであるが、MDGsは、まさに新千年紀の2000年9月にニューヨークで開催された国連ミレニアム・サミットで採択された「国連ミレニアム宣言」を基にまとめられたものである。国連ミレニアム宣言は、開発、貧困撲滅や共有の環境の保護に関する国連の決意を表明し、その実現を誓うものである。そして、MDGsも、これを受けて、2015年までに達成されるべき8つの目標（上の図を参照）を掲げた。

　2015年時点での達成状況を見ると、途上国で極度の貧困に暮らす人の割合が1990年の47％から14％に減少したり、初等教育就学率が2000年の83％から91％に改善するなど、それなりの成果が得られている部分がある。他方で、5歳未満児や妊産婦の死亡率削減について改善が見られたものの目標水準に及ばな

---

12)　SDGsについて詳細かつ多角的に分析する文献としては、髙柳彰夫、大橋正明『SDGsを学ぶ―国際開発・国際協力入門』（法律文化社、2018年）がある。

かったり、二酸化炭素の排出量が1990年比較で50％以上増加するなど、十分な成果が上がらなかった部分も見られる。そして、これらの目標の内容は、「持続可能な開発のための2030アジェンダ」に引き継がれた。

(2)　SDGsの採択へ

MDGsの８つの目標を達成するための期限とされていた2015年の９月に国連サミットが開催され、そこで「持続可能な開発のための2030アジェンダ」が採択された。アジェンダには、2016年から2030年までの国際目標が記されている。

(3)　SDGsは何を目指すものなのか

SDGsは、持続可能な世界を実現するための17の目標と169のターゲットで構成されている。ところで、「持続可能な」とは、どういう意味なのだろうか。英語でいうところの「sustainable」の和訳であるが、現在の世代だけでなく、将来の世代にも続くような、と説明することができる。例えば、「持続可能な開発（sustainable development）」は、現在の世代および将来の世代の欲求を満たす開発のことである。言い換えれば、将来の世代においても続くような開発プランを、現在の世代が行うことである。つまり、将来の世代まで続くことができないような開発の仕方は、持続可能ではないことになる。

また、SDGsでは、誰も取り残さないことが誓われている。いわゆる先進国や途上国が共に取り組むものなのである。「先進国」や「途上国」（あるいは「開発途上国」、「発展途上国」）という用語法は、西洋的な観点や基準によるものである上に、「途上国」に対するネガティブなニュアンスを含みうるものでもあり、必ずしも望ましくない。何をもって「開発」や「発展」とするのかは、非常に難しいところである。ブータン王国は、国内総生産（Gross Domestic Product, GDP）よりも国民総幸福量（Gross National Hapiness, GNH）を優先することで知られていたが、自動車ブームによる交通渋滞が国民の幸福度に悪影響を与える可能性が報道された。[13]「開発」や「発展」の程度と幸福度は、必ずしも一致しな

---

13)　例えば、AFPBB Newsによる記事「交通渋滞で幸福度低下？　経済発展で環境への影響も　ブータン」（2019年８月11日付）を参照。

いのである。

3　SDGsの具体的な内容

⑴　17の目標

　SDGsの17の**目標**のロゴは、次頁の図のとおりである。この図の上の方と右下にある、色彩豊かなリングは、それぞれの目標を色で表し、その色を1つに組み合わせたものである。SDGsをプロモーションするための1つの手段となっている。

　国連広報局が2016年に作成したプレゼンテーション資料の日本語版（国連広報センター編集）によると、各目標の内容は、次のようにまとめることができる。

　1．貧困をなくそう（no poverty）：あらゆる場所で、あらゆる形態の貧困に終止符を打つ。

　2．飢餓をゼロに（zero hunger）：飢餓に終止符を打ち、食料の安定確保と栄養状態の改善を達成するとともに、持続可能な農業を促進する。

　3．すべての人に健康と福祉を（good health and well-being）：あらゆる年齢のすべての人の健康的な生活を確保し、福祉を促進する。

　4．質の高い教育をみんなに（quality education）：すべての人に包摂的かつ公平で質の高い教育を提供し、生涯学習の機会を促進する。

　5．ジェンダー平等を実現しよう（gender equality）：ジェンダーの平等を達成し、すべての女性と女児のエンパワーメントを図る。

　6．安全な水とトイレを世界中に（clean water and sanitation）：すべての人に水と衛生へのアクセスと持続可能な管理を確保する。

　7．エネルギーをみんなに そしてクリーンに（affordable and clean energy）：すべての人々に手ごろで信頼でき、持続可能かつ近代的なエネルギーへのアクセスを確保する。

　8．働きがいも経済成長も（decent work and economic growth）：すべての人のための持続的、包摂的かつ持続可能な経済成長、生産的な完全雇用およびディーセント・ワーク（働きがいのある人間らしい仕事）を推進する。

　9．産業と技術革新の基盤をつくろう（industry, innovation and infrustructure）：強靭なインフラを整備し、包摂的で持続可能な産業化を推進するとともに、技術革新の拡大を図る。

　10．人や国の不平等をなくそう（reduced inequalities）：国内および国家間の格差を是正する。

　11．住み続けられるまちづくりを（sustainable cities and communities）：都市と人間の居住地を包摂的、安全、強靭かつ持続可能にする。

　12．つくる責任 つかう責任（responsible consumption and production）：持続可能な消費と生産のパターンを確保する。

　13．気候変動に具体的な対策を（climate action）：気候変動とその影響に立ち向かうため、緊急対策を取る。

　14．海の豊かさを守ろう（life below water）：海洋と海洋資源を持続可能な開発に向けて保全し、持続可能な形で利用する。

　15．陸の豊かさも守ろう（life on land）：陸上生態系の保護、回復および持

続可能な利用の促進、森林の持続可能な管理、砂漠化への対処、土地劣化の阻止および逆転、ならびに生物多様性損失の阻止を図る。

16．平和と公正をすべての人に（peace, justice and strong institutions）：持続可能な開発に向けて平和で包摂的な社会を推進し、すべての人に司法へのアクセスを提供するとともに、あらゆるレベルにおいて効果的で責任ある包摂的な制度を構築する。

17．パートナーシップで目標を達成しよう（partnerships for the goals）：持続可能な開発に向けて実施手段を強化し、グローバル・パートナーシップを活性化する。

(2)　169のターゲット

17の目標は、大まかな内容のものであるため、これをさらに具体的かつ詳細に特定する必要がある。その役割を果たすのが、169のターゲットである。それぞれの目標にターゲットが存在し、その合計が169個となっている。ここでは、例として、消費者との関係で特に重要なものの1つであると言える目標12（つくる責任 つかう責任）に関するターゲットを見ることとしたい。以下のターゲットの和訳については、外務省による仮訳（https://www.mofa.go.jp/mofaj/files/000101402.pdf）を参照した。

12.1　途上国の開発状況や能力を勘案しつつ、持続可能な消費と生産に関する10年計画枠組み（10YFP）を実施し、先進国主導の下、すべての国々が対策を講じる。

12.2　2030年までに天然資源の持続可能な管理および効率的な利用を達成する。

12.3　2030年までに小売・消費レベルにおける世界全体の1人当たりの食料の廃棄を半減させ、収穫後損失などの生産・サプライチェーンにおける食料の損失を減少させる。

12.4　2020年までに、合意された国際的な枠組みに従い、製品ライフサイクルを通じ、環境上適正な化学物資やすべての廃棄物の管理を実現し、人の健康や環境への悪影響を最小化するため、化学物質や廃棄物の大気、水、土

壌への放出を大幅に削減する。

　12.5　2030年までに、廃棄物の発生防止、削減、再生利用および再利用により、廃棄物の発生を大幅に削減する。

　12.6　特に大企業や多国籍企業などの企業に対し、持続可能な取り組みを導入し、持続可能性に関する情報を定期報告に盛り込むよう奨励する。

　12.7　国内の政策や優先事項に従って持続可能な公共調達の慣行を促進する。

　12.8　2030年までに、人々があらゆる場所において、持続可能な開発および自然と調和したライフスタイルに関する情報と意識を持つようにする。

　12.a　途上国に対し、より持続可能な消費・生産形態の促進のための科学的・技術的能力の強化を支援する。

　12.b　雇用創出、地方の文化振興・産品販促につながる持続可能な観光業に対して持続可能な開発がもたらす影響を測定する手法を開発・導入する。

　12.c　途上国の特別なニーズや状況を十分考慮し、貧困層やコミュニティを保護する形で開発に関する悪影響を最小限に留めつつ、税制改正や、有害な補助金が存在する場合はその環境への影響を考慮してその段階的廃止などを通じ、各国の状況に応じて、市場のひずみを除去することで、浪費的な消費を奨励する、化石燃料に対する非効率な補助金を是正する。

⑶　232の指標

　17の目標の下に169のターゲットが置かれているだけでも、かなり充実した体制となっているとの印象を受けるかもしれない。しかし、例えば上に紹介した目標12に関連づけられているターゲットを見ると、「減少させる」「最小化する」「大幅に削減する」など、必ずしも具体的ではない文言が使われていることに気づく。これだと、SDGsを実現する際に、十分な成果が得られているのかどうか、目標がどの程度達成できているのかが確認しにくい側面がある。そこで、169のターゲットの下に、さらに、232の**指標**が置かれている。

　例えば、前述した目標12に関するターゲットの指標は、次のようになっている（最初の２つの数字は、関連するターゲットを示す。例えば、指標「12.1.1」は、ター

ゲット「12.1」に関するもの、指標「12.2.1」は、ターゲット「12.2」に関するものである）。以下の和訳については、総務省による仮訳（https://www.soumu.go.jp/main_content/000562264.pdf）を参照した。

　12.1.1　持続可能な消費と生産（SCP）に関する国家行動計画を持っている、または国家政策に優先事項もしくはターゲットとしてSCPが組み込まれている国の数

　12.2.1　マテリアルフットプリント（MF）、1人当たりMFおよびGDP当たりのMF（指標8.4.1と同一指標）

　12.2.2　天然資源等消費量（DMC）、1人当たりのDMCおよびGDP当たりのDMC（指標8.4.2と同一指標）

　12.3.1　a）食料損耗指数、およびb）食料廃棄指数

　12.4.1　有害廃棄物や他の化学物質に関する国際多国間環境協定で求められる情報の提供（報告）の義務を果たしている締約国の数

　12.4.2　有害廃棄物の1人当たり発生量、処理された有害廃棄物の割合（処理手法ごと）

　12.5.1　各国の再生利用率、リサイクルされた物質のトン数

　12.6.1　持続可能性に関する報告書を発行する企業の数

　12.7.1　持続可能な公的調達政策および行動計画を実施している国の数

　12.8.1　気候変動教育を含む、(i)地球市民教育、および(ii)持続可能な開発のための教育が、(a)各国の教育政策、(b)カリキュラム、(c)教師の教育、および(d)児童・生徒・学生の達成度評価に関して、全ての教育段階において主流化されているレベル

　12.a.1　持続可能な消費、生産形態および環境に配慮した技術のための研究開発に係る途上国への支援総計

　12.b.1　承認された評価監視ツールのある持続可能な観光戦略や政策、実施された行動計画の数

　12.c.1　GDP（生産および消費）の単位当たりおよび化石燃料の国家支出総額に占める化石燃料補助金

指標を見ると、そのいくつかに、他の指標と同一指標である旨が記されてい

ることに気づく。17の目標も、その下にあるターゲットや指標も、明確に区別できるわけではなく、互いに重複する部分が多いのである。私たちの住むただ1つの地球に関するものだから、当然のことかもしれない。

⑷　SDGsのもう1つの捉え方——5つのP

　SDGsの17の目標は、一見すると、相互の関連性が分かりにくい。そこで、「SDGsのもうひとつの捉え方」と称して、17の目標を「5つのP」に分類した紹介もされている。「5つのP」というのは、人間（People）、豊かさ（Prosperity）、地球（Planet）、平和（Peace）およびパートナーシップ（Partnership）のことである。前述した17のゴールは、それぞれ、これらのPに支えられるものとなっているのである。

　「人間」は、あらゆる形態と次元の貧困と飢餓に終止符を打つとともに、すべての人間が尊厳を持ち、平等に、かつ健全な環境の下でその潜在能力を発揮できるようにするというものであり、目標1から6までを支える。「豊かさ」は、すべての人間が豊かで充実した生活を送れるようにするとともに、自然と調和した経済、社会および技術の進展を確保するというものであり、目標7から11を支える。「地球」は、持続可能な消費と生産、天然資源の持続可能な管理、気候変動への緊急な対応などを通じ、地球を劣化から守ることにより、現在と将来の世代のニーズを充足できるようにするというものであり、目標12から15を支える。「平和」は、平和なくして持続可能な開発は達成できず、持続可能な開発なくして平和は実現しないことから、恐怖と暴力のない平和で公正かつ包摂的な社会を育てるというものであり、目標16を支える。「パートナーシップ」は、グローバルな連帯の精神に基づき、最貧層と最弱者層のニーズを特に重視しながら、すべての国、すべてのステークホルダー（利害関係人）、すべての人々の参加により、持続可能な開発に向けたグローバル・パートナーシップをさらに活性化し、持続可能な開発のための2030アジェンダの実施に必要な手段を動員するというものであり、目標17を支える。

〈国連広報局作成のプレゼンテーション資料「我々の世界を変革する：持続可能な開発のための2030アジェンダ」の日本語版（国連広報センター編集）から引用〉

⑸　SDGsの限界？

　ここまで見てきたように、SDGsは、目標、ターゲット、指標から構成される多層的なものとなっており、それぞれの数も多い。そのため、全体像や各目標の詳細が把握しにくいという難点がある。また、その数が多くて内容も詳細であるため、それぞれの目標の間の関係が見えにくくなっており、時として互いに矛盾すると思われるものも見られる。さらに、SDGsを実現するためにはかなりの時間と労力が必要となるが、目標の優先順位が明らかではないため、限られた時間や労力をどのように配分すればよいのかに関する指針がない。このように、SDGsという考え方自体は必要であり、積極的に評価できるが、現在のその内容は世界各国の間の妥協の産物である部分も多く、決して完全な形ではない。

4 SDGsの達成状況

　何らかの目標を達成するためには、そのための取り組みによって目標がどの程度達成できているのかを確認することが欠かせないが、このことは、SDGsにも当てはまる。SDGsの達成状況については、毎年報告がされることになっていて、その報告の原文（英語）は、ウェブサイト上に掲載される。[14]

　2022年の達成状況を見ると、日本は、SDGインデックス・ランクが163か国中19位、SDGインデックス・スコアが100点満点中79.6点（163か国中19位）、波及スコアが100点満点中67.3（163か国中134位）となっている。SDGインデックス・スコアは、SDGs全体の達成状況を示すものであり、日本は、良好な水準を達成していることが分かる。これに対し、波及スコアは、各国の行為が、SDGsの達成に向けた他国の行為に及ぼしているプラスとマイナスの影響をスコア化したものであり、スコアが高いほど、プラスの影響が多く、マイナスの影響が少ないことになる。この側面に関する日本のスコアは、全体の中でも低水準であり、日本の行為が、他国のSDGs達成に悪影響を及ぼしていることが分かる。世界の中での調和的な成長とSDGs達成が、今後の日本の課題となろう。

5 いくつか、関連する事柄

(1) Society 5.0

　Society 5.0は人工知能（AI）、モノのインターネット（IoT. ものがインターネット経由で通信すること。例えばドアが開いていることをセンサーが察知して、インターネット経由で通信してくれる場合）やビッグデータ（巨大かつ複雑なデータの集合体）を中心に据えた、「超スマート社会」として捉えられているのである。そこでは、人の機能がそのような超スマート技術等によって置き換えられ、人の負

14）　https://sdgindex.org/

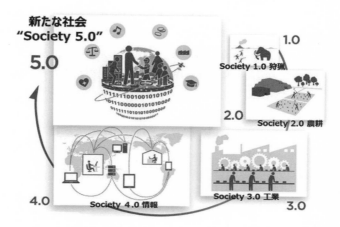

〈内閣府のウェブサイト（https://www8.cao.go.jp/cstp/society5_0/index.html）から引用〉

担が減り、時間が増えることが想定されている。しかし、果たしてそのような社会が「人」を中心とした社会、「人」のための社会と言えるのか、むしろ経済的な側面を重視した社会となっていないのかについては、議論の余地が大いにある。

　政府広報のX（旧Twitter）にアップされている動画で紹介されているSociety 5.0の世界からのいくつかのシーンを見てみると、ドローン宅配、AI家電、遠隔診療、スマート農業や無人走行バスなど、これまで人がしてきた作業等をAIやロボットが代わりに行うものが目立つ。これらによって、「人々に豊かさ」がもたらされることが強調されているが、人の生活がより「便利」になりそうであることのほか、基本的にはAIやロボットが人に置き換わる世界である。そして、置き換えられた人が代わりにどのような役割を果たすのかは明確にされていない。

　2023年6月に閣議決定された「総合イノベーション戦略2023」には、Society 5.0の実現に向けた科学技術・イノベーション政策として、次のものが示され

---

15)　https://twitter.com/gov_online/status/945236240646881281

ている。それは、①国民の安全と安心を確保する持続可能で強靭な社会への変革、②知のフロンティアを開拓し価値創造の源泉となる研究力の強化、③一人ひとりの多様な幸せ（well-being）と課題へ挑戦を実現する教育・人材育成、④官民連携による分野別連略の推進、⑤知と価値の創出のための資金循環の活性化、⑥総合科学技術・イノベーション会議の司令塔機能の強化、である。国として、総力を挙げてSociety 5.0の実現を目指す様子が浮き彫りになっており、これによって、世界における日本の競争力が強化されることも期待される。他方で、人の、人としての本能的な本質、例えば、自然に触れ、自然な生き方をし、技術やイノベーションから離れて、仕事や生産のためではない時間を十分に過ごすというような、スローライフやロハスな生活として表現される生活を可能とする方向性も重要であろう。Society 5.0の推進を急げば急ぐほど、人はファーストライフを強いられ、そこから、生身の人間であるからこその病理が発生し、悪循環が生じるように感じられてならない。

(2) ESG投資

「ESG投資」の「ESG」は、それぞれ Environment（環境）、Social（社会）、Governance（企業統治（ガバナンス））の頭文字を組み合わせたものである。分かりやすくいうと、このような、財務的なもの以外の要素を考慮する投資のことである。2006年に、当時の国連事務総長が「責任投資原則（Principles for Responsible Investment, PRI）」を提唱したことで広く知られるようになった。経済産業省のウェブサイトによると、「気候変動などを念頭においた長期的なリスクマネジメントや、企業の新たな収益創出の機会（オポチュニティ）を評価するベンチマークとして」SDGsと合わせて注目されている。いずれも、持続可能性を促進する点で共通しており、互いに連携している。そして、このような持続可能性のある投資という視点は、金融教育（→p.49参照）の内容として欠かせないものとなる。すなわち、金融教育においては、単にお金の使い方や投資の仕方を学ぶだけでなく、持続可能性のある金融への取り組み方を理解し、これを実現することが必須となるのである。

　ESG投資の最近の動向を見ると、まず、世界的な気候変動が社会経済システム全体にとってのリスクであると同時に、これへの対応が投資にとっての機会ともなっていることが明らかになっている。また、社会的課題への企業の取り組みが着目されていることから、そのような取り組みを行わないことが企業や投資家にとってのリスクとなっていることが把握されている。さらに、社会課題の解決や社会的リターンが投資リターンにつながっていることが示されており、全体として、ESG投資を促進する流れが出来上がっている。他方で、ウクライナ戦争による生産・物流プロセスや国際的な法秩序への影、グリーンウォッシュ（環境配慮に関する虚偽の主張等）、ガバナンスにおけるサイバーセキュリティの重要性など、不確定な要素や課題の影響も大きい。[16]

6　最後に、日常を振り返ってみる

　最後に、日々の生活を振り返ってみたい。出勤途中、あるいは通学途中に、道にゴミやたばこの吸い殻が（時としてそれなりの量において）散乱しているのを目にしたことがある読者も少なくないかもしれない。SDGsは難しい話のように感じるかもしれないが、究極的に簡潔に説明すれば、日常生活で、「やってはいけないことをやらない」「やるべきことをやる」ということがその根本にある。ゴミやたばこの吸い殻を路上に捨てない、電気、ガスや水を無駄にしない、食品を無駄にしないなど、日々できる簡単な取り組みがある。SDGsは、国連から個々人まで様々なレベルで実現させるものである。決して、上から押し付けられたよくわからないものではなく、私たちの世代や後の世代の住む環境が存在し続けるのかという重要な問題にかかわる、すべての人々の課題なのである。

---

16)　詳細については、例えば、財務省主計局給与共済課作成（2022年11月25日）の資料「ESG投資について」を参照。

Ⅲ　世界の国々から学べること

1　世界の消費者法

　消費者法の形式や内容は、国によって異なる。例えば、消費者法に関する単独の包括的な法律がない日本のように、そのような法律をもたない国もあれば、消費者法に関する規定を基本的に1つの法律にまとめている国もある。日本で生活し消費している限り、他国の消費者法に接することはまずなく、基本的に、日本の消費者法が重要となる。そして、海外と取引したり、実際に海外に行ったりすることがない限り、外国の消費者法（あるいは外国法自体）に関心をもつ機会がないかもしれない。

　実際には、外国の消費者法（および外国法全般）に接し、これについて知ることは、自分の視野を広げる上で非常に重要である。また、外国法を見ることで、日本法の改善できる点が把握できるだけではなく、日本法の良い点や優れている点にも改めて気づくことができる。さらに、急速に発展し変化する社会で生じる新たな問題にどのように対応したらよいのかについて、ヒントを得ることができる。そして、何よりも、外国法について知ることは頭の運動になる上に、実はとても楽しい。以下では、消費者法について、外国法から学べること、あるいは改めて気づけることを概観したい。

(1)　消費者法の体系──EU消費者法の平準化を例として

　日本では、消費者法に関する規定は、消費者契約法、特定商取引に関する法律（以下、特商法）、割賦販売法、消費者の財産的被害の集団的な回復のための民事の裁判手続の特例に関する法律など、多くの特別法に分散している。また、これら特別法によって規律されていない事項については、一般法である民法や民事訴訟法などの規定も適用される。このように、消費者法の規定の所在が把握しにくいというのが日本法の現状であり、消費者法という領域の範囲に

ついても不明確な部分がある。

　世界に目を向けると、日本と同様の状況にある国のほか、消費者法に関する規定をより把握しやすい形で1つにまとめようと試みる国と、消費者法規定を可能な限り一般法の中に組み入れようとする国が見られる。EU（欧州連合）では、**消費者法の平準化**（harmonisation. EU加盟諸国の法の接近）の作業が進められているが、日本と同様の状況にある国としては旧加盟国のイギリス、消費者法について特別の法典を設けている国の例としてはフランス、イタリア、ルクセンブルクやギリシャ、消費者法規定を可能な限り一般法に組み入れようとする国としてはドイツを挙げることができる。EU消費者法の平準化とはより具体的にどのようなものなのだろうか。また、平準化が進められているにもかかわらず、EU加盟国の間でこのような違いが生じているのはどうしてだろうか。

1　なぜEU消費者法を平準化するのか

　EUは、同じような歴史的、文化的、宗教的、あるいは社会的背景をもつ国々の集合体であるとの印象をもつ読者がいるかもしれない。しかし、実際には、EU加盟国は互いにかなり異なる。アジア諸国を比べた場合、中国、韓国、タイ、マレーシア、ベトナムや日本が互いにかなり異なるのと同様である。実際に、EUのモットーは、「多様性の中の統合（united in diversity）」であり、このような多様性は望ましくないものとはされておらず、むしろ維持するべきだというのが一般的な見方である。

　それでは、なぜEU消費者法を平準化する動きが継続しているのだろうか。そこには、「EU域内市場（internal market）」の確立という目的が関係している。日本の人口は約1億2400万人であり規模の大きい国内市場を有するが、EU加盟国では、最も人口の多いドイツで約8300万人である。最も人口の少ないマルタだと約52万人にすぎない。しかし、EU加盟国をすべて合わせた場合の人口は、約4億4720万人となる。つまり、EU全体を1つの市場にまとめることで、日本やアメリカなどの市場と対等に交渉できる規模の市場が出来上がるのである。域内市場が形だけのものにならず、実際に機能するためには、EUの消費者が、自分が住んでいる国のみならず、他の加盟国からも商品やサービスを購入すること、そして、事業者が、拠点を置く国以外の加盟国に向けても販

売をすることが欠かせない。

　ところで、EUの考え方によれば、加盟国の消費者法が互いに異なると、消費者は、他の国から購入した場合に自分にどのような権利があるのか不安になり、中々購入に至らないという。つまり、EU域内市場を確立するためには、域内市場を信頼し自信をもって他の加盟国から積極的に購入する消費者（confident consumer）が必要だということである。また、EUの見方によると、加盟国の国内法の相違は、事業者にとっても、他の加盟国に販売する際にその国内法を確認するためなどに追加的な費用が生じることから、国境を越えて販売することに対する障壁になっているというのである。こうして、EU消費者法の平準化は、EU加盟各国において同水準（あるいは一定水準以上）の消費者保護が存在することを保障するとともに、域内市場を確立するという役割も果たしているのである。[17]

2　EUの権限

　EUは、その加盟国（構成国ともいう。Member States）であるドイツやフランスなどの主権国家とは異なり、すべての事項について立法する権限を持っているわけではない。EUは、加盟国によってEUに与えられた権限しか有していないのである（「**権限付与の原則**」principle of conferral）。現在のEU基本条約では、EUは、消費者保護について立法する権限や、域内市場を確立するために立法する権限を与えられている。しかし、たとえEUが立法する権限を有する場合であっても、好きな時に好きなだけ立法できるわけではない。まず、**補完性原則**（principle of subsidiarity）により、EUは、加盟国よりもEUレベルでのほうがより十分に目的が達成できる場合のみにその権限を行使して行動をとる。[18]ま

---

17)　なお、EU消費者法を含むEU私法全体の平準化については、中田邦博「ヨーロッパ（EU）私法の平準化―ヨーロッパ民法典の可能性」岩谷十郎ほか編『法典とは何か』（慶應義塾大学出版、2014年）191頁以下が詳しく解説している。また、EU消費者法の展開については、中田邦博＝カライスコス・アントニオス「EU消費者法の現代化――消費者の権利の実効性確保に向けて」現代消費者法57号（2022年）14頁以下、鹿野菜穂子「EU消費者法」庄司克宏編『EU法　実務篇』（岩波書店、2008年）205頁以下を参照。

18)　ただし、EUのみが権限行使をすることができる「排他的権限exclusive competences」の場合を除く。

た、**比例原則**（principle of proportionality）により、EUは、目的を達成するのに必要な限度でしか行動できない。

3　規則と指令

EUがその権限を行使して立法する際の形態としては、主に**規則**（regulation）と**指令**（directive）の2つがある。規則は、加盟国が何もしなくても、あらゆる加盟国でそのまま国内法としての効力をもつことになる。これに対し、指令は、加盟国が達成するべき目的を定めるものであり、加盟国は、その目的を達成する方法を基本的に自由に選ぶことができる。前述した補完性原則および比例原則に照らすと、EUがその権限を行使して規則を制定することが正当化される場合は比較的限定され、ほとんどの場合に指令を用いることになる。EU法の平準化作業の大部分が集中している消費者法の領域でも、数多くの指令が設けられてきた。加盟国は、指令の目的を達成するためにその国内法を調整する（「**国内法化**transposition」と呼ばれる）ことになるが、その際、それぞれの国内法に最も合う方法を選ぶことができる。

規則と指令のナンバリングには、次のような意味がある。まず、規則について、一般データ保護規則（EU）2016/679（→p.127以下参照）を例にとってみる。「（EU）」という部分は、EUによって採択されたものであることを示す。より前のものだと、例えば「（EEC）」などと表示される。「2016」は、採択された年を示す。そして、679は、連番である。指令の例としては、デジタル・コンテンツおよびデジタル・サービス供給契約指令（EU）2019/770を見ると、同様の並びであることが分かる。なお、指令および規則のいずれについても、採択された時期によって表記の仕方（例えば、表記する際の各要素の順番）が若干異なるが、基本的な構造は同様である。[19] また、EUの規則や指令、さらには判例等は、EUのウェブサイトで検索可能となっている。[20]

4　指令による平準化と保護の水準

指令には、次の2つの種類がある。第1は、**下限平準化指令**（minimum

---

[19]　時期や立法行為ごとの表記の仕方については、EUのウェブサイトhttps://publications.europa.eu/code/en/en-110202.htmで詳しく紹介されている。

[20]　https://eur-lex.europa.eu/homepage.html.

harmonisation directive）と呼ばれるものである。この種類の指令は、加盟国が設けなければならない最低限の水準を示すものである。したがって、加盟国は、より高水準の消費者保護を導入し、または維持することが自由にできる。第2は、**完全平準化指令**（maximum harmonisation directive または full harmonisation directive）である。完全平準化指令を国内法化する場合、加盟国は、より低い保護水準を導入し、または維持することが許されないのはもちろんのこと、より高水準の保護を導入し、または維持することも禁止される。この部分だけに注目すると、完全平準化指令と規則の違いが分かりにくく感じられるかもしれない。しかし、そのまま当然にすべての加盟国で国内法となる規則とは異なり、完全平準化指令の場合には、加盟国は国内法化をしてその目的を達成しなければならず、国内法化の方法（完全平準化指令の定める目的の達成の仕方）については、基本的に自由に決めることができるのである。EU消費者法の平準化の大部分は指令によって進められてきているが、完全平準化指令の場合、EUの中でも特に高水準の消費者保護を誇る北欧諸国（スカンジナビア諸国）は、既存の消費者保護の水準を下げざるを得なかったことがあった。EU域内市場を確立するためとはいえ、加盟国によっては消費者にとって不利益な変更を強いられることになるという矛盾が生じたのである。

5 消費者法の国内法化——3つのスタンス

　既に少し触れたように、加盟国がEU消費者法を国内法化する際の方針（スタンス）には、主に3つのものが見られる。1つ目は、EU消費者法関連規定を特別法に置くという方法である。例えば、旧加盟国のイギリスは、指令を国内法化する際に新たな特別法を設け、指令の規定をそこにまとめて国内法化するという方法をとることが多かった。既存の国内法への影響が最も小さいやり方であるように思われる反面、既存の国内立法との整合性の問題が生じやすい。また、EU消費者法に由来する規定が様々な特別法に分散し、一般人だけでなく専門家でも全体像を把握するのが難しくなるという短所が指摘される。イギリスでこの方法がとられることが多い背景には、コモンロー（判例法を中心とする英米法系）の法体系に属する国であり、基本的に、制定法が例外的な位置づけを有することも影響していると思われる。2つ目は、EU消費者法関連規定

を一般法に置くという方法である。例えば、ドイツでは、EUに由来する消費者法関連規定を、基本的に民法や不正競争防止法などの、既存の法律（消費者保護に特化したものではない）に組み入れるスタンスがとられている。このやり方には、既存の規定との整合性が取りやすいという利点がある。他方で、時としてかなり細かい規定が民法などの一般法に置かれ、一般法自体の内容が把握しにくくなる側面が見られるとともに、消費者法の規定が分散するために見通しが悪くなることも指摘されている。3つ目は、EU消費者法関連規定を1つの特別の立法に置くという方法である。例えば、フランスでは、EUに由来するものを含む消費者法関連規定は、基本的に消費法典 (Code de la consommation) にまとめられている。この方法だと、消費者法の体系性を維持することが容易になり、全体像もつかみやすい。

(2)　消費者法と競争法

　日本の現行の制度では、消費者法と競争法は基本的に別次元のものとして捉えられている。つまり、消費者法は、消費者と事業者との関係を規律し、必要に応じて消費者を保護するものであるのに対し、競争法は、事業者を、他の事業者の不当または違法な行為から保護するものとして考えられているのである。日本では、消費者法の「対立的な構造」（消費者が事業者と対立する領域として捉える考え方）も1つの要因となって、消費者を保護する立法を導入するための動きがあると、事業者がこれに反対するという状況が生じやすくなっている。

　しかし、本来であれば、消費者を保護する法規制は、事業者にも有利に働くはずである。なぜなら、通常であれば、健全な事業者は法が規制あるいは禁止しようとするような活動はしないはずだからである。そうであるならば、法による規制が効果を発するのは、いわゆる「悪質事業者」をはじめとする、事業活動の際に違法あるいは極めて不適切な行為を行う傾向にある事業者に対してである。そして、そのような違法行為は、消費者の権利や利益を侵害するのみならず、適切な事業活動を行う事業者の不利益において、そのような事業者から顧客や市場のシェアを奪い、損失を被らせているのである。

1 諸外国の例

　諸外国では、消費者法のこのような位置づけを表す法制度などが見られる。例えば、イギリスやフランスでは、消費者法を所管する省庁は、競争法も所管しており、消費者法と競争法の協働が組織レベルでも示されている。また、ドイツでは、不公正取引方法指令2005/29/EC（消費者に対する事業者の不公正な取引方法を広く規制するもの。→p.208以下参照）に由来する規定は不正競争防止法に置かれる形で国内法化されている。そして、これらの規定に対する違反行為があった場合には、消費者団体のみならず、競争事業者や商工会議所も提訴できる仕組みとなっているのである。なお、近年、消費者「保護」法などという用語を用いることは事業者にとって中立的ではなく、「保護」という用語を含めないほうが良いとの見解に接することもある。しかし、例えばドイツでの省庁の組織名である「連邦環境・自然保護・原子力安全・消費者保護省」からも示されているように、消費者法はその根本において消費者「保護」法であり、また、そのようなものとして捉えられ続けるべきである。その上で、事業者と消費者との協働を確立する必要があり、それをどのように行っていくのかということは、別問題である。

2 電話勧誘と訪問勧誘の例

　人は、自宅にいる時に突如勧誘行為を受けると、心の準備ができていないために、誤った判断や軽率な判断をする可能性が高まる。自宅にいる消費者に対する、消費者によって依頼されたものではない（＝「不招請の」）電話勧誘や訪問勧誘には、「**不意打ち性**（英語では、surprise elementという）」がある。心の準備ができていない消費者に対する、プライベートな空間である自宅での突然の勧誘には自ずと攻撃性があり、消費者に対する圧力が通常の勧誘よりも強く、消費者の本意に沿わない契約の締結へと導きやすいのである。また、日本社会が他の社会と比べて非常に速いペースで高齢化しており、高齢者のかなりの割合が単独または夫婦のみで生活していることに照らすと、高齢者が特にターゲットとされやすいことが分かる。実際に、アルツハイマーをり患した高齢者が複数社の新聞紙をその病状につけ込む形で購読させられ、読むことのないままに山積みにしていた事例などが報告されている。

　日本では、不招請の電話勧誘および訪問勧誘については、特商法により、契約を締結しない旨の意思を表示した者に対する勧誘が禁止されている（**再勧誘の禁止**）。つまり、消費者は、一度は事業者の勧誘を受け、その際に将来勧誘を受けたくない旨の意思を表示することを求められているのである。消費者に時間や労力の消費を求める、必ずしも効率的とは言えない規律方法であるのみならず、そのような一回目の接触が消費者被害を誘引する可能性を残すものである。なお、先物取引（一部例外あり）や訪問購入については、被害が多発していたことから、不招請勧誘が禁止されている。諸外国では、自宅にいる消費者に対する不招請の電話勧誘や訪問勧誘に対して、様々な形で対応されている。

3　諸外国における不招請電話勧誘の規制

　不招請電話勧誘については、EUでは、消費者への電話勧誘を原則として禁止する制度、または勧誘を受けることを望まないとの意思を表明した消費者に対する電話勧誘を禁止する制度のいずれかを導入することが、ｅ－プライバシー指令2002/58/ECによってEU加盟国に求められている。不招請の電話勧誘が原則として禁止される前者は、勧誘を望む消費者が自ら、勧誘を受けたい旨を事業者に伝えて初めて事業者の勧誘行為が適法となることから、「**オプトイン制度**」（勧誘を受けたい人がそのオプションを選択する制度）と呼ばれている。また、不招請の電話勧誘が原則として認められる後者は、勧誘を望まない消費者が自ら、勧誘を受けたくない旨を表明して初めてその者に対する事業者の勧誘行為が違法となることから、「**オプトアウト制度**」（勧誘を受けたくない人がそのオプションを選択する制度）と呼ばれている。オプトアウト制度については、不招請電話勧誘に対する事前のかつ包括的な拒絶の意思を登録することを可能とする制度のことを、一般的に**Do-Not-Call制度**（DNC制度）と呼ぶ。

　EU指令の要請を受けて、加盟国は色々な形で国内法を設けている。ドイツやオーストリアは、不招請の電話勧誘を原則として禁止するオプトイン制度を導入している。フランスやイタリアでは、電話勧誘を受けたくない者が登録することができるリストが設けられ、事業者は、電話勧誘を開始する前に、自己の勧誘の対象となる電話番号をそのリストと照合することを義務づけられている。登録されている番号に電話勧誘をすることは違法となる。デンマークは、

原則として不招請電話勧誘を禁止しつつ、いくつかの事業のカテゴリーなどについては例外として拒否の登録を求めることで、オプトイン制度とオプトアウト制度を組み合わせている。なお、ドイツでの電話勧誘の禁止、あるいはアジアではシンガポールでのDNC制度の導入の際にも（DNC制度は、アメリカ大陸やアジアでも広がりを見せている）、これらの国における事業者の競争力の低下という観点から議論がされた。しかし、結論として、そのような制度が存在することがこれらの国の競争力や信頼の促進に資するという理解で制度の導入が進められた。

4　諸外国における不招請訪問勧誘の規制

　EUでは、不招請訪問勧誘については、基本的に、消費者権利指令2011/83/EUおよび不公正取引方法指令2005/29/ECによって規律が行われてきた。前者は、不招請訪問勧誘によるものを含むいわゆる「営業所外契約」について、事業者に様々な情報提供義務を課すほか、消費者にクーリング・オフ権を付与する。後者は、不公正取引方法（誤認惹起的なものや攻撃的なものなど）を広く禁止する。また、後者では、いかなる場合においても不公正となる取引方法のいわゆる「ブラック・リスト」に、退去し、または再訪問しないように消費者が求めたにもかかわらず、これに反して消費者の自宅への個人的訪問を行うことが挙げられている。

　上記のような状況の中では、例えば、自宅の入口付近に勧誘拒絶のステッカーを貼るなどした消費者への不招請訪問勧誘を国内法によって禁止することは、消費者保護以外の目的で行われるものである場合には認められると考えられてきた。例えば、公益や、消費者の私生活を保護するために行われる場合がそうである。しかし、消費者保護を目的とするものである場合については、やや不明確性が残っていた。[21]このような状況を解決したのが、EU消費者保護準則の実効性強化および現代化に関する指令（EU）2019/2161である。この指令によって、不招請訪問勧誘を規制する国内法を制定する加盟国の自由が不公正取引方法指令によって制限されないこと（ただし、不招請訪問勧誘を一般的に禁止

21）　なお、そのようなステッカーが、前述した再訪問しないでほしいとの消費者による要請に該当するとの解釈も示されている。

することはできない）が明確にされた。こうして、例えば、消費者が不招請勧誘を望まないことを事前に、かつ明確に示している場合にそのような勧誘を禁止する自由を加盟国が有することが明らかにされたのである。

　前記のような不明確性の中でも、既に加盟国レベルで制度が設けられているケースも見られる。ここで特に紹介したいのは、不招請訪問勧誘を受けたくない者が事前かつ包括的に拒絶の意思を示すことを可能とする、一般的に **Do-Not-Knock制度**（DNK制度）と呼ばれるものである。例えば、ルクセンブルクでは、DNKステッカーをドアの横などに貼り付けている家庭に対して不招請訪問勧誘をすることが禁止されている。他にも、アメリカ、イギリスやオーストラリアなど、同様の制度が活用されている国が存在する。事業者の競争力に対する影響という観点との関係で興味深いのは、ドイツでは、健全な事業者（消費者の望まない勧誘を行わない事業者）が自らDNKステッカーを作成して消費者に配布し、その積極的な利用を呼び掛けているという点である。そのような事業者は、自己が不招請勧誘を行わないという点を広く知らせて良好なイメージの維持に努めるとともに、自己の競争力の低下や市場シェアの喪失につながる悪質事業者による不招請勧誘から消費者を守るべく、ステッカーの普及に尽力しているのである（日本におけるステッカーの利用については、→p.137以下参照）。

(3)　様々な「消費者像」

　「消費者像」という用語はやや専門的で一見すると分かりにくい。簡単に言うと、消費者法を設計する際に念頭に置く消費者のイメージ、ということである。「消費者」は、千差万別である。知識豊富で注意深くて、適切に行動して自分を守ることができる消費者がいれば、知識が不足していたり、軽率に行動してしまったりするために被害を受けやすい消費者もいる。近年、日本でも、「脆弱な消費者」や「消費者市民」に関する議論が盛んに行われるようになったが、これらの概念も含めて海外でどのような消費者像が展開されてきたのかを、EUを中心に見ていきたい。

1　弱者としての消費者

　ヨーロッパのうち、北欧諸国では、消費者は保護を要する**弱者**として捉えら

れてきた。この捉え方では、消費者は消極的な傍観者であると考えられ、例えば、広告内容などを念入りに検討しないことが前提とされている。この捉え方を基に構築される消費者法は、消費者取引に積極的に介入し、消費者に手厚い保護を提供するものとなりやすい。北欧諸国の消費者保護水準がヨーロッパで最も高いと言われるゆえんである。EUも、当初は、基本的にこのような消費者像に基づいて消費者保護法制を設計していた。また、ドイツも同じ考え方に立脚していたが、その後、後述するEU法の展開を受けて、その立場を変えた。

2　自立した主体としての消費者

消費者を自立した主体として捉える考え方は、現在のEUにおける主流のもので、前述した考え方からの大きな変化である。このような変化が生じた背景には、次のような理由がある。前述したように、EUでは、域内市場を確立することを目的としてEU法による平準化が進められており、そのような動きの中では、消費者が、どのEU加盟国でも一定水準以上の保護が受けられることに信頼を寄せて、自信をもって国境を越えた購入を行うことが重視される。こうして、EUにおける消費者像は、前述の保護を要する弱者としての消費者から、積極的に情報を求め、それを適切に分析できる消費者へと変わったのである。また、EU司法裁判所 (Court of Justice of the European Union, CJEU) の判決でも、同様の消費者像が前提とされたのである。消費者自身の特性が基本的には変化していないことを考えると、政策的な判断による転換である。しかし、EUではそれだけ域内市場の確立が重視されているということの表れでもある。消費者像がこのような政治的および経済的な目的で利用されることに対しては、EUでも批判が向けられている。他方で、当初ドイツで保護を要する弱者としての消費者像が用いられていた背景には、そうすることで消費者保護的な立法を設けることが可能となり、諸外国の事業者による競争を排除することができていたという事情があるとも指摘されている。結局のところ、消費者法を設計する際に用いる消費者像については、何らかの形で政策的に利用される可能性を常に意識する必要があることを示す例であると言えよう。

3　「新たな」消費者像の展開——「脆弱な消費者」と「消費者市民」

既に述べたように、EUでは上記のような消費者像の展開が見られるが、消

費者の実態そのものはさほど変わっていないと言える。言い換えれば、EUの
消費者像では、人がそうであるように、本来は千差万別である消費者が、政策
的な理由により「一元的に」捉えられてきたのである。しかし、そのような捉
え方は、前提とされている消費者像に合致しない消費者、特に情報収集能力や
判断能力がより衰えている消費者に適切な保護を提供することができないな
ど、問題を生じさせた。そこで、EUでは、日本で「**脆弱な消費者**」と訳され
ることの多い、より弱い、あるいはより傷つきやすい消費者を意味する
「vulnerable consumer」という概念が用いられるようになった。また、異なる
文脈で出現した概念ではあるが、いわば脆弱な消費者の対極にあるものとして
位置づけることのできる「**消費者市民**（consumer citizen）」概念が注目を集めて
いる。

4　脆弱な消費者

　EUの立法例でいうと、不公正取引方法指令2005/29/ECでは、脆弱な消費
者に対して特別の保護を提供する手法がとられている。同指令によると、取引
方法が明確に特定できる消費者集団のみの経済的行動を実質的に歪めるおそれ
があり、事業者において、その消費者集団が、精神的もしくは身体的な脆弱
性、年齢または軽信さを理由として、その取引方法またはその対象である商品
について特に保護を要することを予見することが合理的に期待できた場合は、
その取引方法の不公正性は、その集団の平均的構成員の立場から評価される。
この言い回しを見ただけでは若干分かりにくいが、要するに、例えば、子ども
だけ、あるいは高齢者だけの消費行動に悪影響を及ぼしうるような取引方法で
あって、事業者がそのことを予見できた場合には、子どもや高齢者ではない平
均的な消費者であれば悪影響を受けなかったであろうということは考慮され
ず、その取引方法が不公正なもの（＝禁止されているもの）として評価されやす
くなるということである。

　なお、前記の記述では子どもや高齢者を具定例として用いたが、既に見たよ
うに、指令の規定が定める要素は年齢に限られておらず、消費者の他の特性も
考慮されている。年齢などの１つの属性だけに依拠するものではないこのよう
な設計の仕方は、大変参考になる。考えてみれば、消費者は、一定の年齢を

もって突如判断能力が著しく増えたり衰えたりするわけではないはずである。また、このような設計の仕方には、同一の消費者に対して、状況や場面に応じて、脆弱である、あるいは脆弱ではないとの個別の評価を可能とする柔軟性が備わっている。結局のところ、「脆弱な消費者」という概念は流動的なものであり、前記立法はそのような流動性に対応できるものとなっている。具体例を挙げるならば、外国に移住したばかりでその国の市場などをまだよく知らない移民や難民は、移住後の一定期間は一定の商品との関係で脆弱であるかもしれないが、ある程度居住した後はその脆弱性が減少していくのが一般的である。また、妊娠している間は特定の商品や取引方法に影響されやすい消費者でも、出産後はもはや影響されなくなる可能性がある。

　EUでは、不公正取引方法指令以外でも、脆弱な消費者の保護についてより広い文脈で言及されている。近時の展開との関係で特に注目に値するのが、いわゆる「デジタル・ディバイド（digital divide）」への対応である。デジタル・ディバイドとは、インターネット等の情報通信技術による恩恵を受けられる人と受けられない人との間に生じる格差のことである。[22] EUでは、このような格差は広義の消費者の脆弱性の問題として捉えられ、立法を含む多数の手当てがされてきている。

5　消費者市民

　「消費者市民」とは、消費する際に、自分のことだけではなくて、社会全体や世界のこと、そして、今のことだけではなくて、将来のことも考えて、自分の消費行動が及ぼす影響も念頭におく消費者のことである。例えば、安いことだけを理由として商品を買うのではなく、その商品を製造する労働者がどのような状況にあるのか、その商品の消費が環境にどのような影響を及ぼすのかも考慮して消費することである。あるいは、遠い場所から商品を運ぶ際に排気ガスが排出されたりするなど環境に悪影響が及ぶので、なるべく地元のものを選んで消費する地産地消を意識することである。消費者市民の行動パターンは、単に消費する場面にとどまらない。被害を受けないように適切な情報収集をす

---

22)　例えば、日本国外務省のウェブサイト https://www.mofa.go.jp/mofaj/gaiko/it/dd.html を参照。

ること、被害を受けた際にその情報を広く共有して新たな消費者被害の発生を防ぐこと、他の消費者と団結して集団的に被害防止や被害回復に努めることも、消費者市民の行動パターンとして位置づけられるのである。

　このような例からも分かるように、消費者市民は、市民としての属性が強調された消費者なのである。市民は、選挙での投票を通じて自分の望む社会の方向性を実現しようとする。それと同様に、消費者市民は、「消費」という行動をする際に、どのような商品を選ぶのかなどによって、将来の社会のあり方について「投票」をしているのと同じだということである。単なる「消費者」であれば、「消費」することが中心となるが、そこに「市民」としての属性が改めて強調されることで、狭い意味での「消費」だけを考えて行動しない消費者が誕生するのである。この概念がどのように誕生して展開されたのかというと、やや大まかな整理ではあるが、主にカナダやアメリカなどで、特に後者では当初は消費者の権利を実現する流れで誕生し、やがてヨーロッパ（特に北欧）で環境保護と関連づけられる形で展開され、日本でも意識されて立法化されたのである（日本での立法化の状況については、→Part 2 Ⅰ 7 参照）。

　なお、日本では既に立法化され、制定法上の位置づけをもつに至った概念であるが、諸外国では、どちらかと言えば講学上（＝学問上）の概念であり、その内容もやや不明確である。EUでは、公式の文書でも時々触れられることがある。しかし、そこでは、どちらかというと、前述した消費者像の一元的な捉え方、つまり、域内市場を確立するために国境を越えて積極的に消費するという消費者の位置づけによってEUとの距離を感じ始めた消費者に対し、再びEUとの絆を意識させるために、「消費」だけではなく「市民」（＝EU市民）としての側面を再認識させることに主眼が置かれているようである。

⑷　消費者法の実効性の確保

1　「絵に描いた餅」では意味がない

　いくら消費者を適切に保護する素晴らしい法律を作っても、それが実際にその通りに運用されていないと意味がない。そのような事態を避けるために、消費者法の実効性を確保することが必要となる。近年、EUでは、消費者法の実効

性を確保するための動きが盛んである。代表例としては、「消費者のための
ニュー・ディール（New Deal for Consumers）[23]」を挙げることができる。これは、
EU消費者法がかなり充実してきているにもかかわらず、その実施面で問題が
見られたことから、実効性を確保することに重点を置いたものである。

2　集団的被害の回復

　日本では、集団的な消費者被害に対する手当てとしては、適格消費者団体に
よる差止請求と、特定適格消費者団体による被害回復請求が存在する（これら
の詳細については、→Part 2 I 6 参照）。一般的に、日本では、被害回復請求はな
かなか機能しにくいと指摘されている。制度に様々な制約や条件が付いてお
り、また、消費者団体に対する国からの支援が不十分であるために、実効性が
確保できていない結果になっているのである。資金不足を原因として、提訴す
る消費者団体の関係者に、ボランティア的な活動が求められているのが現状で
ある。EUでは、同様の被害回復制度を加盟国で国内法化することを義務づけ
るEU指令が2020年に採択された。そして、その中では、資金調達や訴訟費用
を含めて、制度を実効性あるものとするための工夫がされている。ヨーロッパ
等の諸外国の消費者団体は、会員が会費を支払って、消費者団体に自分の利益
のために活動してもらうという構造で成り立っている。例えば、消費者団体が
自分の利益のために訴訟提起をして、勝訴した場合には、それによって回収さ
れた金銭が自分にも戻ってくる仕組みとなっているのである。

　日本でもEUでも、集団的被害回復制度について議論された際に、アメリカ
のクラス・アクション制度をモデルとして用いるべきかどうかが1つの課題と
された。基本的に、日本とEUのどちらでも、クラス・アクションは事業者に
とって大きな脅威であり、消費者被害回復よりもクラス・アクションを担う弁
護士事務所の収益増加をもたらすものとしての色彩が強いとの認識の下、好ま
しいモデルとして参照することは避けるべきだとの共通の方向性が見られた。
消費者が被害を受けた際に、それをきっかけとして弁護士事務所が大きな利益
をあげることが良しとされない、あるいは、大規模のクラス・アクションが事

---

23)　消費者のためのニュー・ディールの詳細については、EUのウェブサイト https://ec.europa.
　　eu/info/law/law-topic/consumers/review-eu-consumer-law-new-deal-consumers_en を参照。

業活動に対する脅威となりうるという点は確かに理解できる。しかし、あくまでも消費者法の実効性という観点から見れば、消費者被害が生じた際に提訴するインセンティブが強く、また、弁護士事務所が訴訟費用を負担し、勝訴した場合にこれを回収した上で収益をあげるという仕組みには、参考になるところも多い。

(5)　断片化された規律からの脱却

1　悪質商法と立法の「いたちごっこ」

　日本の消費者法は、基本的に、規律を必要とする取引や領域についてその都度特別法を設けたり、既存の特別法に新たな規定を追加したりする方法で形作られてきた。そのため、既存の立法では規制あるいは禁止されない不適切な取引方法を悪質事業者が開発して実施し、消費者がそれによって被害を受けると立法者がその取引方法について新たに規律を設け、悪質事業者がさらに他の取引方法を開発するという、いわゆる「いたちごっこ」（＝後追い）の状態が続いてきた。最も分かりやすい具体例の１つとして、特商法を挙げることができる。以前は、事業者が消費者を訪問して商品を販売する「訪問販売」は同法によって規制されていたが、事業者が消費者を訪問して消費者の所有物を購入する「訪問購入」は規制対象とされていなかった。その後、訪問購入による被害が顕在化し、これも規律対象に加えられた（特商法の内容については、→Part 3 Ⅲ 1 参照）。

　消費者被害に対して立法者が適切に動いて規律していることは評価できるが、このようないたちごっこ的な手法には問題がある。様々な取引方法を個別に規制すると、全体像が分かりにくくなる。また、特定の場合が規制対象となるのかについて疑義が生じることが増える。そのような分かりにくさは、消費者の不利益に働くことが多く、悪質事業者にとって、その不明確さを悪用して不正な利益を得ることを可能とするものとなる。さらに、規制対象を追加するための審議などのプロセスにかかる費用は国庫から支出されており、そのために必要となる労力や時間も決して少ないものではない。結局のところ、包括的な規制をすれば基本的に一度の支出と労力および時間の消費で済むところ、ある意味スマートで

はない方法で規律しているとも考えられる。事業者の側から見れば、その事業活動を不要に規制されたくないという立場は理解できるが、規制対象となるのは、不適切な、あるいは消費者の望まない事業活動であることを忘れてはならない。

2　EU不公正取引方法指令の例

EUに目を向けると、前述したEUの権限に対する制約などとの関係で、「モザイク的」（あるいは「パッチワーク的」）であると指摘されることの多い消費者法体系となっている。しかし、そのような制約がある中でも、より包括的な規制へと向けた努力が継続されている。日本の特商法の例でいうと、EU消費者法で同様の規律をする立法は不公正取引方法指令2005/29/ECである。この指令は、商品に関する取引の前に、その際にまたはその後に、消費者に対して事業者が行う不公正取引方法を広く規制するものである。日本法のように取引方法を個別に規制するのではなく、包括的な規制を行うものであるため、いたちごっこの状態を避けることができる。また、取引の前および後の取引方法も規制対象としているため、例えば、事業者の行う広告やマーケティングも広く適用範囲に含まれる。消費者立法の仕方という観点から見ると、非常にスマートなやり方であると言えよう。[24]

不公正取引方法指令では、事業者の消費者に対する取引方法の不公正性を肯定するにあたり、その取引方法によって消費者が「**取引上の決定**」を行ったことが1つの条件となる。注目に値するのは、日本法では一般的に消費者が事業者との契約締結に至ったことが求められるところ、不公正取引方法指令における取引上の決定という概念はより広範なものになっているということである。不公正取引方法指令の定義規定によると、取引上の決定とは、商品の購入、商品に対する一括もしくは分割での支払い、商品の保持もしくは処分または商品に関する契約上の権利の行使をするかどうか、どのようにするか、およびいかな

24)　日本における包括的な立法の必要性については、日本弁護士連合会「公正な消費者取引を確保するために分野横断的に適用される行政ルールの整備を求める意見書」2022年2月（オンラインで閲覧可能）、カライスコス　アントニオス「不公正取引方法について分野横断的に適用されるルール形成の可能性」現代消費者法56号（2022年）72頁以下が詳細に論じている。

る条件でするかについて消費者が行う決定をいう。そして、EU司法裁判所の判決によると、そのような決定には、店舗に行くという決定も含まれる。[25]例えば、事業者が不公正な広告を行ったために消費者が店舗に行って詳細を聞こうと決めた場合において、詳細な説明を聞いたところ広告では紹介されていなかった条件等が付いていて実際には広告で強調されていたほど良い内容ではないと判明したとき、契約締結に至らなかったにもかかわらず、消費者がその広告のせいで店舗を訪れる決定をしたことで足りるのである。[26]時間を無駄に使わされている以上、消費者に不利益が生じていると言える。消費者の被害の回復や契約からの解放に加えて、このような時間的な要素を考慮することも非常に重要である。

2　持続可能性と消費者法

「持続可能性」という考え方は、この書籍全体のコンセプトの重要なキーワードの１つである。そして、EUでは、持続可能な消費を促進するために、様々な措置が採択され、目覚ましい進展がみられる。

(1)　「グリーンへの移行」という方向性

EUでは、2021年7月から、「グリーン・ディール」と称して、ヨーロッパを世界初の気候中立大陸にすることを目標とする一連の提案が行われ、実施されている。これらの提案は、EU経済のすべての部門がこの気候問題に対応できるようにすることを目的としており、公平かつコスト効率が高く、競争力のある方法で、2030年までに気候変動目標を達成するための軌道を設定するものとなっている。排出量の削減、エネルギー貧困への対処、外部エネルギー依存の減少といった気候問題対策を講じる一方、雇用と成長を生み出すという経済

---

25)　Trento Sviluppo srl and Centrale Adriatica Soc. coop. arl v Autorità Garante della Concorrenza e del Mercato (Case C-281/12).

26)　なお、不公正取引方法指令2005/29/ECの適用に関する欧州委員会作成のガイダンスによると、ウェブサイトを閲覧したり、セールス・プレゼンテーションを受けることに同意したりすることも、取引上の決定に該当する場合がある。

成長の視点や、EU市民の健康と幸福を改善するという「人」中心の視点が併存している点が特徴的である。

　加えて、2022年3月、欧州委員会は、グリーンへの移行に向けた消費者のエンパワーメントに関する指令提案を採択した。ここでいう「エンパワーメント」とは、消費者への権利付与および消費者に対する情報提供の強化を通じて、消費者の地位を改善することを意味する。この提案は、消費者が製品を購入する前に、製品の耐久性と修理およびアップデートの可能性について適切な情報を確実に得られるようにすることを目的としている。また、**虚偽の環境訴求**（製品が環境に優しいものであるとの虚偽の主張等。一般的に、「グリーンウォッシュ」と呼ばれることが多い）や**早期陳腐化**（類似の概念である「計画的陳腐化」について、→p.213以下参照）を禁止することで、消費者の保護を強化するものである。これらの内容を実現するために、既存のEU指令が改正される。

(2)　循環型経済(サーキュラー・エコノミー)

　EUには、より持続可能で資源効率の高い**循環型経済**（サーキュラー・エコノミー）を促進することを目的として、「循環型経済行動計画（サーキュラー・エコノミー・アクション・プラン）」が採択されている。ここでいう「循環型経済」とは、単に消費を、資源から生産された製品を使用後に直ちに破棄するという直線として捉えるのではなく、一定の利用が行われた製品をそのまま、あるいはその姿を変えて再利用するという円形状に循環する経済の仕組みのことである（p.237を参照）。行動計画は、製品の最適な寿命と耐久性や、製品の修理、アップグレード、分解、リサイクルなどを容易にすることに関連するものである。また、消費者が十分な情報に基づいて購入を選択できるように、明確で信頼できる関連情報が提供されることも視野に置かれている。

3　デジタル・トランスフォーメーション

　EU消費者法関連の動きの中では、同時に、**デジタル・トランスフォーメー**ションについての対応もされている。人工知能（AI）が搭載あるいはこれと連

結されている製品（「スマート製品」や「コネクテッド製品」など）が増え、さらに、AIによって消費者の適切な意思決定プロセスが歪められる可能性があることに鑑みると、デジタル・トランスフォーメーションへの消費者法の対応は、欠かせないものとして位置づけられる。AI関連の立法としては、AIについて平準化された準則を定める規則提案、欠陥製品に関する責任についての指令提案、機械製品に関する指令提案、一般製品安全規則提案が公表されている。これらが採択され、公式の立法となれば、必然的に、日本を含む世界中に影響を及ぼすことが予想される。

　消費者が情報を得た上で選択するプロセスを歪める手法として、ダーク・パターンやステルス・マーケティング（→p.52参照）が挙げられる。ダーク・パターンとは、ウェブサイトやアプリなどで使用される、消費者に誤認を生じさせるような要素（表示方法、技術等）のことである。その目的は、本来の意思に沿わない消費者の決定を誘導することにある。例えば、本来であれば消費者が望まないような購入や契約締結等である。代表例としては、同じホテルや部屋を閲覧している人の数をホテルの予約ウェブサイトで表示したり、オンラインでの入会を可能としているにもかかわらず退会については電話に限定したり、メールマガジンの配信を受けるという選択肢にデフォルトでチェックが入っていたり、商品の在庫がわずかであると表示したりする場合が挙げられる。

　デジタル・トランスフォーメーションについては、欧州委員会による新消費者アジェンダ（2020年）で大きく取り上げられている。同アジェンダでは、前述したような関連立法の採択について言及されている。また、同アジェンダによると、EUでは、個人使用目的でオンラインにて商品やサービスを購入あるいは注文するインターネット・ユーザーの割合が大幅に増加していることに鑑みると、オンラインとオフラインのいずれについても消費者に同等レベルの保護を確保することが欠かせないという。

　前述した立法措置のうち、AI規則提案は、世界レベルで注目を集めている。日本でも、提案段階のものであるにもかかわらず、日本経済団体連合会がこれについて2021年8月に意見（「欧州AI規制法案に対する意見」）を公表していることからも、その重要性が窺える。規則提案では、AIの応用は、そのリス

クに応じて３つのカテゴリーに分類されている。第１に、政府運営のソーシャル・スコアリングなど、許容できないリスクを生み出す応用などが禁止されている。第２に、求職者をランク付けする履歴書スキャン・ツールなどの高リスクの応用には、特定の要件が適用される。そして、第３に、明示的に禁止されず、あるいは高リスクのものとして分類されていない応用は、ほとんど規制されないままとなる。採択されれば、AIの応用に関する世界基準として機能する可能性が大きい。

4　大量消費社会から脱却する試み

　20～30年前の社会を振り返ると、今の社会がいかに大量消費社会なのかを改めて実感する。昔は、洗濯機や冷蔵庫は「一生の買い物」として位置づけられ、何十年も使っていくものをしっかりと選んで大切に使っていた。何かが壊れたときは、第１の選択肢はこれを買い替えることではなく、修理して使い続けることであった。事業者は、長く使える良いものを作ることが期待され、消費者は、購入したものを長く大切に使うことが一般的であった。

　今の社会はどうだろうか。物が壊れた場合、修理するよりも買い替えた方が安くつく。同じ物を長く使い続けたくても、その設計上、長く使い続けることができない。あるいは、特に電子機器関連（携帯電話やパソコン等）の場合には、同じ物を使い続けたくても、事業者がその仕様を頻繁に変えることによって、使い続けることが難しくなくなる。いわゆる「流行」に乗らずに、同じものを使い続けることが「格好良くない」「クールではない」などと言われてしまう。「流行」というものには実はサイクルがあり、昔流行ったものが何年かの時を経て再び流行ることが多い。特にファッション関連がそうである。十年以上前の服を大切に保管していた女性が、流行が過ぎたので着られなくなると思っていたところ、また流行が回って着られるようになったという話をよく耳にする。

　「大量消費社会」というと、大量消費をすることの善悪が問題とされているような印象を受けるかもしれないが、その影響は既に人の住む環境にあらわになっており、地球や人間社会の存続を脅かすところまで来ている。20～30年前

は、きれいな海で泳ぐことはそれほど贅沢なことではなかった。今は、過去にリゾートと言われていたビーチに行くと、泳いでいる時にビニール袋やプラスチックの破片が体にまとわりつき、砂浜にゴミが散乱していることも少なくない。異常な暑さの夏、異常な規模や数の台風や竜巻の発生、異常な降水量や干ばつが、今では身近な現象となってしまっている。「異常気象」と呼ばれることもあるが、「気象」が勝手に異常になっているのではなく、消費活動をはじめとする人間の過度な（＝異常な）行動が引き起こしている現象である。

　観光自体も「大量消費化」している。2000年に公開された米人気俳優レオナルド・ディカプリオ出演の映画「ザ・ビーチ」で有名になったタイのマヤ湾に観光客が大量に押し寄せたことがその一例である。タイの国立公園管理当局はサンゴ礁や海洋生態系の再生を理由に2018年6月以降このビーチを立ち入り禁止とし、2019年5月には、閉鎖期間を少なくとも2021年6月まで延長することを明らかにした。そして、2022年から、条件付きで受け入れが再開された。

　大量消費が、消費自体のできなくなる社会へと導いていること、つまり、大量消費によって将来は消費できる資源そのものがなくなる可能性、あるいは、人が住む地球自体が存続しなくなる可能性が非常に高いところまで来ていることを自覚するべき時が来ている。このような現象に対しては、色々な措置が必要となるが、法律、そしてこの本が対象とする消費者法が担える部分もある。以下では、諸外国の制度を中心に、ごく一部に触れたい。

(1)　「計画的陳腐化」という問題

　「計画的陳腐化」という用語は、英語の「planned obsolescence」を訳したものである。内容としては、製品の寿命を意図的に短縮する手法のことである。類似するものとして「**早期陳腐化** (early obsolescence)」という用語が使われることもある。

　計画的陳腐化には、様々な手法がある。まず、製品の特徴などとは無関係に、消費者の心理に働きかけて製品を「陳腐化」させる手法がある。例えば、技術的な特徴等はほぼ同じであっても、製品の新しいバージョンが売り出されると、前のバージョンは「新しくない」もの、つまり「陳腐化」したものとなっ

てしまう。そして、新バージョンを買いたいという気持ちが生まれてしまう。また、製品に新たな技術的特徴を追加することで、消費者の購入意欲を刺激する手法がある。例えば、既に使っている製品に、些細なものかもしれないが、新たな機能が追加されると、その機能が備わっていない従来の製品は、製品としてはまだ使え、他の機能は基本的に同じであるにもかかわらず、「古い」もの、つまり「陳腐化」したものに感じられ、新機能のある製品が欲しくなる。さらに、製品自体が使えるにもかかわらず、その互換性を操作することで実質的に使いにくくする手法がある。例えば、ソフトウェア自体は使えるにもかかわらず、それと互換性をもつプログラムを減らすことで、ソフトウェアの新バージョンを購入する方向に誘導する場合である。加えて、本来であればより長く使える製品を製造することができるにもかかわらず、製品の構造上、その寿命を短縮する手法がある。製品は、製造者が計画した時期に使えなくなるよう予め設計されるのである。

　日本ではこの問題に正面から対処する立法はまだ存在しないが、諸外国では既にそのような立法が見られる。現時点で最も先進的なものとして評価されているのは、フランスの制度である。フランスでは、2015年に行われた消費法典の改正の際に、計画的陳腐化に関する規定が導入された。そこでは、計画的陳腐化は、製品の取替頻度を高めるために、その寿命を意図的に短縮する技術を用いるものとして定義されている。そして、計画的陳腐化を行う事業者に対しては、2年の収監および30万ユーロの罰金を科すことができると定められている。罰金の額は、違反行為の時に判明している直近3年間の年間売上高を基に算出する平均年間売上高の5％まで増額することができる。[27]

(2)　食品ロスと廃棄物

　食品ロスとは、まだ食べられる食品が廃棄されることである。食品が足りない国がある反面、食べられるのに廃棄される食品の多い国があるのは、人間社

---

27)　計画的陳腐化およびこれに対処するためのヨーロッパにおける法制については、シュテファン・ヴルブカ著（アントニオス・カライスコス訳）「計画的陳腐化─ヨーロッパ法の視点からの入門」消費者法ニュース120号（2019年）266頁以下を参照。

会の大きな矛盾の1つであると言える。また、食品ロスで無駄になっているのは、廃棄されている食品だけではない。食品を構成する原材料の生産や流通、そして食品自体の生産や流通に使われるエネルギーや労力が、すべて無駄になるのである。日本では、2019年5月31日に「食品ロスの削減の推進に関する法律」（食品ロス削減推進法）が公布された。この法律は、食品ロスの削減について、国や地方公共団体の責務を明らかにし、基本方針の策定その他食品ロスの削減に関する施策の基本となる事項を定めることによって、食品ロスの削減を総合的に推進することを目的とするものである。

　同様の取り組みは、ヨーロッパでも見られる。EUでは、SDGs（→Part 5 Ⅱ参照）を達成するために、独自の行動目標が立てられている。そして、その中では、EU域内の食品廃棄物を計測するための共通の手法の構築、EU加盟国と食品サプライチェーンにかかわる企業などが参加するプラットフォームの運用、食品廃棄等に関する法令の明確化、食品の日付表示の改善などの取り組みが推進されている。EUでは、2018年5月30日に、改正廃棄物枠組み指令（EU）2018/851が採択された。この指令は、食品廃棄物を削減するための施策、食品廃棄物を対象とした抑制プログラムの準備、食料の再配分の奨励や食品廃棄物からの再利用の促進、「廃棄物ヒエラルキー」（食品廃棄物の排出を防ぐことや廃棄物を再利用することを優先するもの）の適用のためのインセンティブの設定を加盟国に義務づけるものである。

　EU加盟国レベルで見ると、フランスでは、2016年2月から「食品廃棄禁止法」が施行されている。そこでは、食べられる状態にある売れ残り食品を食品業者等が意図的に廃棄することが禁止されている。また、一定の条件を満たす食品小売店に、慈善団体と食品寄付に関する協定を締結することが義務づけられている。

　なお、改正廃棄物枠組み指令は、食品ロスについてのみ規律するものではなく、より広く、基本的な廃棄物管理原則を定めている。同指令によれば、廃棄物の管理は、①人間の健康を危険にさらしたり、環境に害を与えたりすることなく、②水、空気、土壌、植物、動物に対するリスクを生じさせることなく、③騒音や臭気などで迷惑をかけることなく、④地方や特別な価値のある場所に

悪影響を与えることなく、行われなければならない。また、廃棄物が廃棄物ではなくなり二次原料となる時期や、廃棄物と副産物の見分け方についても説明している。さらに、「汚染者負担原則」と「拡大生産者責任」も導入している。この指令により、EUの廃棄物管理の基礎は、5段階の「廃棄物階層」として示されており、これにより、廃棄物の管理と処分の優先順位が確立されている。

5　人間とその他の生物との関係

　生物を人間の視点から見たとき、人間との関係においては、様々な関係が存在する。微生物は人間の腸の中に約100兆匹住んでいる。また、動物については、人間のために利用され食料となるために育てられている家畜としての産業動物、動物園や水族館などで展示されている動物、人間の利益のために実験される実験用の動物、ペットとなる愛玩用動物、人間の管理下に置かれていない野生動物、である。同様の関係が植物においても見られる。

　この本のテーマである消費とかかわるのは、特に、食料となる家畜としての動物や栽培される植物、販売されるペットとなる愛玩用動物や園芸用植物、そして、販売される薬品や化粧品の開発に利用される実験用動物や植物である。

(1)　動植物と消費(者)——食料の観点から

　消費者は日々の生活において、特に食生活において、動植物を購入し、消費することによって、栄養を摂取して生きていることは疑うべくもない。人間は動植物から栄養を摂取しないと生きることができない[28]。動植物の存在は、人間の生命にとって必要不可欠な条件である。つまり、現代の生活においては、動植物の購入と消費は、消費者にとって生命を維持する営みとなっている。

　人類は、狩猟生活から農耕生活へと移る中で、植物と動物を人間にとって都合の良いようにコントロールしてきた。植物を生産し、備蓄することや、動物

---

28)　現在では動物の細胞から人工的に生成した「培養肉」などから栄養を摂取することはできるとしても、全人生における栄養すべてを摂取することは不可能である。もっとも、「培養肉」の製造によって環境負荷の軽減や畜産動物の処遇改善は期待できよう。

を家畜化することが、安定的に行われている現在、人間の数、そして、その食料となる家畜の数は、他の動物と比較ができないくらいに増加の一途を辿っている。他方で、現在の食料システムが経済大国にとって都合の良いように構築されていて、途上国を都合よく利用していることや地球環境の悪化を招いていること、世界の飢餓人口が8億2800万人に上ること（2021年）など、あまりに深刻な問題が放置されていることにも、目を凝らさねばならない。[29]

⑵　動植物と人間──区別の観点から

　人間は古くから人間とそれ以外の動物を区別してきた。その根底には、人間とその他の生物を区別する宗教、哲学上の言説が横たわっている。[30]その他の生物を人間の都合の良いように利用するためには、人間との区別は当然の前提となっている。特に、人間の基本的欲求である食欲を貪欲に充たすためには、人間と区別する方が都合が良い。

　しかし、近年では、そのような区別には法的な視点からも疑問が提起されている。イルカの群れが人間をホオジロザメの攻撃から守ったというエピソードは、この問題を考えるきっかけを与えてくれよう。[31]これについては後に⑷と⑸で見ていく。

⑶　人間と動植物の関係

　人間の消費生活と密接に関わり合いながら、人間は特に動物を多様な仕方で利用してきた。[32]

---

29)　ヴァンダナ・シヴァ／浦本昌紀監訳『食糧テロリズム─多国籍企業はいかにして第三世界を飢えさせているか』（明石書店、2006年）やラジ・パテル／佐久間智子訳『肥満と飢餓─世界フード・ビジネスの不幸のシステム』（作品社、2010年）など、グローバル・フードシステムの問題をつく本は多い。日本の食料と農業の問題を警告し続けている著者による、鈴木宣弘『食料・農業の深層と針路─グローバル化の脅威・教訓から』（創森社、2021年）も参考になる。

30)　金森修『動物に魂はあるのか』（中央公論新社、2012年）に簡潔に紹介されている。

31)　ローリー・グルーエン／川島基弘訳『動物倫理入門』（大月書店、2015年）の1頁に紹介されている。

32)　動物の置かれた悲惨な状況を紹介した、ピーター・シンガー／戸田清訳『動物の解放〔改訂版〕』（人文書院、2011年）は、全世界でベストセラーとなった。生田武志『いのちへの礼儀─

1　食料としての動物

　人間は当たり前のように植物と動物を食べている、つまり、消費している。現在、野生の植物や動物を食べることは海産物を除いてはほとんどなく、栽培された植物および生産される家畜およびそこから産出される卵や牛乳を食料としている。このような生活は、日本のような国では当たり前すぎて、何の疑問ももたれない。スーパーにはきれいにカットされた鶏肉や豚肉、牛肉が並んでいて、少し前まで生きていた動物だとは、また、食肉になる際には屠殺され、血を流していたなど、全く想像だにできない。「そうだとしても、人間が生きていくには、動物を食べるしかないのだから、仕方ない」、大勢の考えだろう。けれども、人間が生きていくには、つまりタンパク質という栄養素を摂取するためには、動物を殺さなくても、大豆で十分だろう、とも言える。「いや、人間の楽しみのためには、動物肉は必要だ」、これも大勢の意見であろう。

　しかし、人間が食べてきた物は、その居住する地域ごとに異なっていた。日本でも、魚貝類以外の動物肉をこれほど大量に摂取するようになったのは、高度成長期になってからである。特に、牛や豚といった大型の哺乳動物を飼養して日常的に食べるようになってきたのは、近隣のアジア諸国も含めて、欧米の影響が大きい。日本において牛肉を食べることは、真に人生において必要不可欠な楽しみなのだろうか。

　「なぜわざわざそのようなことを言うのか?」、と言われそうである。しかし、現在の日本において、多くの家畜動物が置かれている現状を知ったら、どうだろうか。鶏、豚、牛は、ほとんど身動きもできない状態で飼養され、搾乳され、卵を産まされ、妊娠させられる。子どもが生まれた後、すぐに引き離され、親と子が互いを求めても愛情を得られない。工場で機械が大量生産されるような状況で飼育される。そして、食物となるために、苦痛を伴う殺され方をする。「そんなことは考えたくない。食事がまずくなる」、そう言ってしまうの

　　　国家・資本・家族の変容と動物たち』（筑摩書房、2019年）も、社会のあり方と動物と人間の関
　　　係を考える視点を与えてくれる。
33)　野村厚志編『肉食行為の研究』（平凡社、2018年）、田上孝一『環境と動物の倫理』（本の泉社、
　　　2017年）参照。

か。

「家畜には、人間のような感情はないだろう」、そうではないことは、近年の科学が既に実証済みである。犬を飼っている人は、自分の飼い犬が人間と同様、感情をもち、愛情も、親子関係も、大いに育む存在であることを知っているだろう。犬や猫だけが特別ではないことはすぐ分かるはずである。

2　ペットとしての動物

現代社会において人間は、ペットとしての動物を家族の一員と思い、慈しんでいる。ペットを単なる愛玩の対象ではなく人生の伴侶として、コンパニオン・アニマルという言葉を用いる人も多くなった。

しかし、ペットを支配欲の対象として、酷い扱いをする人間もいることは事実である。また、動物を営利目的で繁殖させ販売する業者は日本で堂々と営業している。「ペットショップ」には、子犬や子猫が狭いスペースに閉じ込められ、おもちゃのように陳列されている。客は当たり前の光景のように、子犬たちに目をやり、「かわいー」と歓喜して足をとめる。それでも、捨てられて、殺処分される犬の数がどれだけか、想像できるであろうか。[34]動物は、人間のペットとしての需要を満たすために、営利目的で繁殖させられてもよい存在なのか。

3　実験用動物

動物は、人間の生命や身体、さらには美しさの維持のために、つまり、医療の発展のために、化粧品の開発のために日々、実験され、殺されている。人間の生命や身体への影響を知るために、人間にはできない悲惨な実験や投薬が動物に対して行われている。特に、人間に近い類人猿は、そうであるが故にその苦痛は人間に近いことが想像に難くない。また、そのような行為を企業や研究機関で行わざるを得ない研究者にとっても、それは苦痛以外の何ものでもないであろう。

「人間の病気を治癒するため、健康を維持するためには仕方ない」、本当にそ

---

34)　環境省の統計資料「犬・猫の引き取り及び負傷動物の収容状況」（2021年度）によれば、所有者不明の犬・猫約5万8000頭のうち約1万4000頭が殺処分されている。収容頭数と殺処分数は年々減少してはいる。

うなのか。

4 「動物の福祉」と「動物の権利」

ペットとしての動物が日本社会で大切にされてくると、家畜や実験用動物についても、動物に対しては、常に「配慮」をしなければならないという考えが浸透してきた。「動物の福祉（アニマルウェルフェア）」という考えである。この考えは、欧米では広く受け容れられており、1978年に発効した「農用目的で飼養される動物の保護のための欧州協定」においても見ることができる。

他方、「動物の権利」についても様々な角度から議論されている。1978年にユネスコは「世界動物権宣言」を発表しており、そこでは、動物の生存権や尊敬される権利、虐待されない権利などを定めている。「動物の福祉」論は、人間以外の動物を食料のため、研究実験のために利用することを、人間に利益があることだから、動物に苦痛を取り除くなど様々な配慮をした上で許す点で、「動物の権利」論とは一線を画すものである。[35]

人間の利益とは関係なく「動物の権利」を論じ、肉食や動物実験の廃止を主張することについては、現在、大衆に受け入れられていないことは「動物の権利」論者も認めるところである。しかし、将来的には環境悪化の果てに肉食が「不可能」になる可能性、すなわち、動物搾取システムの「自壊」は避けられないことも、指摘されている。[36]

5 植物の扱い

植物も生命体である点では、人間やその他の動物と共通しているが、有名な「生物ピラミッド」[37]において、「生きている」だけで、動物のように「感じる」ことはないと考えられてきたし、神経系をもたないため苦痛を感じないとして、区別されて扱われてきた。もちろん植物が生態系の主要部分であること、植物が二酸化炭素（CO_2）を吸収し、酸素を排出すること、人間を含めた動物す

---

35) キャス・R・サンスティン，マーサ・C・ヌスバウム／阿部圭介、山本龍彦、大林啓吾監訳『動物の権利』（尚学社、2013年）。

36) スー・ドナルドソン、ウィル・キムリッカ／青木人志、成廣孝監訳『人と動物の政治共同体——「動物の権利」の政治理論』（尚学社、2016年）。

37) ルネサンス時代の数学者・哲学者であるシャルル・ド・ボヴェル『知恵の書』（1509年）に掲載されている。

べての存在にとって必要不可欠な存在であるという事実は言うまでもない。

　それだけでなく、植物の「生き方」を見れば、動物とは全く異なるだけでその身体構造は動物よりも「優れている」。なぜなら、動物は自給自足できない「従属栄養生物」であり、脳や肺などの重要な器官が切り離されると生きていけないのに対して、植物は他の生物に依存しない「独立栄養生物」であり、体の大部分が切り離されても死ぬことはない。また、植物の根端は、環境に関する無数の物理的・科学的な変数を感知できるとされていて、それを基にして、ほかの植物や動物との関係など、様々な活動に関する決定を絶えず下しているのであり、この能力は「知性」と認識されている。[38] そうすると、もはや植物を「物」と扱うことはできず、同じ「生物」として尊重することが求められている。

(4)　日本の法

　では、日本の法は、他の生物、特に動物をどのように扱っているのか。

1　動物愛護管理法

　日本における動物を保護する法として、1999年に成立した「**動物の愛護及び管理に関する法律（動物愛護管理法）**」がある。[39] 同法はは最近改正されており、2020年6月から施行されている。

　（ｉ）　目的・基本原則　　この法律の目的は1条において、動物の虐待及び遺棄の防止、動物の適正な取り扱いその他動物の健康及び安全の保持等の「動物の愛護に関する事項」を定めて、「国民の間に動物を愛護する気風を招来し」、「生命尊重、友愛及び平和の情操の涵養に資する」とともに、「動物の管理に関する事項」を定めて、「動物による人の生命、身体及び財産に対する侵害並びに生活環境の保全上の支障を防止し」、もって「人と動物の共生する社会の実現を図ること」とされている。「動物の管理に関する事項」を定めるという箇所には、人間が動物を支配する側面があり検討を要するが、「動物の愛護に関す

---

38)　ステファノ・マンクーゾほか／久耕司訳『植物は〈知性〉をもっている』（NHK出版、2015年）は、他にも様々な植物の知的な活動を描いている。

39)　青木人志『日本の動物法〔第2版〕』（東京大学出版会、2016年）は、日本の状況を分かりやすく説明してくれている。

る事項」に対象を絞って、見ていきたい。

　また、2条には基本原則が定められており、「動物が命あるものであること」にかんがみ、「動物をみだりに殺し、傷つけ、又は苦しめることのないようにする」のみでなく、「その習性を考慮して適正に取り扱うようにしなければならない」と定める。また、動物の取り扱いにおいては、「その飼養又は保管の目的の達成に支障を及ぼさない範囲で」、適切な給餌、給水、必要な健康管理等を行わなければならないと定める。

　(ii)　規定内容　　まず、7条により、動物の所有者・占有者＝飼い主には、動物の種類・習性に応じて適正に飼養・保管し、動物の健康・安全を保持すること、その動物をできるかぎり「終生飼養」することなどの責務が課せられる。しかし、これは努力義務にとどまる。

　また、10条ではペットショップなど、動物の販売、保管、貸し出し、展示などを業として行う「第一種動物取扱業者」には登録制がとられるなど、非営利の動物保護団体などの第二種取扱業者とは異なり、厳しく規制されている。「動物」としては、哺乳類、鳥類及び爬虫類に限定されている。

　なお、そこでいう「動物」からは、畜産動物と実験動物は除外されている。つまり、畜産動物と実験動物の取扱業者については、厳しい規制の対象となる第一種動物取扱業者とはならない。ただ、2005年の法改正によって、科学上の利用に供される実験動物への配慮が規定された。41条によれば、動物実験以外の代替方法があるならこれを利用し、実験に供される動物の数を少なくするよう配慮すること、できる限り動物に苦痛を与えないようにすべきこと（Replacement, Reduction, Refinement＝3R（代替、削減、改善））が規定された。

　これに対して、畜産動物については、環境省が定める**「産業動物の飼養及び保管に関する基準」**により、飼養者には動物の生理、生態、習性等を理解し、かつ、責任をもって飼養するよう「努めること」等の努力が求められているにすぎない。[40]

---

40)　環境省は他に実験動物、家庭動物等、展示動物についてもそれぞれ「飼養及び保管」等に関する基準を定めているが、「動物が命あるものであることにかんがみ」ることを明示し、「できる限り、苦痛を与えない」ことにも言及している。この点においても、産業（畜産）動物との

　44条では、愛護動物について、殺傷罪（5年以下の懲役または500万円以下の罰金）、虐待罪、遺棄罪（ともに1年以下の懲役または100万円以下の罰金）が定められている。愛護動物とは、牛、馬、豚、めん羊、山羊、犬、猫、鶏など、そのほか、人が占有している哺乳類、鳥類又は爬虫類とされており、他人が所有する動物ではないため、財産犯ではない。これら犯罪の保護法益は、「人間と関係づけて」、1条に定める目的から、「動物を愛護する気風という良俗（動物愛護の良俗）」に求められている[41]。

2　民　　法

　日本の法制度は、人間とその他の生物を区別していることは明らかである。つまり、財産に関する基本法である**民法**は、人間を権利の主体とするが、その他の生物は権利の客体にすぎないことを前提としている。すなわち、動物も、私たち人間によって利用される「物」にすぎない。また、**刑法**は、動物を、自動車やPCと同じく人間が所有する物として、窃盗罪や器物損壊罪の客体とする。

　しかし、世界に目を転じれば、民法の規定にも動物の法的地位に関して変更が加えられてきている。以下で見ていこう。

⑸　世界の法

1　条約・憲法など

　先に述べた1978年に発効した「農用目的で飼養される動物の保護のための欧州協定」では、動物福祉の諸原則が示され、現在では、1. 飢えと渇きからの自由、2. 不快からの自由、3. 苦痛、傷害、疾病からの自由、4. 正常な行動を発現する自由、5. 恐怖と苦痛からの自由という「5つの自由」として定式化されている。イギリスでは、この5つの自由に対応した「動物の要求」の充足のために責任ある行動をとらないことが一定要件の下に犯罪となることを、「2006

　区別は著しい。

41)　三上正隆「動物の愛護及び管理に関する法律44条2項にいう『虐待』の意義」国士舘法学42号（2008年）。

年動物福祉法」が、人間以外の脊椎動物すべてについて定めている。[42]

　なお、ヨーロッパでは、EEC（欧州経済共同体）の時代から、上記1978年「欧州協定」の発効以来、家畜福祉政策は一連の理事会指令により実行されてきた。また、1999年発効のアムステルダム条約では、「動物の保護及び福祉に関する議定書」[43]が付帯されており、そこでは「感覚ある存在（sentient beings）としての動物」の福祉に向けた保護と尊重が希求されていた。この議定書の内容はより具体化されて2009年発効のリスボン条約による改正後の「EU機能化条約（TFEU）」[44]13条の中に、明文によって定められている。そして、数々のEU規則や指令によって、実験動物の保護、動物実験により開発された化粧品の販売禁止[45]、畜産動物について、産卵鶏についての慣行ケージ飼育の禁止、妊娠豚のストール飼育禁止[46]などがEU域内で実現されてきた。また、「屠殺時における動物の保護に関する規則（EC）1099/2009」によって、「動物は、殺される際及び関連する工程において、全ての回避可能な痛み、苦悩あるいは苦しみを免れなければならない」（３条１項）[47]として、殺す前の特定方法による気絶処置、そして意識と感覚の喪失を死ぬまで維持することを義務づける。[48]

　EU加盟国の中でも、動物の保護や福祉という観点において最も先進的なのは、ドイツである。ドイツ連邦共和国基本法20条ａは、2002年の改正によっ

---

42)　青木人志『日本の動物法〔第２版〕』（東京大学出版会、2016年）参照。

43)　アムステルダム条約に付帯する「動物の保護及び福祉に関する議定書」（https://eur-lex.europa.eu/legal-content/EN/TXT/?uri=uriserv:OJ.C_.1997.340.01.0001.01.ENG&toc=OJ:C:1997:340:TOC）。

44)　リスボン条約による改正後の「EU機能化条約（TFEU）」（https://eur-lex.europa.eu/legal-content/EN/TXT/?qid=1565518890945&uri=CELEX:12012E/TXT）。

45)　資生堂は、動物実験を用いて開発された化粧品の販売がEU化粧品規則（EC）1223/2009により全面禁止となった2013年に、化粧品・医薬部外品における動物実験の廃止を決定した（https://corp.shiseido.com/jp/releimg/2133-j.pdf）。

46)　繁殖用の母豚が妊娠期間の114日間入れられる、方向転換もできないほぼ体と同サイズの単頭飼育用の檻のこと。母豚は繰り返し妊娠させられるので、一生のほとんどをこの檻の中で過ごす。

47)　この一般原則のみが魚についても適用される（１条１項）。

48)　EUの政策については、農林水産省平成25年度海外農業・貿易事情調査分析事業（欧州）報告書第Ⅲ部「EUにおける動物福祉（アニマルウェルフェア）政策の概要」（https://www.maff.go.jp/j/kokusai/kokusei/kaigai_nogyo/k_syokuryo/pdf/h25eu-animal.pdf）を見てみよう。

て、「国は、未来の世代に対する責任を果たすためにも、憲法に適合する秩序の枠内において、立法を通じて、また、法律および法の基準にしたがって、執行権および裁判を通じて、自然の生命基盤および動物（die natürlichen Lebensgrundlagen und die Tiere）を保護する」と定めている。従来「動物保護法」によって動物の保護は図られていたが、憲法への規定によって動物保護が、人格権、職業の自由、学問の自由といった憲法上の基本権に当然に劣後することにはならなくなった。また、1999年スイス連邦憲法80条は、「連邦は、動物保護に関する法令を定める」として、規律する事項を詳細に定めている。

2　民　法

ヨーロッパで行われてきた動物福祉政策は、民法の規定にも改正をもたらしている。ドイツでは、1990年の民法改正によって、90条「本法において物とは、有体物のみをいう」との規定の後に、90条aが新設され、「**動物は物ではない**。動物は特別の法律によって保護される。動物については、別段の定めがない限り、物に関する規定を準用する」と規定している。同様に、スイスおよびオーストリアでも、ポーランド、エストニア、アゼルバイジャンでも「動物は物ではない」と民法が定めている。一方、フランスでは、2015年の民法改正により、515-14条が新設され、「動物は、感覚を備えた生命ある存在（des êtres vivants doués de sensibilité）である。動物の保護に関する法律を留保して、動物は財に関する制度に従う」と規定されるに至った。[49]

⑹　日本法が学ぶべきこと

動物の法的扱いについて、日本は世界から多くのことを学ぶことができる。世界、特にヨーロッパでは、「人」と「動物」とを峻別して「動物」を「物」とする法制度は、終わりをつげ、あるいは、揺らいでいる。法的に、生命のない「物」と、生命のある「感覚ある存在」である「人間」との間に、いやむしろ「人間に近い生命のある感覚ある存在」として動物は位置づけられている。

---

49)　諸外国の状況、特にフランスについては、吉井啓子「民法における動物の地位―フランスにおける議論を中心に」「伊藤進先生傘寿記念論文集」編集委員会編『現代私法規律の構造―伊藤進先生傘寿記念論文集』（第一法規、2018年）が詳しい。

確かに、日本の動物愛護管理法も「動物が命あるものであること」を重視し、「人と動物の共生する社会の実現を図ること」を目的に掲げる。しかし、それだけで十分なのであろうか。法制度の中心となる民法のような基本法において、動物の地位を特別に規定する意味はとても大きい。

　この本で再三述べてきたように、「私たちが消費者としてどのように日々消費をしていくべきか？」という問いに対しては、動物という消費する対象、すなわち、買い物をして食べる対象が、自動車のように工場生産されるべきものではなく、この世界を形作るかけがえのない存在であることを、もっと現実味をもって理解しなければならない。そのためにも、民法のような基本法において、動物が法的にも特別な存在であることを明示する必要がある。

　現在の日本での家畜の飼育現場が、ヨーロッパでは廃止されてきた、効率的かつ拘束的な飼育方法（産卵鶏の慣行ケージ、鶏の過密飼育、妊娠豚のストール飼育など）によって成り立っていることを、私たちは知らなければならない。決して「大草原の牧場の光景」ではないという現実、私たちの「便利で」「きれいな」食生活が、家畜のどのような状況の上に成り立っているのか、そして、それを私たちが無意識にしろ「望んでいる」ことが根本にあることを理解した上で、自らの消費生活を考えなければならない。日本では、政府間機関である「国際獣疫事務局（OIE=Office International des Epizooties）」、通称「世界動物衛生機関（WOAH = World Organization for Animal Health）」の加盟国として、**OIE コード・アニマルウェルフェア水準**を踏まえて、農林水産省の支援の下に公益社団法人畜産技術協会が畜種ごとに「飼養管理指針」を作成・改訂してきたが、不十分なものであった。そこで、2023年7月に農林水産省は、「アニマルウェルフェアに関する新たな飼養管理方針」を国として策定した。[50] これは、畜産物の輸出拡大やSDGs等の国際的な動向を踏まえたものとして、家畜の「5つの自由」確保に向けた取組として説明される。これら指針は、農林水産省によって、都

50)　どのような内容の指針なのか農林水産省のウェブサイトで見てみよう（https://www.maff.go.jp/j/chikusan/sinko/animal_welfare.html）。なお、旧指針は、東京オリンピック・パラリンピック競技大会の「持続可能性に配慮した調達コード〔第3版〕」でも畜産物の調達基準として用いられていた。日本の消費者が要求したのではなく、世界のアスリートに配慮したものと言えよう。

道府県を通じて畜産関係者等への周知が図られている。畜産関係者も努力を続けていることと思う。私たちも自分が食べている動物や植物に同じ生物として思いを馳せることが、日本における畜産動物の取り扱いや、すべての動物の生き方をも変えていく力をもつ。さらには、この地球の生態系への関心につながるであろう。食用の動物と、ペットや野生動物は別だ、とどうして言えようか。

(7)　さらなる課題──「異種間移植」など

　　さらに現代では、少し前には考えられなかった事態が、人間と動物との間に生じている。かつては人間と他の動物が合体した生物といえば、人魚やケンタウロスなど伝説や神話の世界の話であったが、医療技術の目まぐるしい進歩により、人間と他の動物の「合成」が現実化している。2022年には米国で遺伝子改変した特殊な「ブタの心臓を人間に移植」したことが、センセーショナルに報じられた。しかし、2か月後にこの男性は亡くなり、その原因も明らかとはなっていない。このブタは、拒絶反応を起こさないようにするため、「ゲノム編集」によりブタの4つの遺伝子の機能を失わせ、人間の6つの遺伝子を加えたものであった。[51] 日本でもiPS細胞を使って人間の膵臓をブタの体内で作り出す研究が現実に進められている。[52] すべては、「健康な臓器」を人間に移植するための研究といえよう。「臓器不足」の解決策として、「異種間移植」などを「科学の進歩の恩恵」と単純にとらえてよいものか？人間に利益をもたらす科学技術であれば、他の動物を道具として使い、何をしてもよいのであろうか？

---

51)　日経新聞2022年2月21日朝刊20頁「豚臓器移植 リスク見極め」。
52)　日経産業新聞2019年2月20日7頁「動物体内でヒト臓器作製」。

Part 6

一番大切なこと、
忘れてはならないこと

1 消費者への配慮、権利と自律、そして消費の決定と責任

(1) 消費者への配慮

　この本でも見てきたように、消費者は、様々な法によって何もしないでも配慮され、消費がしやすいように支援されている。配慮については必要なものであり、私たちの消費の基盤となる。その配慮の基準も、「消費をどう見るか」という価値観によって変化するはずである。従来は、「生命・身体の安全」を第1に、「経済発展」を目的とした配慮が行われてきた。しかし、生産から消費へつながる一連の行動が地球におびただしい負荷をかけている今、日本でも消費者法の役割は拡がりつつある。消費者教育推進法は「消費者市民社会の形成」を目指し、「消費行動の地球環境への影響」を明言している。「地球環境への配慮」をも消費者法における1つの価値として施策を推進することが、行政にも立法にも求められていよう。

(2) 消費者の権利と自律

　そして、消費者は自分で行使できる権利の数々をもっている。消費生活を安全にかつ安心して送れるように、法が整備されてきたと言える。なぜ、法が整備されてきたかといえば、それは、国民経済の発展のためには、消費者利益の擁護が必要との認識が進んだからであり、また、消費者利益を保護するため、消費者団体や弁護士会などの様々な団体や多くの人々が努力した結果である。加えて、社会の発展のためには、主権者である消費者一人一人が自らの権利を行使して自らを律することが必要不可欠との考えも根底にある。とはいえ、法によって当然認められるべき権利が認められていないという現実もあり、今後も消費者の権利の実現は、進められるべき施策である。また、消費者の安全を確保し、被害から救済されるよう消費者を「保護」することは、当然ながら、依然として国の責務である。**消費者基本法**は消費者に権利を認め、「保護」という言葉を廃し、「消費者の自立」を目的とするが、「自立」というのは、消費者がすべてを自分で行い、国などの配慮や支援を必要としないことを意味する

ものではない。消費者が自ら行使できる権利が認められ、かつ被害を予防し、被害から救済され、年齢や状況に応じて保護されることを土台として、消費者は、「自らの価値観に従って消費にかかわる決定を行う」ことができるのである。その意味では、「自立」を「自律」として考えるべきであろう。

(3) 消費の決定と責任

　他方で、現代において消費は世界につながっていて、消費者は今や経済社会において主役となっており、消費者さえ自覚すれば、世界の経済や社会の仕組みを変える力さえある。消費者は、人間がAIに決定権限を奪われかねない現代に生きている。誰かがAIに決定権限を委ねる方が「正しい決定ができる」と言い出すかもしれない。そのような中、自らが行使できる権利の数々を認識し、自ら権利を自由に行使できることの尊さを自覚しなければならない。この権利を行使することによって世界さえ変えることができるのである。そして、権利の基礎となっている自らの消費において「責任」も負うこと、「自らの消費生活に関する行動が現在及び将来の世代にわたって内外の社会経済情勢及び地球環境に影響を及ぼし得るものであること」(消費教育法2条2項) を、自覚しなければならない。

2　消費が環境に決定的な影響を与えるということ

(1) 「環境」保護とは何か?

　現代において、「環境」が汚染されている、「環境」が破壊されている、地球温暖化によって「環境」が危険にさらされている、だから、CO_2排出量を削減し「環境を保護」しなければならない、と言われる。このスローガンについては、多くの国々において了解されていて、今や日本では絶対的な価値をもつと言って良いだろう。1992年に国連で採択された[1]「気候変動に関する国際連合

---

1)　環境基本法を見てみよう。また、2007年の京都議定書採択を受けて2008年に成立した「地球温暖化対策の推進に関する法律」は、国が地球温暖化対策の義務を負うことを定める。また同年に成立した「生物多様性基本法」20条も、生物多様性の保全の必要性を地球温暖化防止の観

枠組条約」に基づき、1997年には「京都議定書」が合意され、2007年には採択された。京都議定書では、先進国のみが温室効果ガスの削減義務を負い、中国やインドは参加しておらず、それに不満をもったアメリカは離脱するという有様だった。これに対して、2016年に受諾した「パリ協定」には、先進国も途上国もアメリカも中国も含めて参加し、産業革命前からの気温上昇を2度未満、できれば1.5度以内に抑えることをめざす。[2] 2022年締約国会議COP26では1.5度目標を重視することで合意した。それでも、これまで無制限の経済活動により地球に負荷をかけてきた先進国と、途上国や新興国との間には、埋めるべき溝があるのは事実である。[3]

　環境の破壊や汚染を引き起こしているのは私たちの日常的な消費活動であることはあまりにも明確な事実である。そして、消費活動において、「環境保護」のためにゴミを出さないようにしなければならない、使い捨てのビニールやプラスチックは、自然環境の中で分解されないため、使わないようにしなければならない、と言われる。プラスチックゴミによる海洋汚染は深刻で、ウミガメやクジラが大きな被害を受けている、かわいそう、何とかしなければならない、プラスチックのストローや買物袋をやめて紙製にしよう、いや、ゴミの「Reduce, Reuse, Recycle＝3R（削減、再使用、再生利用）」のうち、Reduceをこそ進めなければならない、と言われる。

　ここで言われている「環境」というのは、自然環境のことであるが、生物が存在する地球の現況、すなわち、生物及び生物の生存を維持するために必要不可欠な大気、河川、海、大地を含めた状況である。[4] 「人間を中心として、その

点からも定めている。

2）　日本政府は2021年10月22日に、2050年のカーボンニュートラルに向けて2030年までに46％（2013年度比）のCO2削減を目標とするとした。JCCCAウェブサイト「各国の温室効果ガス削減目標」と共に、これに対する国連環境計画（UNEP）ウェブサイト「排出ギャップ報告書2022」を見てほしい。

3）　2022年11月のCOP27では、先進国のこれまでの経済活動による気候変動が途上国に災害をもたらしているとして、「損失と被害」基金の設立が合意された。

4）　「宇宙」も含めて考えるべきことは言うまでもない。「宇宙ゴミ（スペースデブリ）」問題もとてつもなく大きい。2019年6月21日に国連宇宙空間平和利用委員会（COPUOS）は「21の宇宙活動に関する長期持続可能性（LTS）ガイドライン」を採択した。

周囲にある」自然環境のことだとも言える。したがって、人間以外の「生物の
生存」が、核心部分となることは疑いない。

(2)　「環境」保護の目的は？

　それでは、自然環境の保護が言われるとき、その動機または目的とは何か。
自然環境の汚染・破壊のもたらす「結果」の側面から、2つの異なる方向性を
見ることができる。第1に、自然環境が汚染・破壊されることにより、人間に
被害が生じることが問題であるという考え方と、第2に、自然環境がもともと
備えていた生態系が崩れることが、人間を含めた地球上に生息する生物すべて
の生存を脅かすことが問題であるという考え方である。[5]

　第1の考え方によれば、A）人間に被害が生じないのであれば、自然環境が
汚染・破壊されても問題はないということにもなりうる。科学技術の開発・進
展によって、自然環境が汚染・破壊されても、人間が快適に生きていくことが
できればそれでよい。自然環境や植物や動物は、人間の快適さや欲求を満たす
限りで存在していれば、すなわち、「美しい風景」、「美しい花」、「かわいい
ペット」として存在することによって人間の精神を癒してくれるのであれば、
それでよい。AIが制御する空調設備の整った家屋の中で、VR（Virtual Reality）
によって「美しい風景」、「美しい花」を見て心が癒されるのであれば、ロボッ
ト犬で癒されるのであれば、それでよい。また、動物や植物が「美味しい食
事」の原料として存在することによって人間の食欲を満たしてくれるのであれ
ば、それでよい。人間の食物となる動物や植物又は「培養肉」を、荒れはてた
地上で、AIが制御する設備の中で生産・飼育できれば、それでよい。という
ことになる。しかし、「大気と生物に満たされた地球」という、現在はすべて
の人間を受け容れてくれている住まいを失ったとき、「特別な家屋」に住むこ
とができるのは一握りの選ばれし人間のみということになろう。あるいは、他

5）　加藤尚武編『環境と倫理―自然と人間の共生を求めて』（有斐閣、2000年）や同『新・環境倫
　理学のすすめ』（丸善、2005年）は、環境に対する見方について多くの示唆を与えてくれる。環
　境基本法1条はその目的を、「現在及び将来の国民の健康で文化的な生活の確保に寄与すると
　ともに人類の福祉に貢献すること」と定めている。富井利安編『レクチャー環境法〔第3版〕』
　（法律文化社、2016年）も読んでみよう。

の惑星へ移住すればよいと言うのか。他方で、B）人間に被害が生じないことはあり得ないという見方もありうる。自然環境はVRやAIでは代替不可能であり、自然環境の汚染・破壊そのものが人間に被害をもたらすという見方である。また、第2の考え方によれば、人間への被害が生じないとしても、他の生物すべてにとって、生存を脅かすことが問題だということになる。自然環境の代替不可能性を基礎に据える点で、第1の考え方のB）と第2の考え方は共通している。

　以上の対比は、「動物の福祉」論と「動物の権利」論の対立にそっくりである（→p.220参照）。というより、環境保護が生態系保護を基礎とするならば、当然密接にかかわってくる問題である。

3　自然環境の代替不可能性

　動植物という生物を中核とする自然環境には、何ものも代替することはできない、ということを人類は自覚しなければならない。自然環境は、私たちがその上で生きている「地球」そのものである。

　テクノロジーの力によって、VRでどんなに美しい風景が、どんなに美しい花々が映し出されても、触り心地や鳴き声が本物そっくりのロボット犬が生み出されても、本物の生物にかなうはずはない。人間は自らの力を過信すべきではない。それにもかかわらず、代替しうるものがテクノロジーによって生み出されるのではないか、といった、人類万能主義に行き着くのか。動物とAIが人間に近い存在として論じられる世界に私たちは生きているが、「かけがえのない存在」とは何なのか、自らに問いかけてほしい。

　国連の報告書における「ほとんどの場所の人々には、かつてないほど大量の食料やエネルギー、物資が供給されている一方で、将来的に自然がこのような

---

6)　世界の富豪たちは宇宙を目指し、火星移住は米国NASAも日本JAXAも、イーロン・マスク氏も目指している。

7)　大屋雄裕「外なる他者・内なる他者—動物とAIの権利」論究ジュリスト22号（2017年）を読んでみよう。

寄与を続けられる能力はますます損なわれている」として、「人間全体が依存する生物圏が…人類史上例を見ない速さで減退している」との指摘に、身震いする他にもできることはある。

　自然「環境保護」においては、動植物からなる生態系の保全がその中核部分を成している。人類への被害を回避するためだけではなく、地球上に存在している生態系を構成している「かけがえのない」動植物の生存を保護することこそが、「環境保護」なのである。野生の動植物が大地や空、河川、湖、海に多く生きる地球こそが、地球にとってみれば、負担のない平穏な在り方であろう。

4　生物としての人間

　2021年に一番売れた本とされる『スマホ脳』によれば、SNSは脳に毎日何百回とドーパミン増加を与えることによって、スクリーンに注目するよう仕向け、広告主であるマーケティング担当者に「注目」を転売して儲けているという。SNSの利用は無料ではないのである。そもそも他人の頭の中を理解するためには鍛錬が必要で、親兄弟や友人と対面でやり取りすることで鍛錬される。スクリーンで何かを見ても、他人の考えや気持ちを本能的に理解する生物学的メカニズムは、対面と同じだけの影響を受けることはない。現代のSNSを含むデジタルライフは、他人を理解したいという衝動である「心の理論（Theory of Mind）」が未だ完成していない10代の若者の共感力を弱めてしまうことが警告されている。「スマホというテクノロジーが、人間を2.0バージョンにするよりも、むしろ0.5バージョンにしてしまう」と警告する。[9]

　日本でも「自分本位のインターネットの世界は、言葉を手に入れ、フィクションの世界で生きるようになった人間が行き着いた場所」であり、SNSを駆使して他人とつながろうとするが、「身体のつながりなくして、本当につながることはできない」。人間が「生物として」進化してきたことを自覚し、人間らしさとしての「共感力」をはぐくみ他人との「信頼関係」を結ぶことは、デジタ

---

8)　国際連合広報センター（https://www.unic.or.jp/news_press/features_backgrounders/33018/）。
9)　アンデシュ・ハンセン／久山葉子訳『スマホ脳』（2020年、新潮社）の記述による。

ル世界では不可能だとも警告されている[10]。

　これらの警告には大きな意味がある。そのような問題を意識することによって、スマホやSNSに支配されないようにコントロールすることや規制を検討し、そして、人間社会に不可欠な「共感力」や他人との「信頼関係」を育む教育や仕組みを社会に採り入れる必要がある。

5　限りある資源と「消費者法」の役割

(1)　資源の行方と循環型経済と生態系

　現在の世界では、戦略的勝者でもある経済的強者が、食料とエネルギーという人間の生存にとって不可欠なものや、デジタル社会維持のため不可欠なレアメタルを含む鉱物を、富の源として独占又は保有できる状況にある。元をたどれば、自国資源の豊かさに頼るのみならず、過去に行った植民地支配など他地域の支配と搾取に基づいて、富を蓄えた結果でもある。その過程では、他地域の大地と人間を好きなように踏み荒らし、自国の繁栄を謳歌してきたことは言うまでもない。考えてみると、先を争い「未開の土地」を「取得」するという歴史は、その土地に合った人間の生活を根本的に破壊したのであり、「民主的な国の建設を応援する」などと言っても、入植者子孫の「所有」となっていて、その土地に合った生活は戻ることはないし、その土地に合った文化も戻ることはない。そもそも一年を通じて温暖な地域では、人間が生きていくうえでエネルギーは必要ではなかったはずであるし、食料も狩猟と採取で十分に手に入れられたはずである。

　過去は取り戻せないが、現在を見直し、未来を創る手掛かりとすることはできる。現在の状況を見れば、コンクリートの原料としてビルを建設したり沿岸を埋め立てるため、経済的強者が経済力を武器にして貧しい国から「砂」を買い占めている。これによって、その地域の地形は変わり、人間を含めた動植物は存亡の危機にさらされる。ガスや電気などのエネルギーも、デジタル社会へ

---

10)　山極寿一『スマホを捨てたい子どもたち』（ポプラ社、2020年）の記述による。

の電力供給のために、戦略的勝者が経済力を得る手段として使われている。水資源については、大規模農業経営のために地下水源が用いられ続けた結果として、枯渇寸前の状況にある。大規模農業経営は、経済的強者の戦略に基づき、化学肥料と農薬により自国や他国の大地をやせ細らせている。他方で、廃棄物は増大し続けていて、特に電子機器関連の廃棄物などは、経済的強者以外の国に引き取られて有害物質をたれ流し、大地を汚染し、川などの水源を汚染し続けている。このような事態が生じる原因は、目前の価格のみで自由に資源を販売できる、自由に購入できる、そして自由に消費して捨てることができるという現状及び人間の「認識と行動」にある。

　未来に目指すべきは、資源が最後は消費され捨てられる「一方向経済」ではなく、資源効率性を重視しながら資源を捨てることなく最大限利用しつくす「循環型経済（サーキュラー・エコノミー）」であろう。[11] この循環は、生物の存在が人間の存在に必要不可欠であることを再確認した上で、生態系における「大地・分解・植物・動物・排泄物」の循環を取り戻しながら、進めなければならない。[12]

　その際、デジタル社会の進展が、地球の未来にとって必要不可欠なのかも、立ち止まって考える必要がある。デジタル社会の「スマートで」「非物質的な」イメージとは異なり、デジタル社会を維持するために、莫大な電力が必要となり、クリーンなエネルギーを得るため、巨大な物質である「ソーラーパネル」や「原子力発電所」が必要となる。CO_2削減のために自動車をやめるのではなく、あくまで電気「自動車」を生産し続けるのであり、転換のためにさらに「物質」が廃棄されることになる。そして、インターネット接続を可能にするため、巨大な「海底ケーブル」を張り巡らせ、データ保存のために巨大な「データセンター」を建設し続けている。[13] そして、多くの人間が「スマートフォン」などタブレット端末を常に携帯し、常に画面を見続けて動画を見たりゲームを

---

11)　EUが強力に推進している政策として知られている。日本にも循環型社会を目指す「循環基本法」が2000年に制定されている。

12)　藤原辰史『分解の哲学』（青土社、2019年）は、社会の循環という本質を明らかにしてくれる。

13)　ギョーム・ピトロン／児玉しおり訳『なぜデジタル社会は「持続不可能」なのか』（原書房、2022年）。

し続けている。日本だけを考えてみても、100年前は言うまでもなく、50年前と比較しても、「はるかに物質的」な世界で、エネルギーなどの資源を必要もなく「はるかに浪費」し続けている。

(2) 消費の仕方の見直しと「消費者法」の役割

　現在世界中で進められている「経済的利益」をひたすら追求する国家や事業者のやり方に対しては、多方面から疑問の声があがっている。この本でも見てきたように、気候変動への対応やCO_2削減を目指すことにとどまらず、経済の視点から「資本主義」の見直しを試みる人々、食料や農業の観点から問題提起を行う人々、デジタル社会に警鐘を鳴らす人々、生物としての人間という観点から問題を指摘する人々が、世界で日本で声を上げている。すでに述べてきたように、環境破壊、格差の拡大、貧困と飢餓という経済世界にまつわる問題は、経済活動の端にある「消費」の仕方にも原因があることは明らかである。「消費の仕方」を見直すことは、まさに「一方的経済」を「循環型経済」へと転換することにつながることも、明らかである。さらに言えば、「消費」をその名前に付ける法分野として「消費者法」も、経済社会の問題を前提とすれば、その内容を見直す必要があるはずである。

おわりに——この本を読んでくれてありがとう

　この本を手に取ってくれて、そしてこの本を読んでくれて、ありがとう。

　ただ、読んでくれたあなたが、「悪質商法に引っかからないためにはどうしたらいいか」とか、「安全な食品を食べるためにはどうすればいいのか」とかいった疑問に対する明確な解答が書いてないと、ストレスを感じておられるのではないかと心配しています。でも、消費生活にかかわる様々な問題を解決する唯一の間違いのない方法など、実はないと私たちは考えています。この本を作る際には、3人の執筆者が喧々諤々（けんけんがくがく）の議論をしました。ほとんどの部分で、消費者問題やそれに対する法や社会の関わり方について、執筆者3人の考え方は一致しています。ただ、いくつかの点では意見が異なっていて、1つの見解にまとめることができそうもない部分も実は残っています。改訂版の編集でも、その議論は続いています。最終的には、執筆者のそれぞれの考え方をお互いに尊重することで、この本はできまた、改訂することができました。

　例えば、消費者被害は企業によってもたらされるのは事実ですが、ではすべての企業が問題ある事業を行っているのかと言えば、決してそうではありません。企業が、消費者の生活を豊かにすることを意図して市場に出す商品によって、私たち消費者は多様で納得がいく選択の自由を享受することができます。一方、消費者による選択が、悪質な企業を市場から排除することにつながるためには、多様な選択基準を消費者が自由に行使することが不可欠です。それは、一人の消費者にとって簡単なことではありません。ですから、まずは誰がその選択について「配慮」していて、何がその選択に（不当に？）「介入」しているのかを考えてみる必要があります。私たちは、それを考えるためのヒントを、この本にたくさん書いたつもりです。それを、自らの消費生活にどのようにいかすのかは、皆さんそれぞれの判断に委ねたいと思います。ただ、一人の消費者の行動が積み重なることが、消費者問題を解決することにつながること

を忘れないで下さい。そして、それがあなた自身が安心・安全で納得できる消費生活を送ることにつながります。読むだけでなく、自分で考えて、そしてそのうちの何かを自分の消費生活に反映させる努力を、どうぞよろしくお願いします。

　この本を作るにあたっては、法律文化社の小西英央さんにお世話になりました。彼の献身的な励ましなしにこの本はできませんでした。また、改訂をするにあたっては、同社の八木達也さんにお世話になりました。記して心から感謝いたします。

索　　引

■執筆者一覧

谷本　圭子（たにもと　けいこ）　　立命館大学法学部教授

　はじめに，Part 1（Ⅰ・Ⅱ），Part 2（Ⅰ2-5），Part 3（Ⅱ，Ⅳ），Part 4（Ⅰ・Ⅱ），Part 5 Ⅲ5，Part 6

坂東　俊矢（ばんどう　としや）　　京都産業大学法学部教授

　Part 2（Ⅰ1，6・Ⅱ），Part 3Ⅰ，Part 4Ⅲ，Part 5Ⅰ，おわりに

カライスコス　アントニオス　　龍谷大学法学部教授

　Part 2Ⅰ7，Part 3Ⅲ，Part 4（Ⅳ・Ⅴ），Part 5（Ⅱ・Ⅲ1-4）

■イラスト

石津　しょう子（いしづ　こ）

Horitsu Bunka Sha

これからの消費者法〔第2版〕
——社会と未来をつなぐ消費者教育

2020年6月15日　初　版第1刷発行
2023年10月25日　第2版第1刷発行

著　者　　谷本圭子・坂東俊矢
　　　　　カライスコス アントニオス

発行者　　畑　　光

発行所　　株式会社 法律文化社

〒603-8053
京都市北区上賀茂岩ヶ垣内町71
電話 075(791)7131　FAX 075(721)8400
https://www.hou-bun.com/

印刷：中村印刷㈱／製本：㈲坂井製本所
装幀：白沢　正

ISBN 978-4-589-04291-0

ⓒ2023 K. Tanimoto, T. Bando, A. Karaiskos,
Printed in Japan

生田敏康・畑中久彌・道山治延・蓑輪靖博・柳 景子著

民 法 入 門〔第2版〕

A5判・198頁・2200円

はじめて民法を学ぶ人のためのコンパクトなテキスト。民法典にそった章構成により全体像の体系的な習得を促し、複雑な条項の理解を助けるために図説を多用。相続法改正や成年年齢の引下げなど、最新の動向に対応。

潮見佳男・中田邦博・松岡久和編〔〈18歳から〉シリーズ〕

18歳からはじめる民法〔第5版〕

B5判・114頁・2420円

18歳の大学生（とその家族、友人たち）が日常生活において経験しうるトラブルを題材に、該当する法律関係・制度をわかりやすく解説。第4版刊行（2021年2月）以降の法改正をフォローして改訂。

坂東俊矢・細川幸一著〔〈18歳から〉シリーズ〕

18歳から考える消費者と法〔第2版〕

B5判・114頁・2420円

日々の暮らしのなかで直面する消費と法のかかわりについて、具体例を挙げわかりやすく解説。消費者が「弱者」になることなく権利を行使できる「術」を提供。初版刊行（2010年）以降の新たな動向や法改正をふまえた改訂版。

α 新プリメール民法 全5巻

はじめて民法を学ぶ人のために，読みやすさ・わかりやすさを追求した好評シリーズ。

中田邦博・後藤元伸・鹿野菜穂子 著
新プリメール民法 1　民法入門・総則〔第3版〕　A5判・358頁・3080円

今村与一・張 洋介・鄭 芙蓉・中谷 崇・髙橋智也 著
新プリメール民法 2　物権・担保物権法〔第2版〕　A5判・310頁・2970円

松岡久和・山田 希・田中 洋・福田健太郎・多治川卓朗 著
新プリメール民法 3　債権総論〔第2版〕　A5判・288頁・2970円

青野博之・谷本圭子・久保宏之・下村正明 著
新プリメール民法 4　債権各論〔第2版〕　A5判・260頁・2860円

床谷文雄・神谷 遊・稲垣朋子・小川 惠・幡野弘樹 著
新プリメール民法 5　家族法〔第3版〕　A5判・272頁・2750円

—— 法律文化社 ——

表示価格は消費税10％を含んだ価格です